혁신국가

THOU SHALT INNOVATE
By Avi Jorisch

혁신국가 21세기 이스라엘 기술혁신의 기적

2018년 9월 27일 초판 1쇄 인쇄
2018년 10월 5일 초판 1쇄 발행

지은이	아비 조리쉬
옮긴이	문직섭
펴낸이	김영애
편 집	김배경
디자인	신혜정
마케팅	윤수미
펴낸곳	SniFactory(에스앤아이팩토리)

등록일	2013년 6월 3일
등록	제 2013-00163호
주소	서울시 강남구 삼성로 96길 6 엘지트윈텔 1차 1402호
전화	02. 517. 9385
팩스	02. 517. 9386
이메일	dahal@dahal.co.kr
홈페이지	http://www.snifactory.com

ISBN 979-11-86306-90-1 (03320)

가격 18,000원

다할미디어는 SniFactory(에스앤아이팩토리)의 출판브랜드입니다.

* **일러두기**

1. 본문에 인용된 성경 구절 번역은 대한성서공회가 출간한 『개역개정판 성경전서』를 따랐습니다.
2. 옮긴이의 주(■ 표시)는 면 하단에 실었습니다.

혁신국가

21세기 이스라엘 기술혁신의 기적

아비 조리쉬 지음 | **문직섭** 옮김

다할미디어

■ 추천의 글 ■

혁신, 아픔과 갈등을 치유하는 그 위대한 도전

이 책 『혁신국가』의 추천사를 써 달라는 부탁을 받았을 때 처음 들었던 생각은 "흔한 혁신 이론서 중 하나겠지." 정도였다. 특히, 요즘은 '4차 산업혁명'이 트랜드 의류처럼 누구나 한 번쯤은 입에 올려야 시대와 미래에 대한 식견이 있는 것처럼 여겨지는 상황인지라, '혁신'이란 개념은 '모든 것을 쓸어 담는 여행가방'이나 '어떤 상품이라도 싸맬 수 있는 포장지'같이 남용되고 혹사당하고 있다. 심지어 정치구호, 경영전략, 사회운영, 생활경제 뿐 아니라 문화·예술·체육 분야에 이르기까지 명성 있는 사람이라면 공식 석상의 인사말에서 빼놓지 않는 수사학적 개념이 되었다. 그들 대부분은 혁신의 개념이 무엇인지조차 모르는데도.

20세기 초 오스트리아 학파를 계승하는 '혁신의 아버지' 조지프 슘페터Joseph Schumpeter(1883-1951)는 혁신을 '기업가가 기술혁신Innovation을 통해 비슷한 규모로 되풀이되는 순환적 흐름Circular Flow을 깨고 나오는 창조적 파괴Creative Destruction'라고 설명했다. 단순히 원료나 생산방식을 변경시키는 차원이라기보다 대대적인 시스템 변혁을 통해 시장을 바꾸고 결국은 인류사회와 시대를 바꿔나가는 것을 의미한다. 슘페터의 '창조적 파괴'는 훗날 클레이튼 크리스텐슨Clayton M. Christensen 하버드 대 교수에 의해 '파괴적 혁신'이란 개념으로 발전하게 된다.

중국에는 이미 세계시장을 빠르게 잠식해 나가는 글로벌 선도 기업들이 많다. 그렇지만 세계는 이들을 파괴적 혁신기업이라 부르지 않고, 아무도 중국을 혁신국가의 범주에 포함시키지 않는다. 이는 아마 우리 한국에 적용시켜도 크게 다르지 않을 것이다. 그래서 저자 아비 조리쉬Avi Jorisch는 한국 독자에게 보내는 글에서 '한국의 산업화 과정은 다른 국가가 본받아야 할 모델이지만 인류의 생명을 구하고 더 나은 세상을 만들어 나갈 고부가가치 혁신을 통해 새로운 성장산업을 만들어내고 경제를 다변화시켜야' 진정한 혁신국가가 될 수 있다는 점을 일러주고 있다.

이 책은 이스라엘의 기업인, 과학자, 엔지니어, 또는 평범한 사람, 심지어 신체적으로 치명적 불행을 당한 사람들이 세상을 바꿔나가는 진정한 혁신의 이야기를 담고 있다. 중동 전문가인 저자가 직접 면담을 통해 수집한 파괴적 혁신 사례를 주로 수록했지만, 이 책은 단순한 사례집의 차원을 뛰어 넘는다.

이 책을 관통하는 정신은 '대담함과 당돌함'을 뜻하는 이스라엘 특유의 후츠파Chutzpah 정신이다. 후츠파는 자신이 직면한 어마어마한 어려움에도 결코 좌절하지 않고 결국에는 대담한 혁신을 만들어내는 정신이자, 권위에 도전하고 틀에 박힌 뻔한 일을 거부하도록 장려하는 문화를 말한다. 또한 저자는 '돈을 벌기 위해서가 아니라 다른 사람들을 위해 일하며, 온 세상에 도덕과 정의를 전파할 책임을 공유한다.'는 유대교 율법이 이스라엘이란 혁신국가의 바탕이라고 설명한다.

하지만 내가 이 책에서 찾아낸 것은 그러한 율법보다는 '홀로코스트와 집단학살의 공포 속에서 온 세계의 침묵을 몸소 경험했던 유대인들이 세계의 어느 곳이 힘들고 아플 때 무관심한 채로 있을 수는 없었다.'는 명분의 현명한 이기심과 이상주의였다. 그것이 이스라엘이 절절한 고립 속에서도 우방을 만들어내고 세계 속에서 혁신의 아이콘이 된 이유라고 생각한다.

예를 들어 응급의료 서비스의 근본적 변화를 가져온 앰뷰사이클도 폭탄 테러의 현장에서 인간의 생명을 최고 가치로 존중하는 마음에서 창안된 혁신물이다. 만일 이것이 상업적 동기에서 출발한 것이면 '우버'와 같은 운명으로 갔을지 모른다는 저자의 설명이 공명을 울린다.

우리는 세상을 바꾼 자동차와 핸드폰을 아주 잘 만드는 나라이지만 이것들을 인류의 보다 나은 삶의 질을 위해 창조한 것은 아니다. 이 책은 이스라엘의 여러 혁신 사례를 통해 이러한 후츠파의 정신을 우리에게 전하며 진정한 혁신의 동기가 무엇인지를 깨닫게 해준다.

이스라엘이 일군 경제 기적을 심층 해부한 『창업 국가』를 펴낸 바 있는 다할미디어가 과학자도 엔지니어도 기업가도 아니고 정치인이나 사상가는 더더욱 아닌 내게 이 책의 추천사를 의뢰한 것은, 이 책이 내포하고 있는 메시지가 나의 평소 생각과 많이 닮아 있음을 헤아렸기 때문이라고 생각한다.

나는 혁신을 단순한 기술의 변화가 아닌, '업의 변화'라고 생각한다. 그래서 한국전력공사 사장으로 재직하는 지난 5년간, 전기를 '팔아야'

사는 회사인 한전을 오히려 전기를 적게 쓰는 솔루션을 제공하는 데이터 회사로 바꾸어 나가야 한다는 역발상을 주장했고, 한 걸음 한 걸음 그런 방향으로 업을 바꾸어 나갔다. 이는 한전의 장기적인 경영전략 차원이기도 하지만, 날로 심각해지는 지구 온난화와 이로 인해 고통받는 국민들의 어려움을 조금이라도 덜어주기 위한 사회적 동기에서 출발한 것이었다. 화석연료를 이용한 발전은 적게 하면서, 데이터 과학을 통해 같은 양의 전기를 쓰면서도 온실가스 발생을 최소화해 앞으로 무수히 반복될 혹서, 혹한, 폭우 등의 기후 재난을 줄여보자는 것이다.

혁신은 거창한 구호나 현란한 수사학도 아니고 강대국만 도달할 수 있는 거대과학의 경지도 아니다. 우리 주변에서 항상 느끼는 불편함을 덜어주고 아픔과 갈등을 치유해주기 위해 쏟아 붓는 지치지 않는 도전이 혁신이고, 그러한 정신과 문화 및 제도를 만들어주는 나라가 혁신국가라고 생각한다. 특히 양극화의 함정 속에서도 성장을 위한 새로운 돌파구를 찾아야만 하는 지금 우리의 상황을 감안할 때, 깊이 고민해 볼 과제가 많다.

이러한 관점에서 이 책을 읽는다면 보석 같은 예지를 얻고 공감하는 부분이 많을 것으로 생각된다. 그리고 이 책이 우리에게 던져주는 질문의 의미를 이해하게 될 것이다.

2018. 9. 20.

조 환 익

한양대 교수/ 전 한국전력공사 사장

■ 추천의 글 ■

또 다른 혁신가들의 탄생을 기다리며

이 책의 출간과 함께, 이스라엘은 독립 70주년을 맞았다. 그리고 사이버 보안 기업 '체크포인트 소프트웨어 테크놀로지 사社(이하 체크포인트)' 역시 같은 해, 설립 25주년이 되었다.

이스라엘 건국과 이 기업의 설립이 겹친 이 같은 기념비적인 조합은 상징하는 바가 매우 크다. 왜냐하면 체크포인트의 역사는 이 책에 소개된 대로 (이를 인지조차 하지 못한 국가들을 포함한) 전 세계 수십억 명의 사람들에게 도움이 되는 실질적인 부가 가치를 일궈낸 이스라엘 산업 전체의 이야기와 맥락을 같이 하기 때문이다.

이스라엘이라는 나라는 국제적으로 우수함과 혁신의 상징으로 여겨지고 있다. 이스라엘처럼 국민 1인당 창업이 많은 국가도 없다. 이스라엘은 국제 사회가 직면한 여러 가지 위기에 대한 해결책을 제시하고 지구촌 곳곳에서 사용되는 제품을 생산하는 국가이다.

이런 독특한 현상은 주로, 한 세기에 걸친 '창업문화'로 대표되는 이스라엘 역사에서 기인한다. 세계 도처에서 돌아온 이민자들은 '이스라엘 1세대'로서 귀국하자마자 아무것도 없는 상태에서 모든 것을 이루어야만 했기 때문이다. 이들은 지식을 습득하는 데 그치지 않고 이를 다른 각도로 활용해야 했으며, 농업·산업·교육·법률 그리고 삶의 전반에서 틀에 박힌 사고에서 벗어나 독특한 해결책을 제시할 필요가 있었다. 그리고 이스라엘은 지금도 이런 방식으로 세상을 바꿔나가고 있다.

또한, 건국 이래 이스라엘의 경제는 내수 시장만을 목표로 삼지 않았다. 이스라엘의 지정학적 상황과 상대적으로 내국인이 소수였던 까닭에, 창업자들은 글로벌한 시각으로 사고해야만 했다. 그로 인해 서로 다른 특성을 가진 여러 국가에서 채택될 수 있는 제품을 개발하며 창의적인 사고력을 발달시킨 것이 국제적 성공의 토대가 되었다. 누구든지 수많은 국가에서 셀 수 없이 많은 사람들이 사용하는 제품을 만들어낼 수 있다면 세계 질서를 바꾸고 다시 정의할 수 있을 것이다.

지난 세기, 이스라엘의 모든 순간과 역사는 창업 정신의 역사를 잘 보여준다. 이런 특징은 우수한 인재와 탁월한 교육 체계와 함께, 여러 해에 걸쳐 기업가 정신을 이끌어내고 다양한 분야에서 세계를 향해 도전하려는 노력으로 더욱 고양되었다. 이것이 바로 성공을 이끄는 기업가 정신의 힘이며 지금의 이스라엘을 가능하게 한 바탕이다. 이 책에서 나오는 표현처럼 이스라엘은 '작지만 위대한 비전을 가진' 국가이다.

나는 체크포인트가 이루어낸 발전이 이 책에 소개된 이스라엘 전체의 성공 사례를 대표한다고 생각한다. 우리는 달랑 세 명뿐인 가난한 청년들이었지만, 이스라엘 기업가 정신의 힘으로 무장하고 있었고 세계를 향해 누구보다 빨리 달리고 높게 날고자 했다. 이제 첫 발을 내딛으면서도, 세계가 우리 기술을 필요로 할 것이기에 앞으로 발전할 것이라 믿었다. 우리 기술의 문제점에 대한 해결책을 찾아내고, 제품에 대한 강한 신념으로 우리 스스로가 문제를 해결할 수 있는 사람이라고 믿었다.

더 나은 세상을 만들겠다는 열망 혹은 더 안전한 세상을 만들겠다는 열망으로 똘똘 뭉쳤고, 우리처럼 작은 나라가 품은 아이디어나 제품도 세계적으로 사용될 수 있다는 담대함으로 도전했고, 실험을 거듭하여 결국 성공에 이르렀다. 우리의 활동으로 사이버 위협이라는 새로운 국면에서 전 세계 수백만 사람들의 정보가 보호받게 된 것이다.

이것은 수많은 성공 사례 중 하나일 뿐이며, 지금도 어디에선가 성공신화가 쓰이고 있을 것이다. 나는 지금 이 책을 읽는 한국의 독자 여러분 중에도 분명 다음 세대를 개척해나갈 인물이 있다고 확신한다.

이 책을 읽고 삶의 여정에 대한 통찰을 얻고자 하시는 독자 여러분에게 드리고 싶은 당부는, 본인의 사업을 시작하거나 전 세계 사람들의 삶을 향상시키는 제품에 대한 아이디어를 실행에 옮기려는 열망, 사람들과 머리를 맞대고 함께 일하는 것, 그리고 기업가 정신, 이런 부분들이 모두 이스라엘을 혁신 기업들의 나라로 만든 바탕이었으며 여러분의 성공과 성장을 보장하는 원동력이 될 것이라는 점이다.

이스라엘 역사에 숨어 있는 특별한 수수께끼는 이 책에서 소개하는 다양한 사람들, 그리고 그들의 이야기 속에서 풀 수 있을 것이다. 나는 여러분 한 사람 한 사람이 여기 소개된 다양한 이야기 중에서 세상을 더 나은 곳으로 바꿀 수 있는 방법을 자신만의 시각으로 찾아

낼 수 있기를 바라고 또한 그러리라 믿는다. 결국, 우리 모두에게 가장 중요한 것은 다음 세대이니까. 한국의 독자 여러분에게도 유익한 독서가 되기를 바란다.

2018. 9. 20.

길 슈웨드

체크포인트 설립자이자 CEO

이스라엘 닮은 한국, 새로운 혁신 파트너가 되기를

대한민국은 1948년 8월 정부 수립을 선언한 이후 세계에서 가장 빈곤했던 경제를 부유한 국가 수준 경제로 탈바꿈시켰습니다. 한국은 또한 가장 혁신적인 국가 중 하나로 항상 자리매김하고 있으며, 이처럼 놀라운 변형을 이룬 원동력은 기술입니다. 한국의 눈부신 성장과 급속도로 이뤄진 산업화는 종종 다른 국가가 본받아야 할 모델로 인용되기도 합니다.

하지만 효과적으로 대처하지 못하면 한국의 미래 성장에 해를 끼칠 수도 있는 몇몇 도전 과제도 서서히 부상하고 있습니다. 한국은 점점 더 커지는 소득 불균형과 양극화, 중산층 감소 문제를 겪고 있습니다. 이처럼 심화되는 불균형은 정규직과 비정규직의 소득 격차, 성 불평등, 시간이 지남에 따라 시장 수요에 합당한 기술을 갖춘 근로가능 인구의 감소로 이어져 생산성에 영향을 미칠 급격한 노령화, 이 세 가지 요소에서 비롯된 결과라고 경제학자들은 인식합니다.

또 다른 중요한 문제는 중소기업들의 아이디어가 시장에 진출하는 것을 매우 어렵게 만드는 재벌의 지배 현상입니다. 대부분 중소기업은 생산력이 낮으며 보유 기술은 곧바로 시대에 뒤처지는데, 전문가들은 이 두 가지 모두가 중소기업과 대기업의 임금 격차를 만드는 요인이라고 평가합니다.

정부 관리들과 정책 입안자들이 이런 문제를 어떻게 다루느냐에 따라 한국 경제의 중장기적 성과가 결정될 것입니다. 지금까지의 경쟁 우위를 유지하려면 한국은 고부가가치 혁신 등을 통해 새로운 성장 산업을 만들어 내고 경제를 다변화시켜야 합니다.

혁신을 촉진하는 아이디어를 찾아내기 위해 한국이 관계를 더욱 강화할 수 있는 국가 중 하나가 한국과 많은 공통점을 지닌 이스라엘입니다. 두 국가는 모두 오랜 역사와 문명을 지니고 있으며, 몇 달의 차이를 두고 전쟁의 아픔을 극복하고 현대 국가로 다시 태어났으며, 여전히 군사적 위험에 놓여 있습니다. 한국과 이스라엘은 부족한 천연자원에도 불구하고 국민들의 지적 능력을 바탕으로 지역 내 경제 강국으로 부상했습니다. 두 민주 국가가 각국 사회의 보다 큰 이득을 위해 서로의 관계를 활용할 수 있는 일은 엄청나게 많습니다.

양국 모두 상호 보완할 수 있는 강점과 약점을 지니고 있습니다. 이스라엘은 매우 혁신적인 핵심 기술을 개발하는데 강점을 보이고 있으며, 한국은 이런 핵심 기술을 활용해 상업적 가치를 지닌 제품을 만들어 내는 방법을 잘 알고 있습니다. 한국 대기업들은 전통적으로 위험도가 낮거나 중간 정도인 기술 프로젝트에 참여해 온 반면, 이스라엘은 혁신적인 기술과 스타트업에 탁월함을 보이고, 위기 대처와 임기응변에 강하며 실패를 두려워하지 않습니다. 한국은 가치 사슬 전체를 만들어 내는데 뛰어난 능력을 보이는 반면, 이스라엘 기업은 규모를 확대하는데 많은 어려움을 겪고 있습니다.

나는『혁신국가』한국어판이 독자들에게 인류가 직면한 도전 과제를 다루기 위해 기술을 어떻게 활용할 것인지 아이디어를 제공하고 영감을 주며 용기를 북돋을 수 있기를 바랍니다. 또한 이 책이 이스라엘이 성공에 이를 수 있었던 여러 가지 비결을 전해 줄 수 있기를 희망합니다.

이스라엘인이 이렇게 뛰어난 혁신들을 통해 세상을 변화시킬 수 있었던 원동력은 무엇일까요? 이스라엘의 혁신적인 성공은 기성 권위에 도전하고 질문하는 자세를 장려하는 문화 등 여러 요인에서 비롯됐습니다. 이스라엘은 민족적, 정치적, 종교적 다양성을 수용하며 세속적인 제도와 관습에 큰 가치를 두는 문화를 지니고 있습니다. 또한 소규모 국가 이스라엘이 기술 강국으로 올라선 이유는 후츠파 정신과 병역의무, 우수한 대학, 스마트하고 강력한 정부, 부족한 천연자원과 같은 여러 요인들이 합쳐진 국가적 특성으로 설명할 수 있습니다.

이와 같은 요인들은 배고픈 자에게 음식을 제공하고, 아픈 자를 치료하며 도움이 필요한 사람들을 지원하는 일을 포함해 세상을 개선하기 위해 우리의 책임을 다하라는 사명을 부여한 3천 년 된 종교적 전통과 결합됩니다. 이 '티쿤 올람tikkum olam('세상을 고친다'는 뜻의 히브리어)' 사상은 보다 숭고한 목적을 형성하고 추구하는 유대인 문화에 많은 도움을 주었습니다.

지금 세계는 우리의 지구와 인류의 가까운 미래를 위협하는 심각한 도전에 직면해 있으며, 이스라엘은 이러한 도전을 해결하기 위해 영향력을 발휘할 방안을 마련하는데 매우 중요한 역할을 하고 있습니다.

나는 한국의 보다 많은 정책 입안자와 구호 요원, 과학자 등이 이와 같은 도전 과제를 해결할 방안을 찾기 위해 이스라엘로 눈을 돌려 영향력을 발휘할 수 있는 기존 혁신 기술을 찾아내거나 새로운 혁신을 함께 찾을 수 있기를 바랍니다.

또한 이 책에 등장하는 이스라엘 혁신가들의 스토리와 이들이 생명을 구하고 세상을 더 나은 곳으로 만들기 위해 노력하며 보여준 창의성과 인내심을 보며 내가 그랬던 것처럼, 한국의 독자들도 큰 영감을 얻을 수 있기를 희망합니다.

2018. 9. 20.

아비 조리쉬

차례

3부 선을 실현하는 기술

4부 작은 국가의 원대한 비전

■ 프롤로그 ■

더 나은 세상을 꿈꾸는 혁신가들

내가 또 너를 이방의 빛으로 삼아 나의 구원을 베풀어서 땅 끝까지 이르게 하리라.

– 〈이사야〉 49:6

내가 모는 자동차가 덜컹거리며 예루살렘 외곽 도로를 달리고 있을 때, 라디오에서 긴급 경보가 터져 나왔다. 나는 카시트에서 자고 있는 아이를 돌아다보며 온몸으로 공포감을 느꼈다. 2014년 7월 8일, 보안 경비소를 막 지나왔을 때였다. 몇 주 동안 사람들이 나누는 얘기는 온통 곧 닥쳐올 하마스와의 전쟁뿐이었다. 이스라엘은 이슬람 과격분자들을 타깃으로 한 군사 작전을 가자 지구에서 막 시작했다. 몇 년 동안 하마스는 이스라엘을 '제거하고' 이슬람 신권 국가로 대체하자는 자신들의 헌장에 따라 이집트에서 지하 터널로 무기와 관련 재료들을 밀수해왔다. 저녁 6시 30분경, 나는 녹음이 우거진 조용한 길가에 있는 우리 집에 도착해 아들 오렌을 침대에 뉘었다. 그리고는 기다렸다. 아니나 다를까, 공습경보가 크게 울렸다. 하마스가 국경을 따라 로켓탄을 발사하기 시작한 것이었다. 첫날 밤, 이슬람 무장 단체는 많은 사람들이 한때 미사일의 사정거리 밖이라고 여겼던 대도시 텔아비브와 예루살렘을 향해 M75 미사일을 발사했다. 아들을 지하 4층에 있는 방공호로 옮기는 동안 공포에 질린 아이의 모습을 볼 수 있었다. 이스라엘과 가자 지구에 있는 다른 아이들도 얼마나 공포에 질려 있을지 상상만 할 뿐이었다. 몇 분 뒤 우리는 쿵하고 울리는 굉음을 두 번 들었고, 이제 거실로 다시 올라가도 안전하다는 것을 알았다. 이스라엘의 아이언 돔Iron Dome 미사일 방어 시스템이 하마스의 미사일을 요격하는 데 성공한 것이었다.

그 뒤 7주 동안 이런 장면이 반복되면서 공습경보는 계속 울렸다. 공포감은 여전했지만, 우리 가족은 다른 모든 이스라엘인들과 마찬가지로 아이언 돔에서 위안을 얻었다. 나는 이 발명품에 경탄을 금할 수 없었다. 아이언 돔은 중동 전체를 소용돌이 속으로 몰아넣은 혼돈과 대학살에 이스라엘이 빠져들지 않도록 했다. 당시 이슬람국가IS는 이라크와 시리아의 광활한 지역을 점령하고 이슬람을 믿지 않는 '비신자'들을 대대적으로 강간하고 살해했다. 시리아의 아사드Assad 정권은 폭탄이 가득 든 통과 화학무기로 자국민들을 학살했고 수백만 명에 달하는 난민들이 국경을 넘어 터키와 요르단, 레바논으로 밀려들었다. 이집트 시나이 반도에서는 이슬람 무장 단체가 피비린내 나는 반란을 일으키며 치열한 공방전을 펼치고 있었다.

암울한 상황이었다. 나는 우리 세대가 중동의 평화를 볼 수 있을 것으로 생각하며 자랐다. 대학원생 시절, 이슬람 역사와 아랍어를 공부하며 카이로로 이주했고, 그 지역을 여행하며 지속적인 변화를 목격할 수 있기를 희망했다. 하지만 지역 내 거주하는 사람들은 결코 끝날 것 같지 않는 폭력 사태로 고통 속에 빠져 있었다.

그런데 2014년 여름 뭔가 다른 일이 일어났다. 나는 생명을 구하는 이스라엘의 혁신에 아이언 돔만 있는 게 아니라는 사실을 알게 됐다. 거의 우연에 가깝게, 세상을 보다 관대하고 온화하게 만드는데 실질적으로 영향을 미치는 내 주위의 혁신들을 인식하기 시작했다. 로켓탄 투하든 자동차 사고든 아니면 무작위로 발생한 심장 마비든, 일단 위기 상황이 일어나면, 그 즉시 우버 택시와 비슷한 스마트폰 애플리케이션으로 출동 명령을 받은 응급 구조대원들이 앰뷸런스와 모터사이클을 반반씩 합쳐 놓은 앰뷰사이클Ambucycle을 타고 나타났다. 예루살렘에 있는 우리집 정원사는 점적기Dripper를 사용한다고 내게 말했고, 나는 곧 전 세계 농민들이 우리의 가장 중요한 자원인 물을 절약하고 점점 늘어나는 세계 인구를 먹여 살리기 위해 이 기기를 사용한다는 사실을 알게 됐다. 내 동료 한 명은 파킨슨병을 진단받고 나서 증상을 완화하기 위해 뇌심부자극술을 받기 시작했다. 나는 이 시술에 사용된 기구를 나사렛 출신의 아랍인 부부, 이마드 유니스Imad Younis와 림 유니스Reem Younis가 디자인했다는 것을 알게 됐다. 그들의 혁신은 수술 집도의가 손상을 입은 뇌 부위에 전극 장치를 정확히 삽입해 모든 종류의 운동 장애와 정신 질환을 치료할 수 있게 하는 GPS 시스템을 통해 뇌수술에 대변혁을 일으켰다.

이런 스토리들은 이 지역을 온통 뒤덮고 있는 것처럼 느껴졌던 어둠을 가르는 작은 희망의 빛줄기와 같았다. 나는 이와 같은 이스라엘의 고무적인 측면을 좀 더 알아보고 싶었다. 그래서 전 세계 수십억 명까지는 아니더라도 수백만 명의 삶을 더 좋게 만들기 위해 크고 작은 도전 과제에 몰두하고 있는 사회적 혁신가들을 찾아 나섰다.

많은 사람들과 마찬가지로, 나 역시 이스라엘의 놀랄 만큼 기록적인 혁신들을 알고 있었고, 이스라엘이 경제적 성공을 달성한 비밀을 댄 세노르와 사울 싱어가 훌륭하게 설명한 책 『창업 국가Start-Up Nation』를 읽었다. 하지만 내가 깨달은 것은 이스라엘의 혁신 정신이 세계에서 가장 절박한 사회문제 일부까지 다루며 이스라엘을 훨씬 벗어난 곳까지 영향을 미쳤다는 사실이다. 나는 곧바로 이스라엘이 "창업 국가" 이상의 존재라는 것을 분명히 알 수 있었다. 이스라엘은 세계에서 가장 힘든 도전 과제 일부를 해결하는데 있어서 국가 규모에 어울리지 않을 정도로 큰 역할을 하고 있었다. 기대도 안 했는데 정말 감동적이었다. 지금과 다른, 훨씬 나은 미래도 가능하겠다는 키시커Kishkes('용기, 배짱'이라는 의미의 유대인 언어 이디시어)가 느껴지기 시작했다.

마침내 나는 이스라엘 첨단기술 혁명의 대부 중 한 사람인 요시 바르디Yossi Vardi를 만났다. 다음해 6월 요시 바르디는 자신이 주최하는 연례 키너넷Kinnernet 행사에 나를 초청했다. 이 행사는 이스라엘의 유대인과 기독교도, 이슬람교도, 특히 웨스트뱅크 지역의 팔레스타인인도 함께 참석하는 모임으로 알려져 있었다. 나는 그 자리에서 곧바로 초청을 수락했다.

나사렛의 세인트 가브리엘 호텔을 걸어 들어가며 나는 마치 영화 〈스타워즈〉에 나오는 주점으로 들어가는 듯한 느낌을 받았다. 그곳에 있는 사람들은 해키 색Hacky Sack 게임(콩주머니로 하는 서양식 제기차기 놀이)을 하거나, 드론을 날리거나, 창문 밖으로 점프해 커다란 에어쿠션으로 몸을 날리며 자신들의 속도를 측정하고 있었다. 〈스타워즈〉의 악당 캐릭터 자바 더 헛도 볼 수 있을 것 같은 생각마저 들었다. 다음 며칠 동안 나는 이스라엘뿐 아니라 세계를 선도하는 뛰어난 지성인들을 만났고, 이스라엘에서 일어난 다양한 혁신들을 접할 수 있었다. 그 결과, 더 많은 혁신을 찾아내고, 그렇게 많은 사회적 혁신이 이뤄진 이유를 정확히 파악해야겠다는 의무감마저 느꼈다.

나는 전국을 돌아다니며 기업가들을 사무실과 공원 벤치, 때로는 그들의 집에서 만났다. 미셀 레벨Michel Revel이 뛰어난 다발성 경화증 치료제 중 하나인 레비프Rebif를 음경 포피를 활용한 실험으로 개발했던 기발한 방법을 내게 설명해줬을 땐 그의 거실에 앉아 있었다. 대량 출혈을 곧바로 멈추게 하고 외상으로 인한 감염을 막아 주는 독특한 구명 제품인 이머전시 밴디지Emergency Bandage(응급처치용 붕대)를 개발한 버나드 바 나탄Bernard Bar-Natan과는 피자를 함께 먹으며 얘기를 나눴다. 이스라엘 북부지역을 여행했을 때에는 하반신 마비 환자들을 다시 걸을 수 있게 만드는 외골격 형태의 보행 기구를 개발한 아밋 고퍼Amit Goffer를 만났다. 그리고 슈로모 나바로Shlomo Bvarro는 그의 큰 개와 함께 나를 지하 사무실로 데리고 간 뒤, 유해한 살충제에 의지하지 않고도 곡물을 보관하고 해충을 없앰으로써 세계의 기아에 맞서 싸우는데 중요한 역할을 하는 마법과 같은 곡물 포대, 그레인 코쿤Grain Cocoon에 대한 아이디어를 정확히 어떻게 생각해 냈는지 설명했다.

더 많은 사람을 만날수록 나는 이 혁신가들이 전쟁의 공포를 뛰어넘어 희망과 낙관주의로 가득한 삶을 살고 있다는 것을 깨달았다. 폭탄과 총알에 무너지는 대신, 그들은 세상을 보다 나은 곳으로 만들어 줄 것으로 희망하는 기기들을 발명하고 있었다.

나는 또한 1949년 이스라엘과 인근 아랍국들의 휴전으로 형성된 국경, 그린 라인Green Line을 건너갈 기회도 있었다. 그곳에서는 팔레스타인 지역의 스타트업 상황에 대해 알 수 있었다. 이스라엘과 팔레스타인은 영토 분쟁과 물 사용 권리, 난민 문제를 비롯한 다수의 골치 아픈 이슈를 두고 첨예하게 대립하고 있다. 평화에 대한 환상을 꿈꾸는 자는 거의 없다. 하지만 나와 얘기를 나눴던 많은 기업가들은 혁신기술이 강력한 가교가 되어 대대로 싸움을 벌여왔던 두 나라를 이어 줄 수 있다고 믿는다.

아무 생각 없이 방송과 지면에서 흘러나오는 뉴스들만 보면, 이스라엘의 일상은 전쟁과 자살폭탄 테러, 칼부림, 차량충돌 공격 등 폭력으로만 가득할 것으로 생각할지도 모르겠다. 물론 이스라엘은 이런 혼란으로 어느 정도 고통받고 있다. 하지만 또 다른 모습의 이스라엘이 존재한다. 세계가 직면한 가장 어려운 문제 열 가지를 살펴보면, 그 가운데 반드시 이 문제를 해결하려고 애쓰는 이스라엘인이 있다.

20세기 초 영국 작가 체스터턴G.K. Chesterton은 미국이 "교회의 영혼을 지닌 국가"라고 썼다.[1] 미국주의 즉 미국적인 정신이 그들의 종교라고 말하려는 것 같다. 미국은 그들만의 신조와 신앙, 그리고 헌법과 독립선언문이라는 성스러운 경전과 아메리칸 드림을 향한 끝없는 믿음을 지닌 국가다. 이스라엘은 유대교 회당의 영혼을 지닌 국가이며, 세계에서 가장 어려운 문제들을 해결하는데 기여했던 놀라운 혁신 문화를 - 의도했든 의도하지 않았든 - 유대교의 예언적 경전■으로 이룩한 국가라고 나는 믿게 됐다.

유대교의 신비로운 경전은 하느님이 우주를 창조할 때 숨을 들이쉬며 세상의 경이로운 기적이 들어설 자리를 만들었다고 기록한다. 그리고 하느님이 "빛이 있으라" 하며 밝게 빛나는 항아리 10개를 보내 자신의 창조물을 덮은 어둠을 메꿨다. 항아리들이 온전히 남아 있었더라면 세상은 완벽했을 것이다. 하지만, 하느님의 신력이 너무나 강력해 항아리를 산산조각 내고 그 불꽃을 온 사방으로 흩뿌렸다. 유대교는 인간으로서 우리의 목표는 가능한 한 많은 불꽃을 모아 하느님의 부서진 항아리를 복원하고 세상을 보다 나은 곳으로 만드는 것이라고 주장한다.

하지만 우리가 어떻게 이 일을 할 수 있을까? 전 세계에 있는 많은 유대인들에게 이 주장은 선행과 자선을 베풀고, 환경을 보호하라는 의미로 다가간다. 하지만 이스라엘에 있는 많은 유대인들에게 이 말은 기술과 혁신으로 세상을 고쳐나가라는 뜻이다. 하반신이 마비된 한 사람이 다시 걸을 수 있으면, 아마도 휠체어 신세를 져야 할 사람은 아무도 없을 것이다. 한 명의 굶주린 자가 먹을 수 있다면, 우리는 아마 세상

■ 예언적 경전은 주로 종교적 특징을 지닌 문화에서 문서 또는 구전으로 전해 내려온 예언을 뜻한다. 유대교의 구전 율법인 토라Torah, 모세와 제2성전 시기 사이의 예언을 기록한 피르케이 아보트Pirkei Avot, 기독교의 신약 성경, 이슬람교 예언자 마호메트의 언행을 기록한 하디스Hadith 등이 여기에 속한다.

의 모든 기아 문제를 해결할 수 있을 것이다.

이 책은 현재 이스라엘인들이 세상을 보다 나은 곳으로 만들기 위해 하는 일들과 이스라엘이 전 세계에 미치는 영향력을 자세히 설명한다. 또한 이스라엘이 미래에 할 수 있는 일들을 암시한다. 현재 상황에 대처하면서도 이스라엘이 이만큼 세상에 기여해 올 수 있다면, 전쟁의 소용돌이 속에 빠지지 않고 끊임없이 자신과 국경을 방어할 필요가 없을 때 이스라엘이 어떤 모습일지 상상해보라.

이스라엘 국가를 단 하나의 스토리로 충분히 묘사할 수는 없다. 하지만 이스라엘에는 종교나 재산, 신분이 아니라 생명을 구하고 세상을 보다 나은 곳으로 만들려는 열망으로 긴밀히 연결돼 있는 뛰어난 혁신가들이 있다는 사실을 부인할 수 없다. 자유와 평화, 사회적 정의를 옹호하는 사람들은 세상을 더 좋은 곳으로 만들어 나가기 위해 이런 혁신가들과 이 책에 소개되지 않은 다른 수많은 혁신가들과 조화를 이뤄야 한다.

기적은 성경에서 일어났다. 하지만 이 책은 오늘날에도 누군가가 절망에 빠진 사람들의 삶을 바꿀 수 있는 도움을 줄 때마다 계속 기적이 일어나고 있다는 것을 실례를 들어 입증한다. 현대의 기적을 추구하는 욕망은 뉴저지 주 정도 크기에 불과한 지중해 연안의 작은 국가 이스라엘에 깊이 뿌리를 내려온 것이기도 하다.

최근 몇 년 동안 이스라엘의 기술에 관해 경외심을 불러일으키는 몇몇 책들이 출간됐다. 『창업 국가』는 이스라엘의 이미지를 새롭게 했으며 이스라엘이 경제적 기적을 이룬 스토리들을 독자들에게 전했다.

천연자원은 거의 없고, 인구는 적으며, 사방이 적들로 넘쳐나지만, 이스라엘은 그럼에도 캐나다와 인도, 일본, 한국, 영국의 스타트업을 합친 숫자보다 더 많은 스타트업을 탄생시켰다. 북미를 제외하면, 이스라엘은 나스닥에 가장 많은 기업을 상장시킨 국가다. 또한 OECD 내에서 GDP 대비 가장 높은 수준의 벤처 캐피털을 보유하고 있다. 세스 시겔Seth M. Siegel이 쓴 『물 부족 세계를 위한 이스라엘의 해법Let There Be Water』은 국토의 절반을 훨씬 넘는 지역이 사막인데도 이스라엘이 물 강대국으로 부상한 흥미진진한 스토리를 담고 있다. 야코브 카츠Yaakov Katz와 아미르 보봇Amir Bohbot이 함께 쓴 『무기 마법사Weapons Wizard』는 지난 70년간 이스라엘이 개발한 제임스 본드 영화에나 나올 법한 무기 시스템을 내부자의 시선으로 자세히 설명한다. 이 책들은 각각 이스라엘 기술의 특정 측면을 집중적으로 분석했다.

『혁신국가』는 농업과 의료, 물, 방위 산업에 초점을 맞춘 벤처들의 특징을 다루지만, 이 책의 핵심과 본질은 세상을 변화시키는 혁신의 국제적인 영향력과 이를 뒷받침하는 사람들을 중점적으로 다루는데 있다. 이 책은 이스라엘 혁신이 전 세계 수십억 명의 삶을 더 좋게 만들고, 이스라엘의 독창성이 굶주린 자를 먹여 살리고, 병든 자를 치료하며, 집을 잃은 자에게 살 곳을 제공하는데 도움을 준 스토리들의 집합체다. 정책 관료들과 입법자, 엔지니어, 의사, 변호사, 은행가, 국제 구호원 등 크고 작은 도전 과제를 해결하려 노력하는 모든 형태의 전문직 종사자들은 기존의 해결 방안이나 새로운 혁신 방안을 찾기 위해 이스라엘의 사례를 고려해볼 필요가 있다.

전 세계 국가들이 자신들의 국민과 경제를 위해 이스라엘의 혁신 '비결'을 밝혀내려 노력하는 것만큼 중요한 일은 이스라엘 문화의 핵심을 살펴보며 혁신 비결을 이끄는 원칙을 찾는 것이다.

『혁신국가』는 죽음과 파멸을 넘어 희망과 치유를 선택한 이스라엘인들에 관한 얘기다. 감당하기 힘들 만큼 깊은 어둠에 싸여있는 세계 일부 지역에는 이 책에 담긴 스토리들이 밝은 빛이 될 것이다.

1부

숭고한 의미를 추구하는 국가

1. 이스라엘의 혁신 DNA

2. 무관심할 수 없는 유대인들

1.

이스라엘의 혁신 DNA

내가 나를 위하지 않는다면 누가 나를 위하겠는가?
그런데, 내가 나를 위해 산다면 나는 무엇인가?
지금이 아니라면 언제란 말인가?"

- 〈선조의 윤리학〉 1:14

이스라엘은 20세기의 가장 중대한 문제를 해결할
엄청난 역사적 특권을 부여받았으며, 이는 곧 의무이기도 하다.

- 다비드 벤-구리온, "이스라엘의 안보와 국제적 지위", 이스라엘 정부 연감 5720(1959-60)

후츠파 정신으로 죽음을 넘어서다

이스라엘인은 틀에 박히지 않는 독특한 사고방식으로 유명하며, 그 전형적인 본보기가 바로 요시 바르디Yossi Vardi의 키너넷Kinnernet 콘퍼런스에서 나와 함께 방을 썼던 아비 야론Avi Yaron이다. 나는 이스라엘 북부 지역에서 열린 콘퍼런스에서 그와 즐겁게 대화를 나눴으며 마지막 날 텔아비브로 함께 돌아갈 것을 제안했다. 그에 대해 좀 더 알고 싶었기 때문이다.

돌아오는 차 속에서 야론은 자신이 겪은 일을 들려줬고, 그의 이야기에 나는 사고가 나지 않을까 걱정해야 할 정도로 깜짝 놀랐다. 1993년 야론이 타고 가던 모터사이클이 심하게 충돌하는 사고가 났고 야론은 병원으로 급히 실려 갔다. 병원에서 의사는 야론에게 희망적인 소식과 절망적인 소식을 함께 전했다. 충돌 사고로 인한 신체적 손상은 크지 않았지만, 의사들이 야론을 진료하는 과정에서 뇌종양을 발견한 것이다. 야론은 당시를 이렇게 기억한다. "완전히 충격에 빠졌죠. 하지만 의사들이 내게 모든 상황을 있는 그대로 정직하게 얘기했는지 확신할 수 없었어요."[1]

의사들은 최상의 경우라도 몸 한 쪽이 마비되고 심각한 정신적 장애를 겪게 될 가능성이 높다고 진단했다. 야론은 크게 상심했지만, 이런 곤경에서 빠져나올 방법을 스스로 찾아야 한다는 사실을 깨달았다. 그는 당시 상황을 이렇게 말한다. "의학도서관에 가서 공부를 하기 시작했죠. 해부학, 생물학… 하지만 내가 이해하고 한 걸음 나아갔다고 생각할 때마다 나는 두 걸음 물러나 있는 상태였습니다. 가장 힘들었던 부분은 주위에 있는 모든 사람들이 내가 미쳐간다고 생각하는 것이었습니다."

야론은 식습관을 바꾸고 커피도 덜 마시며 잠도 하루에 네 시간만 잤다. "잠자는 시간은 완전히 시간 낭비"라고 생각했기 때문이다. 야론의 종양은 점점 더 커졌으며 의사가 할 수 있는 일은 아무 것도 없었다. 문제는 뇌 외과의사가 수술할 때 사용하는 도구가 너무 크다는 데 있었다. 야론은 앞으로 5년 이내에 누군가가 새로운 기술을 개발할 수도 있다는 말을 들었다. 하지만 자신이 그렇게 오래 버티지 못할 수도 있다고 생각한 야론은 한 가지 해결방안을 생각해냈다. 바로 자신이 직접 기업을 만들어 필요한 기술을 개발하기 시작하는 것이었다. 야론은 비전센스Visionsense라는 기업을 설립한 뒤 거의 10년간의 연구 끝에 곤충의 눈 구조를 본떠 만든 새로운 형태의 수술용 관찰 도구를 개발했다. 그는 "새로운 기술은 성공했고, 지금 전 세계에서 수천 명의 생명을 구하고 있습니다."라고 말한다.

우리가 유디언 힐스를 지나고 있을 때 나는 문득 야론이 대담함, 당돌함 등을 뜻하는 이스라엘인 특유의 후츠파Chutzpah 정신으로 죽음을 모면했다는 생각이 들었다. 그는 자신이 직면한 어마어마한 어려움에도 결코 좌절하지 않으며 결국에는 놀랄만한 혁신을 만들어냈고, 이는 현재 세계 곳곳의 사람들이 야론처럼 혁신을 이루는데 도움을 주고 있다.

내가 느끼기에 야론을 움직인 원동력은 그의 특이한 성격에서 비롯된 것이 아니라 그보다 훨씬 더 강력한 이스라엘인의 특성에서 나온 것이 분명하다. 이 대목에서 문득 궁금증이 생긴다. 그렇게 작은 나라가 어떻게 어둠을 물리치고 세상에 더 많은 빛을 비춰야 할 필요성을 절감하는 국가가 됐을까?

혁신의 동기는 유대 문화로부터

이스라엘의 혁신적인 성공은 권위에 도전하고 질문하며, 누구나 아는 뻔한 일을 거부하도록 장려하는 종교적 문화를 포함한 여러 요인에서 비롯됐다. 이스라엘은 인종적, 정치적, 종교적 다양성을 수용하며 세속적인 제도와 관습에 큰 가치를 두는 문화를 지니고 있다. 또한 소규모 국가 이스라엘이 기술 강국으로 올라선 이유는 후츠파 정신과 병역의무, 일류 대학, 스마트하고 강력한 정부, 부족한 천연자원 등 여러 요인들이 합쳐진 국가적 특성으로 설명할 수 있다. 하지만 많은 이스라엘 기술 기업들은 단순히 사람들의 삶을 풍요롭게 하거나 보다 편하게 만드는데 그치지 않고, 전 세계를 보다 나은 곳으로 만드는데 기여하고 있다.

나는 여러 이스라엘 혁신가들에게 사회적 문제를 다룰 수밖에 없었던 이유를 물었고 다양한 답을 얻었다. 어머니나 아버지, 배우자 등 자신에게 영감을 준 가족들을 이유로 드는 사람들도 있었다. 하지만 좀 더 깊이 알아본 결과, 이스라엘이나 유대의 문화적 특성에서 동기를 얻었다고 말하는 사람들이 많았다. 모터사이클로 앰뷸런스 역할을 하는 앰뷰사이클Ambucycle을 만들어 응급 의료대응팀 유나이티드 핫잘라United Hatzalah를 설립한 엘리 비어Eli Beer는 자신의 아버지가 늘 "훌륭한 사람이 되고 선행을 베푸는 자세"의 중요성을 어떻게 강조했는지 설명했다. 엘리 비어는 어린 시절에 아버지와 함께 미국을 여행하며 당시 소비에트 연방에 거주하던 유대인들이 이스라엘로 이주하는데 필요한 기금을 모금했던 일을 기억한다. 이 유대인들은 1970년대와 1980년대 거의 대부분의 기간 동안 소비에트 연방을 떠날 수 없는 형편에 놓여 있었다.

이스라엘의 저가 곡물저장 기구 그레인 코쿤Grain Cocoon을 개발한 슈로모 나바로Schlomo Navarro는 "혁신적인 일을 하고 다른 사람을 위해 일하는 자세는 유대인 문화 속에 내재된 가치"라고 믿는다. 그는 고국 터키에서 유대인 학교를 다니고 시오니스트Zionist■ 청년 운동 멤버로 활동하며 이런 가치의 중요성을 배웠다고 회상한다.

응급처치용 붕대 이머전시 밴디지Emergency Bandage를 개발한 버나드 바 나탄Bernard Bar-Natan의 경우, 홀로코스트 생존자들인 부모에게서 선행을 배웠다.

나는 이와 같은 유대 가치가 어떻게 이스라엘 문화에 보다 광범위하고 무의식적으로 확산되며 그 문화의 한 부분으로 진화됐는지 궁금했다. 이스라엘에서 가장 규모가 큰 아랍계 첨단기술 기업인 알파 오메가Alpha Omega의 공동 창업자인 림 유니스Reem Younis가 이런 나의 생각을 가장 잘 표현한 듯하다. 그녀는 이렇게 말한다. "아버지에게서 물려

■ 팔레스타인에 유대인의 나라를 세우려고 한 유대 민주주의 시오니즘Zionism을 믿고 받드는 유대인들

받았고, 내가 다닌 학교에서 배웠으며, 이스라엘인들과의 네트워크에서 얻은 것입니다. 이스라엘 문화는 삼투 현상처럼 서서히 퍼져 나갔습니다."[2]

유대인의 염원 '티쿤 올람'

중세 이후, 어쩌면 그 이전부터 유대인은 〈알레이누Aleinu('우리의 의무'라는 뜻의 히브리어)〉라는 기도문을 하루 세 차례 암송했다. 이 기도문은 다른 무엇보다도 세상의 잘못을 고치라고 가르치며, 히브리어로는 이를 티쿤 올람Tikkun Olam이라고 한다. 우리는 하느님의 동반자로서 온 세상에 도덕과 정의를 전파할 책임을 공유한다고 믿는다. 랍비의 가르침을 담아 2세기경 편찬한 유대교 율법서 「미슈나Mishnah」는 티쿤 올람을 열 번 언급하며, 세상을 고치기 위해서는 사회적으로 소외될 가능성이 높은 사람들을 특히 더 많이 보호할 것을 명령했다.[3] 선지자 이사야는 「이사야서」 42장 6절에서 유대인들이 "열방을 비추는 빛"이 될 것을 요구했다.

다른 사람을 도우라는 유대인의 메시지는 2세기와 3세기경 랍비들이 설파한 윤리적 가르침을 모아 편찬한 「피르케이 아보트Pirkei Avot(선조의 윤리학)」에도 강조돼 있다. 가장 유명한 금언 두 가지는 랍비 타르폰Tarfon의 "과업을 완성할 의무는 없지만, 과업을 그만둘 자유도 없다."는 가르침과, 랍비 힐렐Hillel이 "내가 나를 위하지 않는다면 누가 나를 위하겠는가? 그런데, 내가 나를 위해 산다면 나는 무엇인가? 지금이 아니라면 언제란 말인가?"라며 던진 일련의 질문이다.

어쩌면 유대인들의 가장 핵심적인 가르침은 세상을 향상시키고 신성한 곳으로 전환시키는 것일지도 모르겠다. 아무리 적은 양이라도 음식을 먹기 전과 심지어 화장실에 갈 때, 그리고 즐거운 일이나 슬픈 일이 생길 때마다 독실한 신자들은 하느님과 하느님의 여러 창조물을 찬양하는 특정 축문을 낭송한다. 안식일이 지나면 곧바로 촛불을 켜고, 신성한 것과 세속적인 것을 구분하고 빛과 어둠을 구분하는 우주의 통치자를 찬미한다.

세상을 창조하고 고치는 일에 있어서 우리 인간이 하느님과 동반자라는 유대 전통 사상은 유대주의의 중심 주제이며 시온주의에 많은 영향을 미쳤다. 아일랜드의 최고 랍비 지도자를 역임했으며 미국 유대인위원회에서 국제 이종교간 화해를 담당하는 이사로 재직했고 현재 예루살렘에서 활동 중인 랍비 다비드 로젠David Rosen은 "시오니스트 사상의 가장 핵심적 정신이 티쿤 올람이라는 데에는 의심의 여지가 없다."고 말한다.[4]

위대한 유대인 철학자 중 한 명인 랍비 모세 벤 마이몬Moses Ben Maimon(보통 마이모니데스Maimonides 또는 람밤Rambam으로 알려져 있다)은 자선을 베푸는 데에는 여덟 가지 수준이 있으며, 가장 높은 수준 중 하나는 무명으로 자선을 베푸는 것이고 가장 낮은 수준은 마지못해 하는 자선이라는 유명한 글을 남겼다. 이와 비슷하게, 이 책에서 소개한 다양한 분야의 이스라엘 혁신가들에게 동기를 부여한 요소는 각양각색으로 광범위하다. 돈을 벌기 위해 한 사람들도 있는 반면, 단순히 좋은 일을 하려고 시작한 이들도 있다. 하지만 결국 이들은 모두 수많은 사람들의 삶에 중요한 영향을 끼치며 실제로 자선을 베풀었다. 요시 바르디와 내가 햄튼 해안가에 앉아 대서양을 바라보고 있었을 때 그가 완곡하게 표현한 것처럼 이스라엘이 "성자나 사회 개혁자만 있는 국가는 분명 아니지만", 유대 문화는 이스라엘을 "보다 숭고한 의미를 추구하는 사람들로 이뤄진 국가"로 발전시켰다.[5]

많은 이스라엘 건국 지도자들은 이런 종교적 가르침에서 영감을 받았다. 그들 중 대표 인사로 초대 총리를 역임한 다비드 벤구리온David Ben-Gurion은 1948년 건국을 선언하며 이렇게 말했다. "우리는 모든 이웃 국가와 그 국민들에게 평화와 선린 우호를 제안하는 손을 내밀며, 유대인들이 자신의 영토에 정착해 건국한 독립 유대인 국가와 이웃 국가들 간의 굳건한 상호 협조 관계 구축을 호소합니다. 이스라엘은 중동 지역 전체의 발전을 위한 공동 노력에서 주어진 몫을 실행할 준비가 돼 있습니다."[6] 성경에 나오는 일곱 갈래 촛대인 메노라Menorah를 그려 넣은 이스라엘 국기는 빛의 근원으로서 역할을 하겠다는 이스라엘의 염원을 상징한다.

옛 사람들의 말이 전쟁을 치르는 동안 일어난 일들과, 지금도 이스라엘과 웨스트뱅크, 가자 지구에서 계속되는 폭력 사태를 알고 있는 현대의 많은 이들에게는 모순적이거나 냉소적으로 들릴지도 모르겠다. 하지만 벤구리온 총리의 발언은 진심이었으며 오랜 기간 동안 품어온 시온주의 염원의 한 부분이기도 하다.

이스라엘 건국 50여 년 전인 1896년 근대적 시온주의의 창시자인 테오도르 헤르츨Theodor Herzl은 근대 유대인 국가를 향한 자신의 비전을 펼치며 이 사상을 언급했다. 헤르츨의 논문 「유대인 국가The Jewish State」의 핵심에는 사회 변혁을 위해 노력하는 시온주의자들이 있다. 그는 이 논문에서 "우리가 유대인 국가에서 우리 자신의 이득을 위해 무엇을 하든, 온 인류의 행복에 매우 유익한 방향으로 이바지할 것"이라고 주장했다.[7] 그로부터 몇 년 뒤, 근대 정치적 시온주의의 기본 이념서 역할을 한 유토피아 소설 『알트누랜드Altneuland』에 헤르츨은 이런 정서를 다시 담아냈다. "나의 민족 유대인들이 구원받는 모습을 보니, 나는 또 아프리카인들의 구원을 돕고 싶다."[8]

건국 이후 70년 동안 이스라엘은 거대한 도전들에 직면해 왔다. 10년마다 전쟁을 치렀으며 외교적, 경제적 고립 상태에 빠지기도 했고, 전 세계로부터 수백만에 이르는 유대인들을 받아들이면서 인구가 엄청나게 늘어났다. 이 과정에서 이스라엘은 많은 비난을 받았으며, 특히 팔레스타인 아랍인들을 대하는 문제 때문에 극심한 비난을 받았다. 하지만 이와 같은 모든 결점에도 불구하고, 이 신흥국가는 좁은 국토를 훨씬 넘어선 지역까지 정치적, 경제적, 도덕적 리더십을 계속 발휘하고 있다.

많은 이스라엘인들에게는 세상을 고치는 일이 의학적 도전과제를 해결할 답을 구하고 환경을 보호하며 사회적 활동에 참여한다는 의미로 통했다. 미국의 초기 정착민들 사이에서 뿌리를 내렸던 프로테스탄트 노동 윤리가 오늘날 미국 문화에 깊이 배어있는 것처럼, 이스라엘 건국의 아버지들과 그들의 역사적 조상들의 염원과 정신은 이스라엘 다민족 사회에 큰 영향을 미쳤다.[9] 유대교, 기독교, 이슬람교를 비롯한 다양한 종교적 배경을 지닌 의사와 과학자, 농업 경제학자, 식물학자, 엔지니어를 포함해 이 책에 등장하는 이스라엘인들에게 세상을 고치는 일은 자신의 뜻에 따라, 또는 이스라엘 사회에 가득한 창조 정신의 영향을 받아 명확한 목적으로 자리 잡았다. 이스라엘이 세상을 더욱 좋게 만드는 방식은 세상에서 가장 어려운 도전 과제 일부를 해결하는 일에 의연히 나서며, 한 번에 한 사람씩 삶의 질을 개선해 주고 한 번에 하나씩 혁신을 이룬 것이 모자이크처럼 어우러지는 것이다.

2.

무관심할 수 없는 유대인들

누구라도 한 생명을 구하는 자는 온 세상을 구하는 것과 같다.

–《미슈나》, 〈산헤드린 편〉 4:9

무관심할 수 없는 국가

장갑차에 타고 있는 병사들에게 수 킬로미터 밖에서 울리는 총소리가 들린다. 2015년 12월 칠흑같이 어두운 밤, 중무장한 이스라엘 특공대원 열 명이 장갑차에 타고 지난 4년간 격렬한 내전이 벌어지고 있는 시리아 국경지대로 달려간다. 운전병은 휴대용 무전기에 대고 작은 목소리로 교신을 한 뒤 시동을 끈다. 특공대원들은 살을 에는 추위 속으로 뛰어내린다. 이들 중 다섯 명은 국경을 가르는 펜스로 조심스레 다가간다.

펜스 너머에는 부상을 입고 피를 흘리며 더러운 이불에 싸여있는 한 젊은이가 있다. 장교 한 명이 방벽을 열고 부상당한 젊은이를 이스라엘 국경 안쪽으로 끌어 온다.[1] 이 젊은이는 스무 살쯤 돼 보이며 골란 고원을 넘어가는 길 어딘가에서 위와 간에 총상을 입었다. 이스라엘군 위생병이 부상자의 팔에 링거 주사를 놓고 특공대원들은 부상자를 들것에 옮겨 실은 뒤 곧바로 국경을 지나 이스라엘군 야전 병원으로 향한다.

특공대원들이 구출한 젊은이는 이스라엘인도 유대인도 아니다. 시리아인 병사로 반군 조직의 일원일 가능성이 크다. 알카에다 시리아 지부 역할을 하며 유엔 평화유지군을 납치하고 기독교도를 대학살했던 자브하트 알-누스라Jabhat al-Nusra 소속원일 수도 있다. 그럼에도 이스라엘군은 그 부상병을 구출하고 치료까지 해줬다.

이와 같은 장면은 자주 반복된다. 성전을 벌이는 지하드 전사와 민간인 모두가 자신들의 철천지원수 이스라엘로 피난처를 찾아 넘어오기 때문이다. 여성과 어린이, 노인, 지하드 전사 할 것 없이 국경을 넘어오는 이들은 모두 아무런 조건 없이 의료 지원을 받는다. 2013년 이후 이스라엘은 의료 지원이 필요한 시리아인 약 2,500명을 치료했으며, 이를 위해 이스라엘 국민의 세금 수천만 달러가 투입됐다.[2] 이스라엘이 도운 사람들은 시리아인만이 아니다. 이스라엘은 미국과 아르헨티나, 키르기스스탄, 멕시코, 르완다, 터키 등 세계 곳곳에 지원단을 파견했다. 이스라엘 국가경제위원회 의장을 역임했던 유진 칸델Eugene Kandel은 이렇게 말한다. "이스라엘인은 큰 재난이 일어난 현장에 생명을 구하기 위해 가장 먼저 나타나는 사람들입니다. 이스라엘은 강력한 국가이면서 너그러운 마음을 지니고 있습니다."[3]

이와 같은 지원 임무를 수행한 이유는 다양하다. 실용적인 이유로 수행한 것도 있고 이상주의적인 것도 있다. 하지만 모든 지원 활동은 열방에 빛을 비추는 사명과 세상을 고치겠다는 염원, 그리고 이런 형태의 지원이 없다면 온 세상을 뒤덮을 어둠에 대한 염려에서 비롯된 것이다. 이스라엘을 건국한 사람들 대다수는 홀로코스트와 집단학살의 공포를 경험했다. 이스라엘 입법기관 크네세트Knesset에서 활동한 아이작 헤르조그Issac Herzog 의원이 했던 말처럼, "온 세계의 침묵을 몸소 경험했던 유대인들이 무관심한 채로 있을 수는 없는 것"이다.[4]

우방을 얻고 감화시키는 길

이스라엘이 독립한 뒤 첫 10년간은 신생국가로서 특히 더 힘든 시기였다. 적으로 둘러싸여 있고 천연자원이 부족하며 식량 부족에 직면한 국가에 수십만 명의 유대인들이 이주해 왔다. 그럼에도 불구하고 이스라엘이 세계 곳곳의 다른 국가를 지원할 정부 기관을 창설한 것도 바로 이 시기였다. 이 결정은 아무리 좋게 평가해도 순진한 것이었으며, 최악의 경우 자국민들에게 해를 끼칠 수도 있는 행동이었다. 하지만 이스라엘 초대 총리 벤구리온과 네 번째 총리 골다 메이어Golda Meir의 연설과 회고록을 자세히 읽어 보면, 다른 나라를 지원하겠다는 이스라엘의 결정은 현명한 이기심과 이상주의가 복합적으로 작용한 결과라는 것을 알 수 있다.[5]

비평가들은 이스라엘이 다른 나라를 도운 이유를 사방이 적으로 둘러싸인 국가로서 전략적인 자기 홍보와 국제적 지원이 필요했기 때문이라고 설명한다. 맞는 말이다. 하지만 "이스라엘의 해외 지원 프로그램은 노동 시온주의Labor Zionism와 유대교의 가장 핵심적 요소인 사회 정의와 재건, 재활을 향한 이스라엘의 동인을 특징적으로 보여줍니다. 이는 우리의 가장 가치 있는 전통이 계속된 것이며, 가장 심오한 역사적 본능이 표출된 것입니다."라는 골다 메이어의 말 또한 사실이다.

1950년대 중반 두 지도자는 두 가지 사건으로 골머리를 앓았는데, 결국 이 사건들로 인해 이스라엘 정치 지도자들이 국제 지원에 합류하게 됐다. 벤구리온 총리는 집무실에서 초조한 마음으로 서성대며 전 세계에 파견된 이스라엘 대사들에게 쉴 새 없이 지시를 내리고 있었다. 1955년 아프리카와 아시아의 29개국이 참가한 인도네시아 반둥 회의Bandung Conference에 이스라엘이 초청받지 못했기 때문이다. 이 회의의 목적은 참가국 간의 경제 협력을 촉진하고 식민지 정책을 반대하는데 있었다. 참가국들은 이스라엘이 처한 곤경은 언급하지 않은 채 팔레스타인이 주장하는 대의명분을 지지하는 결의를 했으며, 이는 예루살렘의 외교가에 굴욕을 안기는 일이었다. 골다 메이어 총리는 당시를 이렇게 기억했다. "이스라엘은 그 '모임'에서 제외됐습니다. 우리는 달갑지 않은 의붓자식 취급을 받았으며, 이는 분명 무척이나 가슴 아픈 일이었습니다."

두 번째 사건은 이스라엘이 프랑스와 영국과 함께 가말 압델 나세르Gamal Abdel Nasser 당시 이집트 대통령을 권좌에서 끌어내리고 수에즈 운하를 장악하기 위해 이집트를 침공한 뒤에 일어났다. 침공은 성공했지만, 미국과 소비에트 연방의 강력한 압박을 받은 세 강대국은 결국 후퇴했다. 그 결과 세계 곳곳의 많은 국가들이 유대인 국가에 대한 아랍권의 통상 금지령과 유엔의 반이스라엘 결의를 적극 지지했다. 당시 벤구리온 총리는 에후두 아브리엘Ehud Avriel 가나 주재 이스라엘 대사에게 이렇게 말했다. "우리는 적대적인 아랍 국가들의 이스라엘에 대한 보이콧을 타파하고 검은 대륙 아프리카에서 새롭게 독립한 국가들과 관계를 구축해야 합니다. 우리는 아프리카 국가들에 형식적인 외교 제스처보다 훨씬 더 많은 것을 제공할 수 있으며, 그들의 사회적, 경제적 개발을 도울 준비가 돼 있습니다."[6] 이스라엘 정책 입안자들은 아프리카와 같은 제3세계 국가들에 더 많은 에너지를 쏟는 것이 이스라엘에 유리하다고 결론 내렸다.

시온주의 지도자들이 동맹국을 찾으려고 전 세계를 둘러 봤을 때,

아프리카는 그들의 필요에 잘 들어맞는 파트너처럼 보였다. 당시 아프리카의 많은 국가들은 신생 독립국이 겪는 문제에 직면해 있었다. 아프리카 대륙에 속한 국가의 수가 많으며, 유엔에서 투표권을 행사하는 아프리카 국가들을 합하면 주요 국제기구인 유엔의 4분의 1을 차지한다는 사실을 파악한 이스라엘 외무부는 아프리카 국가들과 관계를 개선하는데 박차를 가하기 시작했다.

1950년대와 1960년대에 걸쳐 의사, 엔지니어, 농업과 물 관리 전문가 등을 포함한 이스라엘 전문가들이 아프리카 대륙 곳곳에서 원조 활동을 펼치며 기술력과 실용성으로 많은 명성을 얻었다. 이런 결정을 내린 부분적인 목적은 분명히 이스라엘이 국제적 지지를 얻는데 있었으며 어느 정도 그 목적을 달성했다. 그 기간의 대부분을 외무 장관으로 재직했던 골다 메이어는 이렇게 말했다. "그렇습니다. 우리가 원조 활동을 펼친 중요한 동기 중 하나가 바로 국제 사회의 지지를 얻으려는 것이었습니다. 하지만, 그것이 가장 중요한 동기는 아니었습니다. 이스라엘보다 훨씬 더 신생국이고 경험도 많지 않은 국가들에 전수해주고 싶은 무언가가 있었던 겁니다."

1958년 이스라엘 외교부는 정부 고위 각료들에게 해외 원조 활동을 조정할 정부 기구 설립의 필요성을 입증하는데 성공했다. 같은 해 이스라엘은 훗날 국제협력센터Center for International Cooperation(히브리어로는 마샤브MASHAV라 한다)로 불리는 기구를 출범시켰다. 이 기구는 단순한 재정적 지원이 아니라 기술 연수와 교육을 제공하는데 집중했다.

기구가 출범한지 1년 만에 이스라엘은 수백 명에 달하는 기술 전문가를 전 세계 개발도상국에 파견했다. 또한 이스라엘 내에 있는 여러 센터를 통해 수천 명에게 농업과 행정 관리, 의료, 노동조합 관리, 여성 경쟁력 강화, 기업가 정신, 지역사회 개발 등에 관한 교육을 실시했다.[7] 평범함 원조 프로그램으로 시작한 활동이 결과적으로는 이스라엘 전문가들을 세계 곳곳의 개발도상국에 파견해 도움이 필요한 사람들에게 교육을 제공하는 대규모 정부 사업으로 발전했다. 이후 15년 동안 수천 명에 이르는 이스라엘 전문가와 정치 지도자, 공무원이 정기적으로 아프리카를 방문하며 인도주의적 지원을 제공했다. 이 기간 동안 이스라엘 원조 예산의 약 3분의 2가 아프리카 대륙에 집중됐다. 이 외에도 이스라엘은 유사한 원조 프로그램을 인도와 파키스탄, 소말리아, 모리타니, 인도네시아에서 실시하는데 앞장섰다.

같은 기간 동안 전 세계 90개국 1만 5천여 명이 정기적으로 이스라엘을 방문해 교육을 받았다. 역사학자 모셰 덱터Moshe Decter는 이스라엘이 세계에서 가장 광범위한 분야에 걸쳐 기술 프로그램을 개발했다고 주장했다. 이를 뒷받침하는 주요 근거는 1961년 골다 메이어가 스위스 외교관 잉가 토르손Inga Thorssson과 훗날 트레이닝 센터 창립이사로 재직한 이스라엘 여성 지도자 미나 벤즈비Mina Ben-Zvi와 함께 하이파에 설립한 마운트 카르멜 트레이닝 센터Mount Carmel Traning Center다. 이 센터는 국제협력센터 마샤브의 산하기관이지만, 오랜 기간 동안 교수법, 영양학, 기업가 정신, 여러 형태의 사회복지 등을 교육하는 트레이닝 프로그램을 통해 여성들의 경쟁력 강화에 집중했다. 1960년대 초 케냐 출신의 한 학생은 골다 메이어에게 이렇게 말했다. “제가 미국으로 유학을 갔더라면 아마 개발의 역사를 공부했을 것입니다. 하지만 이곳 이스라엘에서는 눈앞에서 일어나는 개발 현장을 직접 목격할 수 있었습니다."

이와 같은 트레이닝 프로그램과 지원 활동은 아프리카에서 이스라엘의 이미지를 개선하는데 도움을 줬으며, 골다 메이어는 아프리카 방문길에 이 사실을 깨닫고는 적잖이 놀랐다. 1964년 메이어는 비행기로 케냐에서 나이지리아로 갈 예정이었는데, 이륙하기 전 나이지리아 라고스 주재 이스라엘 대사가 아랍권 국가의 대사 부인들이 지휘하는 대규모 반이스라엘 시위대가 라고스에서 메이어가 오기만을 기다리고 있어 위험한 상황이라고 알려왔다. 골다 메이어는 방문 일정을 취소하는 게 현명한 일인지 고심하다가 결국 강행하기로 결정했다. 라고스에 착륙해 비행기 문을 나서자, 실제로 엄청나게 많은 아프리카인들이 모여 있었다. 골다 메이어는 "불편한 일이 생길 것"으로 생각했다. 하지만 분노한 시위대와 맞닥뜨린 대신 그녀는 이스라엘에서 훈련을 받았거나 나이지리아에서 이스라엘인으로부터 교육받은 수많은 군중의 환영을 받았다. 골다 메이어가 비행기 트랩을 내려오는 동안 군중은 유대 민요 '헤베누 샬롬 알레헴Hevenu Shalom Aleichem('당신에게 평화가 있기를'이라는 뜻이다)'를 부르며 환영했다. 다음날 아침 골다 메이어는 나이지리아 대통령 은남디 아지키웨Nnamdi Azikiwe를 만났고, 대통령은 "우리는 진정한 친선 대사인 당신을 존중하고 환영합니다."라고 말했다.

많은 아프리카인들은 골다 메이어가 자신들의 시민권을 지지하려고 어떤 행동까지 했는지 알고 나서 매우 놀랐다. 예를 들면, 케냐와 나이지리아를 방문한 그 해에 골다 메이어는 잠비아의 독립기념일 행사에도 참석했으며 이때 빅토리아 폭포도 찾아갔다. 당시 빅토리아 폭포 일부는 잠비아에 속해 있었고 나머지는 남로디지아Southern Rhodesia(현 짐바브웨 공화국)의 영토였다. 골다 메이어를 비롯한 몇몇 이스라엘인은 아프리카 동료들과 함께 버스를 타고 자연 경관이 아름답고 경이롭기로 유명한 이 폭포로 향했다. 하지만 이들이 국경에 도착하자, 남로디지아 경찰이 "뻔뻔하게도 흑인들은 버스에서 내리지 못하게 하고, 백인들만 내려서 폭포를 볼 수 있게 했다."고 골다 메이어는 기억했다. 경찰은 골다 메이어를 버스에서 내리게 하려고 안간힘을 다했지만 그녀는 완강히 버티며 "나는 친구들과 떨어질 생각이 전혀 없다."고 거부했다. 버스가 잠비아의 수도 루사카Lusaka로 돌아왔을 때 케네스 카운다Kenneth Kaunda 잠비아 대통령은 직접 나가 골다 메이어를 영접하며 그녀가 자국민을 위해 나서준 것에 대해 감사한 마음을 전했다.

이와 같은 연대감의 표시는 이스라엘이 식민지 시대 열강들처럼 천연자원을 얻기 위해 아프리카 국가를 착취하는 일은 없을 것이라고 아프리카 지도자들이 생각할 수 있었던 이유 중 하나이기도 하다. 1960년대 탄자니아 초대 대통령이었던 줄리어스 니에레Julius Nyere는 이렇게 말했다. "이스라엘은 작은 국가입니다. 하지만 우리 같은 국가에 많은 것을 제공해 줄 수 있습니다. 우리는 국가를 건설하고 영토의 물리적, 경제적 모습을 바꿔 놓는 역량 등 많은 것을 배울 수 있습니다."[8] 이스라엘은 농업 기술과 같은 실용적인 지원을 제공하고 빈곤을 줄이기 위한 정책을 실시했다. 당시를 골다 메이어는 이렇게 기억한다. "아프리카 국가들과 마찬가지로 이스라엘도 외세의 지배를 물리치고 독립했습니다. 그들처럼 우리도 땅을 개간하고, 작물 수확량을 늘리며, 온 국민이 공존하고 우리 자신을 방어할 수 있는 방법을 배워야 했습니다." 결국 유엔도 이스라엘의 기여를 인정하기에 이르렀다. 이를 두고 1964년 유엔의 한 관리는 이렇게 설명했다. "경제 개발 분야에서 이스라엘이 보여준 독특한 노력과 성취를 연구해 보면, 후진국의 경제 문제 해결에 관해 내가 아는 그 어느 국가보다도 이스라엘의 방안이 훨씬 더 유용하다는 것을 알 수 있습니다."[9]

아프리카를 떠나다

불행하게도 이스라엘과 아프리카 국가들의 친선 관계는 오래 가지 못했다. 1973년 욤 키푸르Yom Kippur 전쟁(제4차 중동전쟁) 이후 소비에트 연방과 아랍권 국가들의 압력 때문에 사하라 이남에 있는 아프리카 국가 34개국 중 4개국을 제외한 모든 국가가 이스라엘과 외교 관계를 단절하고 아프리카 대륙에 대한 이스라엘의 기술 지원 프로그램도 중단했다. 석유수출국기구OPEC는 회원국들이 이스라엘과 교역을 하지 못하게 했다. 당시 아이보리코스트(현 코트디부아르) 대통령 펠릭스 우푸에부아니Félix Houphouët-Boiny는 골다 메이어 총리에게 "아랍 '형제들'과 이스라엘 '친구' 사이"에서 선택할 수밖에 없었다고 설명했다.

외교 관계 단절은 이스라엘의 원조 프로그램에 중요한 영향을 미쳤다. 첫 단계로 이스라엘은 관계를 단절한 아프리카 국가들에 대한 재정 지원을 모두 중단했다.[10] 그러고 나서 원조 프로그램을 라틴 아메리카와 아시아 국가로 돌렸다. 단, 이스라엘 국제협력센터 마샤브는 외교 관계를 단절한 국가에서 온 아프리카인의 이스라엘 내 연수 과정이나 이들 지역에 대한 의사와 기술자 파견은 중단하지 않았다. 이 의사들은 파견된 국가에서 쉽게 갖출 수 없는 의료 장비들을 도입하고 현지 인력을 훈련시켰으며, 떠날 때는 의료 장비를 기증하고 나오는 경우가 많았다.[11]

이처럼 정책을 전환한 1973년 이후, 이스라엘은 자연 재해를 당한 많은 지역에 세계 어느 국가보다 규모가 큰 의료팀을 계속 파견했으며, 종종 가장 먼저 현장에 도착시켰다. 이와 같은 노력은 아프리카 국가들에 대한 이스라엘의 지원 임무와 마찬가지로 전 세계에 이스라엘의 이미지를 향상시키는데 목적을 두고 있다. 하지만 이런 노력들은 세계를 보다 나은 곳으로 만들려는 이스라엘의 진정한 염원에서 비롯된 것이기도 하다. 파견 임무에 참여한 사람들은 이상주의자이며 이타주의자다. 1983년 이스라엘은 국내와 해외 모두에서 지원 활동을 담당할 국립 전문 수색구조팀을 설립했다. 이 구조팀은 의사와 엔지니어, 수송 전문가, 구조견 조련사들로 구성돼 있다.[12] 지원단을 세계 곳곳으로 수송하는 임무를 맡고 있는 이스라엘 공군 비행 중대장(자신의 이름은 밝히지 않았다)은 군대의 인도주의적 활동에 관한 인터뷰에서 이렇게 말했다. "이러한 구조 임무는 세계 각지의 도움이 필요한 사람들을 돕는다는 의무를 자신에게 부여하는 유대인의 정체성을 나타내는 한 부분이라고 생각합니다. 언제 어디서든 도움이 필요한 사람이 있으면 우리는 분명히 달려갈 것입니다. 이스라엘 국민이자 이스라엘 방위군Israel Defense Forces, IDF 소속 군인으로서 나는 곤경에 처한 모든 사람에게 도움을 줄 의무가 있다고 생각합니다. 그가 이스라엘인이든 아니든 말입니다. 이들에 대한 우리의 헌신과 의무는 이스라엘 한 국가에만 해당하는 것이 아니라 전 세계적인 것입니다."[13]

유나이티드 핫잘라의 국제 운영 담당 이사로서 이스라엘의 국제 재난 구조 활동에 많이 참여했던 도브 마이셀Dov Maisel은 이 말에 동의하며 이렇게 말한다. "우리는 재난 지역에서 지원 활동을 펼치며 우리의 이미지를 개선시킬 뿐만 아니라 옳은 행동을 위해 노력한다는 것을 보여줍니다."[14]

보다 최근의 경우를 보면, 이스라엘은 대량 학살 사태가 일어난 코소보와 르완다 등지에서 많은 인도주의적 지원 활동을 펼쳤다.[15] 하다사 대학병원의 전 소아과 과장이며 1978년 캄보디아에서 해외 지원 활동을 한 이스라엘 최초의 의료팀 멤버였던 댄 엥겔하드Dan Engelhard 교수는 이렇게 말한다. "치료 방법이 있다는 것을 아는 우리가 어린이들이 죽어가는 것을 가만히 보고 있을 수만은 없습니다. 의사로서 우리는 환자가 유대인인지 무슬림인지 상관해서는 안 됩니다. 모든 어린이는 살 권리가 있습니다. 어린이를 치료할 때 정치적 문제는 생각하지 않습니다."[16]

이스라엘의 가장 인상적인 인도주의 활동 중 하나는 아이티에서 수행한 것이었다. 이스라엘 방위군 의무대장인 아리엘 바Ariel Bar 대령은 당시 상황을 잘 기억하고 있다. 2010년 1월 13일 이스라엘 방위군은 대규모 생화학 공격을 대비하고 있었고 아리엘 대령은 수송 부분을 맡고 있었다. 병사들에 둘러 싸여 다양한 전자 장비를 점검하던 중 아리엘 대령의 휴대전화가 울렸고 수화기 너머로 다른 대령의 다급한 목소리가 들렸다. "박사님, 아이티에서 강진이 발생했습니다. 곧 구조팀을 파견할 예정입니다. 박사님은 한 시간 반 내로 공항에 오셔야 합니다."[17] 아리엘 대령은 급히 집으로 달려가 조그만 여행 가방을 꾸렸다. 문을 나서며 6살 난 딸을 불러 생명을 구하기 위해 지구 반대편으로 간다는 말을 전하고는 비행기 이륙 시간에 늦지 않게 벤구리온 공항에 도착했다.

아리엘 대령이 탄 비행기는 아이티의 수도 포르토프랭스에 착륙할 수 있는 허가도 없이, 그리고 도착하면 어떤 일이 벌어질지 전혀 모른 채 이륙했다. 의료진은 어지럽게 펼쳐질 26개의 텐트로 구성된 야전병원을 세울 장소가 있는지, 또는 수송 중인 장비 80톤을 내릴 수 있는지조차 모르는 상태였다. 이스라엘 의료팀은 다른 어떤 국가보다도 먼저 현장에 도착했으며, 이후 12시간도 채 되지 않아 많은 의사들과 정책 입안자들이 여태껏 만들어진 것 중 최고라고 묘사한 야전병원을 세웠다.[18] 그 뒤 몇 주 동안 이스라엘 외과 의사들은 수백 번에 이르는 수술을 하고 생명 유지에 필요한 주요 장기의 손상을 수도 없이 막았으며, 산모의 출산을 돕고 신생아를 치료했다. 한 이스라엘 장교의 헌혈로 태어난 지 3일 된 신생아의 목숨을 구해낸 급박한 순간도 있었다. 구조대원들은 구조견과 함께 탐색에 나선 지 8일째 되던 날 덤불 속에 깊이 묻혀있던 생존자를 발견하고는 기쁨의 함성을 질렀다. 이런 구조 활동을 두고 전 미국 대통령 빌 클린턴은 이렇게 표현했다. "아이티에 이스라엘 병원이 설치되지 않았더라면 우리가 무엇을 할 수 있었을지 모르겠습니다."[19]

2013년 세계보건기구WHO는 재난 상황에 대응할 수 있는 전 세계 의료팀을 등급에 따라 분류하는 시스템을 유엔의 후원으로 만들었다. 이스라엘은 이 시스템에서 최고점을 받은 세계 유일의 국가다.[20] 「긴급 재난 발생에 투입되는 외국 의료팀의 등급 분류 및 최소 기준」의 수석 필자인 이안 노턴Ian Norton 박사는 "이렇게 높은 기준에 이를 수 있는 나라는 전 세계에서 몇 개국 되지 않는다."고 말했다.[21]

이스라엘의 인도주의적 지원 프로그램을 관장하는 마샤브는 설립 이래 140여 개가 넘는 국가에서 27만 명에 가까운 인원을 훈련시켰다.[22] 이스라엘 구조대원은 지구 반대편의 먼 곳까지 와서 만난 적도 없고 어떠한 관계도 없는 사람들을 도와주게 만든 동기가 무엇인지 질문을 받기도 한다. 이를 두고 아이엘 바 대령은 끊임없이 되새기는 탈무드의 유대 가르침을 인용하며 이렇게 말한다. "상투적인 말로 들릴지 모르겠지만, 한 사람의 생명을 살리면 세상을 살렸다는 느낌이 들어요. 그런 의미에서 우리는 이 임무를 수행하며 세계를 여러 번 살린 셈입니다."[23]

2부

이스라엘에서 세계로 뻗어나가다

3.

자원봉사자들이 일으킨 혁명
'앰뷰사이클'의 탄생

주의 의로 나를 건지시며 나를 풀어 주시며
주의 귀를 내게 기울이사 나를 구원하소서.

– 〈시편〉 71:2

응급의료서비스의 근본적 변화

1978년 6월 2일 엘리 비어가 열한 살 된 형과 함께 유치원에서 집으로 걸어오고 있을 때, 바로 옆에서 버스 한 대가 갑자기 폭발했다.[1] 폭발은 근처에 있는 건물이 흔들릴 정도로 강력했으며 건물 창문들이 날아갔다. 팔레스타인 테러 집단이 예루살렘 재통합■ 11주년 기념식을 방해하려고 설치해 둔 폭탄으로 인한 사고였다.[2] 이 폭발로 6명이 사망하고 19명이 부상을 당했다. 비어 형제는 너무나 놀라 곧바로 도망쳤다.[3] 하지만 그날 겪었던 정신적 충격은 엘리에게 큰 영향을 미쳤다.[4] 엘리는 이렇게 말한다. "나는 내가 응급구조대원이 될 줄 알았습니다. 사고가 난 그날, 내가 도와줄 수 없었던 사람들을 돕는 일을 언젠가는 나의 꿈, 나의 사업으로 만들겠다고 결심했죠."[5]

10년 후 15살이 된 엘리 비어는 처음으로 응급구조사Emergency Medical Technician, EMT 과정을 밟고 나서 국제적십자운동 이스라엘 지부인 예루살렘의 마겐 다비드 아돔Magen David Adom, MDA('다윗의 붉은 별'이라는 뜻이다.)에서 자원봉사자로 근무했으며[6], 그곳에서 보람 있는 경험을 했다. 하지만 엘리 비어는 종종 그와 동료들이 현장에 너무 늦게 도착한다는 생각이 들었다.

예를 들면, 하루는 엘리 비어가 7살 난 아이가 핫도그를 먹다 질식할 위험에 처해 있어 즉시 출동하라는 명령을 받았다. 비어가 탄 앰뷸

■ 1967년 6월 이집트 요르단 시리아를 상대로 한 '6일 전쟁'에서 승리하고 예루살렘 전 지역을 점령한 이스라엘이 '예루살렘을 재통합'했다며 '예루살렘의 날'을 지정했다. 그러나 국제사회로부터 팔레스타인을 무단 점령했다며 거센 비난을 받았다.

런스는 예루살렘의 구 시가지를 따라 최대한 빨리 현장으로 향했다. 하지만 20분 뒤 현장에 도착했을 때 이미 아이의 얼굴은 창백했고 의식이 없었다. 응급구조사들은 곧바로 심폐소생술을 실시했다. 근처에 있던 의사는 앰뷸런스 사이렌 소리를 듣고 현장으로 한걸음에 달려와 맥박을 확인했지만, 맥박은 뛰지 않았고 아이는 사망했다. 엘리 비어는 이 의사가 단 몇 분이라도 아이의 사고를 미리 알았더라면 생명을 구할 수 있었을 거라는 사실을 깨달았다. "아이는 허무하게 목숨을 잃었습니다." 당시 엘리 비어는 이렇게 생각했다. "더 나은 방법이 있어야 했습니다."[7]

엄청난 테러가 자주 일어나는 곳으로 잘 알려진 이스라엘에서 앰뷸런스가 응급 현장에 도착하는 시간은 약 20분이다. 음식이 목에 걸린 아이의 사망 사건을 겪은 뒤, 엘리 비어는 출동 시간을 단축하고 보다 효율적으로 운용할 수 있는 방법을 찾아 나섰다. 그는 더 나은 해결 방안이 있었더라면 수많은 사람들이 목숨을 건질 수도 있었을 것이라고 말한다.[8] 단 몇 분의 시간을 줄이는 방법에 생명이 달려 있는 것이다. 예를 들면, 응급구조사가 심장마비가 일어난 사람을 살릴 수 있는 시간은 일반적으로 단 6분에 불과하다.[9]

엘리 비어의 해결 방안은 15명의 응급구조사들을 한데 묶어 한 구역을 담당하는 응급지원 그룹을 만들고 응급 상황에 보다 신속히 대응할 수 있게 하는 것이었다. 응급구조사들은 서로 긴밀히 연락할 수 있도록 무선 호출기를 마련했고, 엘리 비어는 자신의 구역을 관장하는 앰뷸런스 운영회사의 관리자를 찾아가 이 구역에서 응급 상황이 발생하면 자신의 그룹에 연락해 달라고 요청했다. 관리자는 웃음을 터트리며 말했다. "젊은이, 학교를 다니던지 팔라펠(병아리콩을 으깨 경단처럼 빚어 만든 중동 음식) 노점이나 차리지 그러나. 우린 자네 도움 따윈 관심 없으니까."[10]

관리자는 엘리 비어를 사무실 밖으로 쫓아냈지만, 그렇다고 해서 이 예루살렘 토박이의 단호한 실행을 막을 수는 없었다. 엘리 비어는 "나에게는 이스라엘인의 놀라운 혁신 정신이 있었죠. 바로 당돌하고 대담한 후츠파 정신입니다."라고 말한다.[11]

다음날 응급구조사 그룹은 도움을 요청하는 무전을 듣기 위해 경찰 무전 탐지기를 구입했다. 엘리 비어는 앰뷸런스 운영회사 관리자의 말을 떠올리며 이렇게 생각했다. '당신들이 뭐라고 하든, 난 당신들의 도움 없이도 생명을 구할 거야.'[12] 바로 그날 엘리 비어는 경찰 무전 탐지기를 통해 자동차에 치이는 사고를 당한 70세 노인의 다급한 구조 요청을 들었다. 사고 현장에서 한 블록 떨어져 있던 엘리 비어는 곧바로 달려갔고[13] 현장에 도착한 뒤, 목에서 피가 솟구쳐 나오는 상태로 도로 위에 쓰러져 있는 노인을 발견했다. 주위에 있던 노인의 친척은 그가 혈액 응고제인 쿠마딘Coumadin을 복용 중이라는 사실을 알려줬다. 엘리 비어에게는 적절한 의료 장비가 없었다. 하지만 신속하게 출혈을 막지 못하면 노인이 사망할 것이라는 사실을 인식한 엘리 비어는 노인이 쓰고 있던 유대교 전통 모자 키파Kippah를 사용해 출혈 부위를 강하게 압박했다. 출혈은 멈췄고 25분 뒤 앰뷸런스가 도착했을 때 노인은 의식은 없어도 호흡을 하고 있었다.[14] 앰뷸런스 응급 요원들이 노인을 이송용 들것에 옮겨 실는 동안 엘리 비어는 노인의 팔뚝 안쪽에 새겨진 문신을 발견했다. 일련의 푸른색 숫자로 된 문신은 그가 아우슈비츠 수용소 생존자라는 표시였다.

이틀 뒤 엘리 비어는 노인의 아들에게서 걸려온 전화를 받았다. "아들이 장례식 소식을 알려주려고 전화한 것이라고 확신했습니다." 엘리 비어는 당시를 이렇게 기억한다.[15] 하지만 노인은 살아 있었으며 엘리 비어에게 고마움을 전하기 위해 병원에 방문해달라고 요청했다. 엘리 비어가 병실에 도착하자 노인은 그를 끌어안으며 자신의 목숨을 살려준데 대해 감사함을 표시했다. 그 순간 엘리 비어는 자신의 평생 사명이 응급의료서비스를 근본적으로 변화시키는 조직을 구성하는데 있다고 생각했다. 하지만 이 사명을 완수하는 것은 엘리 비어가 상상했던 것보다 훨씬 더 어려웠다.

생명을 구하는 플래시 몹

엘리 비어가 자신이 이끄는 자원봉사자 그룹을 확대하려면 두 가지 문제를 해결해야 했다. 첫째, 고도의 훈련을 받은 자들로 구성한 전국 단위의 네트워크가 필요했다. 둘째, 의료진이 환자를 사고 즉시 치료할 수 있는 시스템을 구축해야 했다.

엘리 비어는 예루살렘의 하다사 메디컬 센터Hadassah Medical Center에서 충격 및 사고 후 정신적 장애 대책 부서Shock and Trauma Unit를 관장하는 아비 립킨드Avi Rivkind 박사의 도움을 받아[16] 자신이 이끄는 모든 핫잘

앰뷰사이클 뒤에 선 엘리 비어 (사진 제공: 유나이티드 핫잘라)

라Hatzalah('구조'라는 뜻의 히브리어) 의료진이 6개월 동안 200시간에 이르는 교육 과정을 이수해야 한다는 결정을 내렸다.[17] 이 교육을 받는 지원자는 21살 이상으로 운전면허증을 소지하고 전과 기록이 없어야 했다. 엘리 비어의 단체에서 비공식 수석 의료 고문으로 활동하는 립킨드 박사는 이렇게 말한다. "의료진과 긴급구조요원, 앰뷸런스 운전자들은 응급의료서비스에서 중요한 역할을 합니다. 이들의 전문성이 환자의 생존 확률과 회복의 속도 및 정도를 결정합니다."[18] 하지만 엘리 비어는 교육 과정을 거치는 의료진이 늘어나는데도 도움이 필요한 사람들에게 제대로 된 도움을 줄 수 없는 상황 때문에 점점 더 고민이 깊어갔다. 의료 봉사자들 대부분 자동차로 이동했고 주차된 차들과 교통체증으로 늦는 경우가 많았기 때문이었다.

엘리 비어는 획기적인 해결책을 찾아냈다. 2001년 말 차가 막혀 꼼짝을 못하자 엘리 비어는 휴대전화를 꺼내 문자 메시지를 주고받고 있었다. 그때 자신도 모르는 사이에 교통경찰이 다가와 차창을 두드렸고 교통 위반 통지서를 발급했다. 엘리 비어는 무척 화가 났지만, 그 사건으로 인해 독특한 아이디어가 떠올랐다. 바로 의료 봉사자들이 막힌 도로를 자유자재로 누빌 수 있고 어디든 주차할 수 있는 모터사이클을 사용하는 방법이었다. 엘리 비어는 집으로 가 아내에게 자신의 생각을 얘기했다. 아내는 "앰뷰사이클Ambucycle이라고 이름 붙이면 좋겠네."라고 말했다. 앰뷸런스와 모터사이클을 합친 말이었다.

얼마 지나지 않아 엘리 비어는 모터사이클을 미니 앰뷸런스로 개조하는 일에 착수했다. 모든 앰뷰사이클은 구급상자와 산소통, 혈당 측정용 모니터, 심장 박동을 정상화하는데 사용할 제세동기를 갖추고 있다. 이 모터사이클은 겉모양이 화려하지는 않지만, 그 발명가만큼이나 주어진 임무를 거침없이 완수하려는 후츠파 정신으로 단단히 무장돼 있다.[19] 앰뷰사이클과 엘리 비어의 조직은 어려움에 처한 사람들에게 절대적으로 필요한 기존 앰뷸런스와 긴급구조요원을 대체하려는 것이 아니다. 대신, 응급구조사들이 응급처치와 생명을 구하는 구조 활동에 걸리는 시간을 단축할 수 있게 하는 것이다. 이를 두고 엘리 비어는 이렇게 표현한다. "우리는 생명을 구하는 플래시 몹■을 실행하

■ 불특정 다수가 이메일이나 휴대전화로 연락해 정해진 시간과 장소에 모여 주어진 행동을 하고 곧바로 흩어지는 행동

는 것입니다."[20]

엘리 비어의 응급구조사 그룹은 경찰 무전 탐지기를 활용해 응급 상황을 파악하며 예루살렘을 시작으로 브네이 브라크, 하이파, 텔아비브와 다른 소도시들로 급격히 확장했다. 우선 종교적 유대인 커뮤니티들이 이 그룹에 참여하기 시작했다. 엘리 비어는 이런 현상을 유대인 남자들이 배움에 중점을 두는 생활양식에서 나온 것이라고 생각한다. 유대인 교육기관에 다니는 학생들은 고정된 스케줄을 따라야 하는 법조계 종사자나 회계사에 비해 언제라도 시간을 내 교육에 참여할 여유가 있다.

2006년 여름은 엘리 비어와 그의 그룹, 그리고 전국의 다른 비슷한 조직들에게 매우 중요한 시기였다. 당시 헤즈볼라와 전쟁이 일어나면서 많은 의료 자원봉사자들이 이스라엘 북부 지역을 찾았다. 일부 조직이 다른 조직보다 더 나은 장비를 갖추고 있다는 사실을 인식한 엘리 비어는 여러 조직을 한데 합치기로 결정했다. 이런 방식을 통해 비용을 절감하고 더 많은 생명을 구할 수 있다고 생각했기 때문이다. 전쟁이 한창일 때 엘리 비어는 텔아비브 북쪽에 있는 도시 하데라의 한 유대교 회당 지하실에서 여러 그룹의 지도자들과 함께 회의를 열었다. 몇 시간에 걸친 격렬한 논쟁 끝에 엘리 비어는 지도자들을 설득해 서로 힘을 합치기로 했다. 이렇게 연합하면 부상을 입거나 병든 사람들에게 호출을 받은 후 1분 30초 이내에 달려갈 수 있다고 믿었다. "심장에 문제가 생긴 사람에게 증상이 나타나고 2분 안에 도달하면 생명을 구할 확률이 90%에 이릅니다." 엘리 비어의 설명이다.[21]

이렇게 해서 탄생한 새 조직의 이름이 바로 '유나이티드 핫잘라United Hatzalah'였다. 이 조직의 국제 운영 담당 이사인 도브 마이셀Dov Maisel은 당시 회의가 끝날 갈 무렵, 회의장에 있던 사람들이 "마치 혁명을 일으키기 직전에 있는 듯한 느낌을 받았던 것"으로 기억하며 "이 연합 조직이 모든 것을 바꿔 놓을 것"이라고 생각했다.[22]

공립학교 기부금 모금을 위한 비영리단체 도너스추즈닷오알지DonorsChoose.org('기부자의 선택'이라는 뜻)의 회장이며 사모펀드 기업 제너럴 애틀랜틱에서 전무를 역임한 피터 블룸Peter Bloom은 이렇게 말한다. "엘리 비어는 선행을 베풂으로써 요식적인 의료 서비스에 대한 반감을 극복하는 방법을 찾아냈습니다. 이는 '내가 옳은 일을 충분히 오랫동안 해낸다면, 사람들은 내가 왜 그 일을 하는지 결국은 알게 될 것'이라고 믿는 엘리 비어의 힘에서 나왔다고 생각합니다."[23]

다음 단계는 이 조직을 효율적으로 운용하는 방법을 정확히 파악하는 일이었다. 전쟁이 발발하기 전, 도브 마이셀은 이 조직에 GPS 기술을 활용해 응급 의료진을 배치할 수 있는 전문화된 애플리케이션이 필요하다고 생각했다며 당시 상황을 이렇게 말한다. "돌이켜 생각해 보면, 이 일을 생명을 구하는 것이 아닌 돈 버는 일로 생각했더라면, 아마 우버Uber처럼 됐을 겁니다."[24] 하지만 유나이티드 핫잘라는 1백만 달러 이상 들어가는 막대한 개발 비용 때문에 애플리케이션 개발을 보류했다. 2006년 전쟁이 끝난 후 인근 지역 그룹들이 한데 합쳐지자 엘리 비어와 도브 마이셀은 여기저기서 개발 기금을 끌어오기 시작했다. 2007년 여름 한 개인 기부자의 도움에 힘입어 유나이티드 핫잘라는 플립폰으로 사용하는 테스트용 베타 버전을 완성했다. 하지만 이 기술이 출시되자마자 최초의 아이폰 모델이 등장했고 마이셀은 모든 것이 달라졌다는 사실을 깨달았다.

2008년 모든 응급구조사들은 표준화된 GPS 애플리케이션을 핸드폰에 다운로드하기 시작했다. 이 시스템은 사고가 난 곳의 주변 지역을 찾아낸 뒤 현장에 가장 가까이 있는 의료 자원봉사자 5명의 휴대전화에 큰 경고음을 연속적으로 울린다.[25] 응급호출을 확인한 자원봉사자는 누구라도 이스라엘 내 수신자 부담 교환 번호(1221)로 전화를 걸어 응급호출을 발송한 유나이티드 핫잘라의 중앙통제부에 연결할 수 있다. 엘리 비어는 이 조직에 속한 모든 응급구조사가 다음과 같은 원칙에 따라 행동한다고 말한다. "모든 환자가 당신의 어머니와 아버지라고 생각하라. 또한 환자가 당신의 아들이라 생각하고 달려가라."[26]

아랍인은 유대인을, 유대인은 아랍인을 구하다

하지만 앰뷸런스와 응급구조사들을 가로막는 장애물 한 가지가 있는데, 바로 폭력 사태다. 이스라엘의 주요 앰뷸런스 운영 조직 마겐 다비드 아돔MDA은 보안 요원들의 경호 없이는 아랍인 거주 지역으로 들어가지 않으려 한다. 이들 지역에서 돌팔매질과 화염병 투척, 총격 등의 사고가 너무 많이 일어났기 때문이었다. 심지어 팔레스타인 군인들이 MDA 앰뷸런스에 불을 지른 적도 있었다.[27] 예루살렘 태생의 아랍인 응급구조사 무함마드 아슬리Muhammad Asli는 이렇게 주장한다. "MDA

는 문제가 있습니다. 이들의 앰뷸런스는 경호 없이는 아랍인 거주지에 들어가지 않죠. 이 때문에 가족이나 환자가 치료를 받기 위해 기다리는 시간이 너무나 깁니다. 이렇게 긴 대기 시간은 한 사람의 생명을 위태롭게 할 수 있는데 말이죠. 슬픈 일이지만, 실제로 이와 같은 사건이 동예루살렘 지역에서 많이 일어납니다."[28]

2006년 무함마드 아슬리의 아버지는 집에서 심장마비로 쓰러졌다. 앰뷸런스가 동예루살렘에 있는 아슬리의 집에 도착하는데 한 시간 이상이 걸렸다. 운전사가 호위 병력 없이는 그 지역에 들어가지 않으려 했기 때문이다.[29] 아슬리의 아버지는 앰뷸런스를 기다리는 동안 숨을 거뒀으며, 아들이 할 수 있는 일은 아무 것도 없었다. 엘리 비어와 마찬가지로 아슬리는 생명을 구하기 위해 인근 지역 내 응급구조사들을 하나의 그룹으로 연합하기로 결정했다.[30]

아버지의 비극적인 죽음을 겪은 지 얼마 지나지 않아 자신의 아이디어를 계속 고민하는 동안 아슬리는 엑스레이 기사로 일하던 하다사대학교 메디컬 센터에서 가끔씩 엘리 비어를 만났다. 두 사람은 늘 유나이티드 핫잘라의 문제점과 종교와 국적에 상관없이 생명을 구하는 일의 중요성을 놓고 대화를 나눴다. 아슬리는 이 대화를 매우 흥미롭게 생각했다. 2007년 아슬리와 그의 친구이자 정규 간호사인 무라드 알리안Murad Alyan은 새롭게 사귄 유대인 친구 엘리 비어를 찾아가 동예루살렘에서 응급구조서비스의 새 장을 여는 문제에 대한 그 친구의 관심을 알아보려 했다.[31] 그들은 예루살렘으로 들어가는 관문 근처의 이르미야후가 78번지에 있는 유나이티드 핫잘라 본사 내 응급구조사

출동 배치 센터에서 만나기로 했다.[32]

아슬리가 본사 건물로 들어가려 할 때, 유나이티드 핫잘라의 한 의료 자원봉사자가 황급히 그를 불러 세우며 물었다.

"여기는 어쩐 일로 오셨습니까?"

아슬리가 뭐라고 대답하기도 전에 자원봉사자는 "나를 기억하지 못하시나요?"라고 물었다.

"예, 기억나지 않는군요." 아슬리가 대답하자 자원봉사자의 말이 이어졌다.

"그렇군요. 나는 당신을 우리 딸 결혼식에 초대할 생각이었어요. 정말 나를 기억하지 못하시나요? 몇 달 전 우리 딸이 응급실에 갔을 때 도와준 분이 바로 당신입니다."

자원봉사자가 아슬리를 엘리 비어와 만날 방으로 안내하자, 이번에는 아슬리 또한 기시감既視感을 느꼈다.[33] 엘리 비어는 그를 알아보지 못했다. 하지만 아슬리가 자신을 다시 소개하자, 두 사람은 곧바로 자신들이 만났던 기억을 떠올렸다. 아슬리는 당시를 이렇게 기억한다. "우리가 마치 한 가족인 것처럼 느껴졌습니다. 그리고 이런 일을 계속할 수 있다면 더 없이 행복할 거라고 생각했죠."

네 사람 모두 응급의료 시스템에 관심을 두고 있었다. 하지만 엘리 비어는 아슬리의 얘기를 들으며 이 이슈가 사람에 관한 것이라는 사실을 인식했으며, 아슬리가 이렇게 말했던 것으로 기억한다. "아랍인들이 거주하는 동예루살렘에서 이 일을 시작해 주시기 바랍니다. 그곳엔 너무나 끔찍한 비극과 미움이 가득하니까요. 이 일은 유대인을 살리려는 게 아닙니다. 무슬림을 살리거나 기독교인을 살리려는 것도 아닙니다. 바로 사람을 살리려는 것입니다."[34]

엘리 비어와 아슬리, 알리안은 서로의 관심을 확인한 후 곧바로 예루살렘에 거주하는 아랍인들을 상대로 유나이티드 핫잘라에서 일할 자원봉사자를 모집하기 시작했다. 현재 동예루살렘에는 40명 이상의 자원봉사자들이 활동하고 있다.[35] 이들은 모두 응급처치 방법을 배우면 자신의 가족이 보다 안전해질 것이라는 생각에 이 일을 하기로 마음먹었다.[36] 아슬리가 말했다. "유나이티드 핫잘라는 나에게 많은 도움을 줬습니다. 장비뿐만 아니라 내게 필요한 모든 것을 제공했죠."[37]

지금은 동예루살렘 외에도 티라, 카프르 카나, 카프로 카심에 유나이티드 핫잘라 지부가 있다. 이 세 곳은 이스라엘 내에서 아랍인들이 압도적으로 많이 거주하는 지역이다.[38] 이스라엘 전역에 걸쳐 드루즈파■와 기독교, 이슬람교 등 다양한 종교를 지닌 300여 명의 아랍인과 베두인족이 자원봉사자로 활동하고 있다.[39] 자원봉사자들은 아랍어와 영어로 유나이티드 핫잘라 로고가 새겨진 식별용 조끼를 착용한다.[40] 이제는 이 조직에 속한 유대인과 아랍인 자원봉사자들이 예루살렘뿐만 아니라, 이스라엘과 인접 국가들의 휴전선 역할을 하는 그린 라인 내 아랍인 거주 도시와, 각 공동체 모두에게 위험한 곳으로 인식되는 웨스트뱅크 같은 지역에까지 들어간다. 이를 두고 엘리 비어는 이렇게 설명한다. "우리는 서로 손을 맞잡고 이 일을 시작했습니다. 아랍인은

■ 드루즈Druze파: 이슬람 시아파의 한 분파. 독특하고 신비주의 색채를 띤다.

유대인을 구하고, 유대인은 아랍인을 구했습니다. 아주 특별한 일이 일어난 것입니다. 믿기 힘든 상황이었죠. 돌연 그들 모두에게 공통 관심사가 생겼습니다."[41]

유나이티드 핫잘라는 자원봉사자들 사이의 선입관과 고정 관념을 무너뜨리는데 도움을 줬다. 초정통 유대교도와 세속적인 유대인, 기독교도, 무슬림, 베두인족, 드루즈파 등 일반적으로 절대 교류하지 않을 사람들이 이제는 함께 일하고 있다.[42] 아슬리의 삼촌이 병이 났을 때 돌봐 준 사람은 키파를 쓴 분쟁 지역 출신의 유대인이었다. 엘리 비어도 비슷한 경험을 했다. 몇 년 전 그의 아버지가 심장마비로 쓰러졌을 때, 현장에 제일 먼저 도착한 의료 자원봉사자 중 한 명은 무슬림이었다. "그가 아버지를 살렸습니다. 상상이나 할 수 있었던 일인가요?"[43] 엘리 비어의 말이 이어진다. "목숨을 구하는 것이란, 모든 종교가 중시하는 일입니다."[44]

미친 짓으로 비난받았던 아이디어

엘리 비어가 유나이티드 핫잘라를 처음 시작했을 때, 많은 이들은 그를 '미친 사람'(히브리어로는 '메슈가Meshuga')라고 했다. 이제 그렇게 생각하는 사람은 아무도 없다. 엘리 비어가 이끄는 응급구조사 조직은 크게 성공했다. 거슨 레만 그룹 창업자 마크 거슨Mark Gerson은 "유나이티드 핫잘라의 혁신은 매년 3만 5천 명의 목숨을 구하는데 기여했습니다. 이것만으로도 '다예누!'(히브리어로 '충분하다'는 뜻), 즉 충분히 대단한 업적입니다."라고 말한다. "게다가 그 과정에서 유대인과 기독교인, 무슬림, 드루즈파 모두를 화합하게 만들었습니다. 그들은 생명을 구하는 공동 목표에 집중하며 형제자매처럼 한데 뭉쳤습니다."[45] 2014년 한 해에만 유나이티드 핫잘라 자원봉사자들은 2만 7천 명 어린이를 포함한 이스라엘인 24만 5천 명을 상대로 출동했다. 유나이티드 핫잘라가 처리하는 출동 요청 중 4분의 1은 생명을 위협할 정도의 위급한 상황이며, 응급구조사들은 조직이 출범한 이후 1백만 명이 훨씬 넘는 사람들을 상대했다.[46] 하버드법대 교수 알란 더쇼비츠Alan Dershowitz는 이렇게 평가한다. "유나이티드 핫잘라의 본질은 무엇보다도 인간의 생명을 구하는 것입니다. 이 조직은 오로지 선한 일을 행하고 싶은 사람들의 열정과 정성으로 성장합니다. 이들에게는 생사의 갈림길에 선 사람의 생명을 구했다는 사실보다 더 중요한 보상은 없습니다."[47]

엘리 비어는 이 모든 일을 연간 약 5백만 달러의 예산으로 달성했으며, 예산의 대부분은 이스라엘과 미국의 개인 기부로 조성했다.[48] 몇몇 유급 직원들을 제외하고 유나이티드 핫잘라 조직 내에서는 어느 누구도 보수를 받지 않으며, 응급구조와 관련된 비용도 정산하지 않는다.[49] 엘리 비어는 이스라엘 내 유대인, 무슬림, 기독교도, 드루즈파 자원봉사자 3천 명 이상이 응급구조사로 참여하는 확고한 자원봉사 조직을 구축했다. 현재 세계 곳곳에는 발전 단계가 서로 다른 다양한 지부들이 있다.[50]

하지만 모든 사람이 엘리 비어의 일을 지지하는 것은 아니다. 몇몇 기부자들은 유나이티드 핫잘라가 아랍인 자원봉사자를 받아들인다는 사실을 알고는 기금 지원을 취소했다. 다행히 다른 기부자들은 이런 태도를 형편없는 것으로 여기며 자신들의 기부금을 더 늘려 부족한 부분을 채웠다. "내가 정치적인 이유로 이런 일을 한다고 생각하는 사람들도 있었습니다. 하지만, 진정한 시온주의는 이스라엘에 거주하는 모든 사람을 최상의 방식과 태도로 대하는 것입니다." 엘리 비어의 말이다.[51]

엘리 비어는 앞으로 15년 내에 이스라엘의 모든 구역에 응급구조사 자원봉사 시스템을 구축하려 한다. 또한 이런 자원봉사 그룹이 전 세계의 다른 지역에서도 성장하기를 희망하며 이렇게 말한다. "수많은 사람들이 다른 사람들을 구하러 달려갈 것이라고 믿습니다. 그 사람이 누구든 무슨 종교를 믿든 출신이 어디든 상관없이 말입니다. 우리에게 필요한 것은 훌륭한 아이디어와 동기, 그리고 후츠파 정신으로 똘똘 뭉친 대담하고 용기 있는 태도입니다."[52]

4.

한 방울의 기적
점적 관수 개발

여호와 하나님이 땅에 비를 내리지 아니하셨고 땅을 갈 사람도 없었으므로 들에는 초목이 아직 없었고 밭에는 채소가 나지 아니하였으며, 안개만 땅에서 올라와 온 지면을 적셨더라.

– 〈창세기〉 2:5-6

척박한 사막에서 살아남기 위해

2015년 어느 산뜻한 봄날 오후, 라피 메후다Rafi Mehoudar는 입장 순서를 기다리며 무대 뒤에서 서성거리고 있었다. 이 날은 이스라엘 독립 67주년 기념식이 있는 날로, 예루살렘의 마운트 헤르츨 국립묘지에 수천 명의 군중이 모여 있었다. 기념식장은 온통 축제 분위기였으며 이스라엘의 위대한 인물 열 명이 차례로 무대에 올라 독립을 축하하는 횃불을 밝혔다. 여기에 포함된 주요 인물은 이스라엘 대공방어체제 아이언 돔Iron Dome 개발을 뒷받침한 혁신가 대니 골드Danny Gold, 무선 내시경 캡슐 필캠PillCam을 개발한 가브리엘 이단Gabriel Iddan, GPS 기반 내비게이션 앱을 개발한 웨이즈Waze의 공동 창업자 에후드 샤브타이Ehud Shabtai 등이었다.

이제 라피 메후다의 차례였다. 그는 짙은 색 정장 차림으로 푸른색과 흰색의 이스라엘 국기를 흔드는 군중을 향해 미소를 지으며 연단으로 걸어 올라갔다. 라피 메후다는 한 번에 한 방울씩 작물에 물을 공급해 과거 방식보다 훨씬 더 효율적이고 효과적인 새로운 점적點適관수Drip Irrigation 시스템을 개발하는데 힘을 보탠 인물이었다. 그런데 연설을 마치고 무대를 떠나기 전 마치 과거 기억을 되살리려는 듯 자신의 노트를 뒤적였다. 그러고 나서, 놀랄만한 시스템을 발명했지만 어떠한 금전적 보상이나 명예도 얻지 못한 채 사람들의 기억 속에서 사라진 자신의 전임자에게 찬사를 보냈다. "55년 전 온갖 악조건 속에서도 점적 관수 사용을 앞당긴 심카 블래스Simcha Blass에게 경의를 표합니다."

라피 메후다가 횃불에 불을 붙이자 박수갈채가 쏟아져 나왔다. 문제는 정작 그 환호를 들어야 할 심카 블라스가 이미 세상을 떠났다는 것이었다. 33년 전 그는 쓸쓸하게 죽음을 맞이했다.

1965년 8월 12일 이스라엘인이자 물 관리 전문가인 심카 블라스를 태운 택시는 네게브 사막 중앙에 자리 잡은 사회주의 공동체 하체림Hatzerim 키부츠의 한 낡은 건물 앞에 끼익 소리를 내며 멈춰 섰다.[1] 독립한 지 20년이 채 되지 않는 기간 동안 이미 세 번의 전쟁을 겪었던 이스라엘은 당시 키부츠를 중심으로 생명 유지에 필수적이며 세계에서 가장 한정된 자원인 '물'을 보존하기 위한 또 하나의 전쟁을 벌이고 있었다.

외지고 척박한 환경에 놓인 하체림 키부츠는 살아남기 위해 오랫동안 무척이나 고생했던 터라, 하체림 지도자들은 뭔가 새로운 일을 시도하기로 결정했다. 그들은 거의 1백 명에 이르는 키부츠 거주자들에게 부수입을 벌어다 줄 수 있는 사업을 원했으며, 이 목적을 달성해 줄 것으로 생각하는 프로젝트를 놓고 심카 블라스와 협상을 하고 있었다.[2] 택시에서 내린 블라스는 지팡이에 의지해 자세를 바로잡고는 팔꿈치까지 올라오는 하얀색 긴 장갑을 착용했다.[3] 블라스가 선 곳에서 멀리까지 보이는 것은 끝없이 펼쳐진 모래뿐이었다.

그 지역은 매우 건조했고 키부츠가 할 수 있는 일은 거의 없었다. 이스라엘 농민들은 자신들의 경작지 전체에 물을 채우는 담수湛水 관개Flood Irrigation 방식을 오랫동안 사용해 왔다. 이는 나일 강과 유프라테스 강, 티그리스 강을 이용해 작물에 물을 공급하는 이집트와 이라크 등의 중동 지역 사람들이 수백 년 동안 사용한 방식이며, 농민들은 수로와 호를 만들어 물을 끌어왔다. 하지만 이 시스템은 엄청난 시간과 노력, 자금이 필요하다. 게다가 농학자들은 이 방식으로 공급한 물 중 50% 이상이 작물의 뿌리에 흡수되기 전에 증발하거나 토양 속으로 스며드는 것으로 추정한다.[4] 가난한 국가였던 이스라엘은 한 방울의 물이라도 낭비할 수 없는 형편이었지만, 이 방식으로 낭비되는 물 양은 훨씬 더 많았다.

심카 블라스는 엄청난 양의 물과 비료를 절약할 수 있을 것으로 믿는 관수 시스템을 개발했다. 파이프와 미세한 구멍, 좁은 플라스틱 튜브를 활용해 작물의 뿌리 부분에 직접 물을 공급하는 기구를 만들 수 있다고 확신했다. 하체림 키부츠는 그의 생각이 맞기를 바랐다. 하지만 이스라엘 학계와 농민, 공무원들은 대부분 회의적이었다. 적은 양의 물을 한 방울씩 떨어뜨리는 방식으로 어떻게 작물을 자라게 하고 상당한 양의 작물을 수확할 수 있을지 믿기 어려웠기 때문이다. 그러나 하체림 키부츠는 기꺼이 도전에 나섰다.

블라스는 자신의 발명품에 대한 권리를 키부츠에 넘겼다. 그에 대한 대가로 미래 판매량에 대한 약간의 로열티와 키부츠가 이 발명품을 바탕으로 설립하는 기업의 지분 20퍼센트를 받았다. 블라스는 계약 조건에 만족하며 하체림 키부츠를 떠났다. 하지만 만족감은 오래 가지 못했다.

거대하게 자란 나무의 비밀

블라스는 세계에서 가장 유명한 랍비 중 한 명인 빌나 가온Vilna Gaon의 후손으로 1897년 폴란드의 하시딕 가문에서 태어났다. 어린 시절에는 서툰 손길로 시계를 만지작거리며 놀기를 좋아했고 지역 내 시온주의 청소년 그룹에서 활동했다. 제2차 세계대전이 일어나자 폴란드 육군에 징집됐으며 2년간 복무했다. 복무 기간 중 블라스는 바람의 속도와 방향을 측정하는 기상 도구를 고안했다. 전쟁이 끝난 후에는 폴란드 엔지니어링 교육기관에 입학했고, 그곳에서 내연기관에 대체 에너지원을 사용하는 방법을 연구하기 시작했다. 블라스의 발명품 중에는 휘발유 대신 보리에서 추출한 알코올로 구동하는 엔진도 있었다.[5]

엔지니어링을 향한 블라스의 열정은 유대인 국가에 대한 그의 관심과 꼭 들어맞았다. 이스라엘에는 엔진은커녕 소를 먹일 보리조차 충분하지 않다는 사실을 깨달은 블라스는 많은 양의 밀을 심을 수 있는 기계를 만들기로 결심했고, 완성한 뒤에는 판매에 매달렸다. 이 일은 결국 실패로 끝났지만, 1930년 블라스는 유대인의 조국으로 돌아간다는 기쁜 마음을 안고 유럽을 떠나 팔레스타인으로 향했다.

아내 예후딧Yehudit과 함께 팔레스타인에 도착한 직후 블라스는 이스라엘 건국 전 유대인 공동체였던 이슈브Yishuv의 물 관리 프로젝트에 참여해 일을 시작했다. 1930년대 초 어느 날 한 친구가 하이파 근처의 카르쿠르에 있는 자신의 집으로 블라스를 초대했다. 두 사람이 집 밖에 앉아 식사를 하는 동안 블라스의 눈에 뭔가 이상한 점이 띄었다. 집 앞에 울타리처럼 늘어서 있는 나무들을 봤는데, 유독 한 그루만 다른 나무들에 비해 키가 컸다. 하지만 그 나무들은 모두 같은 종이며 분명 동시에 심었을 터였다. 친구는 그 큰 나무가 물 없이도 잘 자라는 것처럼 보인다고 말했다. 호기심이 생긴 블라스는 주위를 살펴보기 시작했다.

그리고는 놀라운 사실을 발견했다. 바닥에 있는 흙 표면은 완전히 말라 있었지만 수도꼭지에서 물이 한 방울씩 떨어지는 곳에 있던 큰 나무의 뿌리 갈래들은 흠뻑 젖어 있었다. 블라스는 땅을 파내기 시작했고 땅속에 양파처럼 둥근 모양으로 물기를 머금고 있는 부분을 발견했다. 이 부분이 땅속에 있었기 때문에 지표면에서 증발이 거의 일어나지 않고 땅을 촉촉한 상태로 유지하고 있었던 것이다.[6] 이 장면을 목격한 블라스는 훗날 이렇게 말했다. "작은 물방울들이 거대한 나무를 키워냈다는 사실은, 악명 높은 로마 황제 티투스를 죽인 것이 그의 머릿속에 들어간 모기였다는 것만큼이나 큰 충격으로 다가왔습니다."[7]

이후 20년 동안 블라스는 종종 이 나무를 떠올리며 식물의 제일 아랫부분에 물을 한 방울씩 천천히 떨어뜨리는 방식으로 농민들의 관수 시스템에 대변혁을 일으킬 수 있을 것으로 확신했다. 하지만 이 아이디어를 곧바로 실행으로 옮길 수는 없었다. 블라스가 이스라엘 건국 과정에서 중요한 역할을 맡았기 때문이다. 당시 상황을 블라스는 이렇게 기억했다. "나는 다른 계획 때문에 바빠졌습니다. 하지만 거대한 나무를 자라게 하는 물방울에 관한 생각이 머리 속에서 떠나질 않았습니다. 마음 한 구석에 깊이 새겨져 있었죠."[8]

완벽한 관수 시스템의 탄생

1930년대에서 1950년대에 이르는 동안 블라스는 이스라엘의 물 관리 전문가로서 선도적인 역할을 하는 사람들 중 한 명이었다. 그가 팔레스타인으로 이주한 당시는 사회기반시설이 빈약했다. 사람들은 물을 얻기 위해 땅을 파고 펌프를 이용해 지표로 끌어 올린 뒤 짧은 거리를 직접 운반하거나 파이프를 통해 필요한 곳까지 보냈다. 그리고 수백만 명의 유대인들이 조상의 모국으로 돌아오면서 이스라엘 건국 지도자들은 이민자들에게 몇 가지 서비스를 제공해야 한다는 사실을 분명히 깨달았다.

블라스는 1956년 공직을 떠나고 나서야 점적 관수 시스템 개발에 전념할 수 있었다. 1950년대 말 그는 몇 가지 다른 형태의 시제품을 테스트하기 시작했다. 먼저 1930년대에 친구 집 앞 나무들에서 봤던 모습을 본떠 금속 파이프로 시제품을 만들었다.[9] 하지만 제2차 세계대전 기간 동안 전 세계적으로 고무 부족 사태가 일어나자 플라스틱이 새로운 재질로 부상했다. 몇 년 동안 블라스는 다양한 폭의 플라스틱을 실험했고 마침내 플라스틱으로 만든 가느다란 튜브가 값도 싸고 물을 보내는데 탄력적으로 활용될 수 있다는 것을 알아냈다.[10]

1960년 블라스는 레호보트에 있는 한 과수원의 나무 70그루를 대상으로 실시한 실험에서 처음으로 성공했으며, 기존 방식에 비해 물 사용량을 3분의 1이나 줄였다.[11] 이후 실험에서는 작물 품종이나 심어진 장소에 상관없이 점적 관수 방식이 담수 관개나 스프링클러 시스템보다 훨씬 효과적이라는 것이 증명됐다. 이 방식은 더 적은 양의 물을 사용했을 뿐만 아니라 수확량도 크게 늘렸다.

블라스가 이 아이디어를 생각해 내고 나서 수십 년이 흐른 뒤, 점적 관수 시스템은 이스라엘뿐만 아니라 전 세계에서 영농법을 바꿔 놓을 방식으로 자리 잡았다.

점적 관수를 처음 시도한 사람은 블라스가 아니었다. 기원전 1세기에 중국인들이 점적 방식을 실험했다는 기록이 있다. 1860년 독일 학자들은 흙을 구워 만든 관을 땅에 묻어 관수하는 방식을 시도하기도 했다. 기록에 따르면 플라스틱을 처음으로 사용한 곳은 1920년대 호주였다. 하지만 블라스의 시스템은 물이 긴 나선형의 미세한 수로관을 따라 흐르게 만들어 물의 유속을 늦추고 이에 따라 물이 한 방울씩 떨어질 수 있게 하는 점적기를 사용했다. 몇 년 뒤 블라스는 2개의 부분으로 이뤄진 점적기를 개발해 자신의 시스템 디자인을 개선했다.[12]

1960년대 초 대부분을 블라스는 관심 있는 사람들에게 자신의 발명품을 설명하며 보냈다. 이 과정에서 히브리대학교의 토양 및 물 과학학과 댄 골드버그Dan Goldberg 교수를 만났고, 두 사람은 다수의 실험을 함께 실행했다. 하지만 대부분의 사람들은 블라스의 아이디어를 진지하게 받아들이지 않았다. 이는 그의 무뚝뚝한 기질 탓일 수도 있지만, 다른 발명가들이 경험한 것과 마찬가지로 현재 상황을 바꾸려는 데에는 거친 반발이 따르기 때문이었는지도 모른다.

블라스는 농림부에 근무할 때 알았던 사람들의 도움을 받기로 마음먹었고, 정부는 아몬드 농장에서 다수의 실험을 시행했다. 첫 번째 실험은 공무원들이 플라스틱 튜브로 만든 점적기를 땅속에 잘못 설치하는 바람에 완전히 실패했다(나무뿌리가 점적기 안으로 자라며 물이 흘러나오는 구멍을 막아버렸다). 그래도 다행인 것은 농림부 공무원 한 명이 동료들을 설득해 실험을 다시 시도한 것이었다. 두 번째 실험에서는 공무원들이 점적기를 나무 밑동에 정확히 설치했고, 예상한 대로 나무들은 더 적은 양의 물로도 무성하게 자라났고 수확도 더 많았다.[13] 하지만 농림부의 인증에도 불구하고 블라스의 발명품은 큰 인기를 얻지 못했다.

하지만 1964년이 되자, 한 '연금 수령자'(이스라엘에서 은퇴자를 뜻하는 용어)가 물 사용량을 줄일 수 있는 시스템을 개발했다는 소문이 돌기 시작했다.[14] 당시 키부츠 산업협회 회장 아리에 바히르Aryeh Bahir는 하체림 키부츠의 재무 책임자 우리 베르버Uri Werber에게 블라스의 아이디어를 알려줬다.[15] 바히르 회장은 하체림 키부츠가 새로운 사업을 찾고 있으며 농업만으로는 어려움을 이겨낼 수 없다는 사실을 알았다. 베르버의 기억에 따르면, 하체림 지도자들은 땅과 밀접한 관계가 있고 여성과 노인들도 역할을 맡을 수 있는 산업을 원했으며, 이는 블라스에게 행운의 기회가 되었다.[16]

원래 사막과 같은 환경에서 일하는 농민들에게 도움을 줄 목적으로 개발했던 블라스의 초기 점적기 모델은 직경 16밀리미터 파이프에 미세한 관을 감아놓은 형태였다. 주입구 부분에서 일어나는 물의 마찰 현상 때문에 점적기는 시간당 3~5방울 떨어지는 유속을 만들어냈다. 키부츠 주민들은 물을 절약하며 더 많은 수확을 올릴 수 있는 이 아이디어를 무척 좋아했다. 이 도구가 인기를 얻지 못한다는 사실은 개

점적 관수 방식으로 자라는 작물들 (사진 제공: 네타핌)

의치 않았다.

그럼에도 블라스는 회의적이었다. 자신의 발명을 신뢰하지만, 하체림 키부츠에서 이 점적기를 생산하고 돈을 벌 수 있을지 의구심이 들었다.[17] 하지만 재무 책임자 베르버는 흔들림이 없었다. "나는 운이 정말 좋았습니다. 아니면 내 직감과 느낌을 믿고 따를 만큼 현명했던 건지도요." 베르버의 설명이다.[18]

몇 달 뒤 블라스는 하체림 키부츠와 계약을 맺었고 이에 따라 설립된 기업이 1966년 1월 점적기를 생산하기 시작했다. 이 기업의 이름은 히브리어로 '물방울'이라는 뜻의 네타핌Netafim이었다.

상업적 성공을 거두다

점적기를 사용하고 나서 작물의 성장기가 지나자, 하체림 키부츠는 블라스의 아이디어가 옳았다는 것을 알 수 있었다. 결과는 블라스가 예상한 그대로였다. 심지어 일부 주민들은 하체림 키부츠가 가능한 많은 사업을 독점하도록 이와 같은 혁신을 비밀로 유지하고 싶어 했다.[19] 1966년 8월 네타핌은 비네이 아타롯 정착지의 포도 농가들에게 첫 판매를 성사시켰다. 세계 최초의 상업적 점적기가 탄생한 것이었다.[20]

같은 해 이스라엘 농림부 관계자는 아라바 벨리에 있는 정착지 네 곳을 설득해 그들이 사용하던 스프링클러 시스템과 블라스의 점적 기술을 비교하는 실험을 진행했다. 한 달도 채 지나지 않아 스프링클러로 물을 공급한 채소는 성장하지 못한 반면, 점적 관수를 적용한 토마토와 파프리카는 놀랄만한 수확을 올렸다. 일련의 실험 끝에, 아라바 정착민들은 유럽에 겨울철 과일과 채소를 공급하는 주요 공급자가 됐다.[21]

블라스의 발명품이 아라바에서 인정을 받으면서 지역 내 다른 정착지들도 밭과 온실에서 멜론과 수박, 대추야자, 화훼를 재배하는데 네타핌 제품을 사용했다. 얼마 뒤 네타핌은 면과 사탕수수 농가에 미세 점적기를 처음으로 판매하는 기업이 됐다.[22] 전 네타핌 CEO 오데드 윈클러Oded Winkler는 "우리가 처음 점적 관수를 소개했을 때, 이스라엘의 모든 학자들이 우리에게 이 시스템이 성공할 수 없고 작물을 죽일 수밖에 없는 이유를 이야기했죠."라며 이렇게 덧붙인다. "그러한 의견이 단지 이론에 불과하며 현실과는 거리가 멀다는 것을 증명하기까지 회사 설립 후 5년 이상이 걸렸습니다."[23]

네타핌이 상업적으로 성공하자, 1966년 블라스는 자신의 지적재산권을 보호하기 위해 특허를 신청했고,[24] 1970년대 초 자신의 권리 100퍼센트를 네타핌에 넘기며[25] 많은 돈을 받은 뒤 남은 생을 편안하게 보냈다.[26]

하지만 몇 년 뒤, 블라스는 자신의 결정을 매우 아쉬워했던 것 같다. 이 시스템을 발명한 그는 하체림 키부츠 재무 책임자 베르버를 만나 이렇게 불평했다. "내게 강도짓을 한 자가 여기 있군요. 나는 제대로 판단을 하지 못했고, 당신도 그런 나를 이용한 거죠."

이 말에 깜짝 놀란 베르버가 대답했다. "내가 한 일이라고는 당신의 발명품과 아이디어를 당신보다 더 많이 믿었던 것뿐인걸요."[27]

블라스의 아이디어를 높이 평가한 건 베르버만이 아니었다. 키부츠가 운영하던 소규모 기업을 세계적인 물 관리 거대기업으로 바꿔놓는 대변혁을 일으키며 짧은 시간에 크게 성공한 젊은 엔지니어도 있었다.

점적 관수의 새 지평을 열다

어린 시절 라피 메후다는 결코 뛰어난 아이가 아니었다. 비쩍 마르고 머리색이 검은 평범한 아이였으며 그의 가족은 예루살렘에서 12대째 살고 있었다.[28] 학교 선생님은 메후다의 지적 능력이 떨어진다고 생각했고 그의 어머니에게 이렇게 말했다. "아드님은 화학을 잘 이해하지 못합니다. 어쩌면 배관공 일에는 소질이 있을지도 모르겠군요."[29]

하지만 메후다에게 힘을 실어 준 사람은 사업에 실패했던 그의 아버지였다. 아버지는 아들의 창의적인 면을 끌어내는 방법을 알고 있었다. 폭죽처럼 터지는 담배와 사용자에게 내용물을 쏟아붓는 컵 등으로 구성된 마술 세트를 갖고 있던 아버지는 어린 메후다에게 마술을 보여주며 그를 웃게 했다. 메후다가 13살이 되자 아버지는 태양열 집열기와 염분 제거 기능을 갖춘 소형 급수기를 만들 수 있는 도구 키트를 사줬다.[30]

메후다는 고등학교 졸업 후 모든 이스라엘 사람들과 마찬가지로 군대에 입대했으며 군 복무와 학업을 병행할 수 있는 특별 프로그램에 들어갔다. 덕분에 이스라엘의 일류대학인 테크니온 공대에 입학했고, 그곳에서 물을 절약할 수 있는 방법에 큰 관심을 두기 시작했다. 자신만의 독특한 스프링클러 관수 시스템을 발명했을 뿐만 아니라, 적은 물로도 사용할 수 있는 수세식 변기 개발에도 노력을 기울였다.

군 복무를 마치자, 국방부의 과학부문 장교는 메후다에게 군대에서 다시 시간제로 근무하며 물 절약 도구를 개발해 달라고 요청했다. 메후다는 그곳에서 일하는 동안 스프링클러용 압력 조절기를 개발했고[31] 업계에서는 이 기기에 주목했다.

1972년 당시 네타핌 CEO 오데드 윈클러는 메후다를 만나 네타핌의 연구개발 부서에 합류해 줄 것을 제안했다. 하지만 메후다는 처음에 이 제안을 거절했다. 키부츠 사람들이 새로운 아이디어를 받아들이지 않을 것이라고 생각했기 때문이다. 그는 당시를 이렇게 기억한다. "하체림 키부츠와 일을 할 수 있을지 의심스러웠습니다. 그런데 그들이 다른 부류의 사람들이라는 사실을 발견했습니다. 내가 만난 하체림 키부츠 사람들은 외부 아이디어에 매우 개방적이었습니다."[32] 결국 메후다는 네타핌과 함께 일하는데 동의했다. 단, 자신의 발명품에 대해 로열티를 받는 컨설턴트로서만 일한다는 조건이었다.

하체림 키부츠와 라피 메후다가 계약을 체결한 뒤 얼마 지나지 않아 윈클러는 개발하고 싶은 10가지 점적기 목록을 이 젊은 발명가에게 제시했다. 이중 일부는 기온 변화에 민감하게 반응하는 기기였고, 버튼 하나만으로 작동하는 것도 있었다. 메후다가 10가지 점적기 중 9개에 대한 해결방안을 찾는데 6개월이 걸렸다. 그러고 나서 메후다는 요청받은 제품들에 대한 도면과 최종 완성 제품을 네타핌에 제시했다. 네타핌은 메후다의 설계를 실행에 옮겼고 이 점적기 중 다수는 지금도 판매되고 있다.

네타핌의 현 CEO 란 마이단Ran Maidian은 이렇게 표현한다. "심카 블라스가 점적기를 발명했지만, 이를 발전시킨 사람은 라피 메후다였습니다."

최대의 적은 바로 무지

2050년까지 세계 인구는 크게 늘어나 거의 90억 명에 이를 것이다.[33] 전문가들은 15년 내에 세계 인구의 절반은 안전하게 마실 수 있는 물이 충분하지 않은 지역에 살 수도 있다고 전망한다.[34] 그 결과 식량에 대한 수요가 폭증할 가능성이 높다.[35] 이는 세계가 더 적은 양의 물로 더 많은 식량을 생산해야 한다는 뜻이다. 이런 수요를 충족하기 위해 인류는 기존의 토지와 이미 심각한 부족 수준에 이른 수자원을 혁신적으로 활용할 방법을 찾아야만 할 것이다. 『물 부족 세계를 위한 이스라엘의 해법』의 저자 세스 시겔은 이렇게 말한다. "물은 그냥 물에 그치지 않는다. 이스라엘의 경우, 물은 비전과 리더십이 어떻게 국가를 변화시키고 세계를 완전히 바꿀 수 있는지 보여주는 고무적인 예다."[36]

전 세계의 담수 중 마시기에 적합한 물은 1%도 채 안 된다. 이 소중한 자원의 거의 대부분이 농업용수로 쓰이며, 그중 절반 이상이 비효율적인 사용 방식 탓에 낭비되고 있다.[37] 이와 같은 낭비를 막는 한 방법은 작물에 물을 대는 방식을 바꾸는 것이며 가장 효율적인 방식이 바로 점적 관수다. 이스라엘 경제산업부의 뉴텍 프로그램 이사인 오데드 디스텔Oded Distel은 "인류가 직면한 가장 심각한 도전은 물"이라며 "이스라엘의 포괄적 접근 방식이 글로벌 물 위기를 극복하는 모델이 될 수 있다."고 말한다.[38]

오늘날 네타핌은 만성적 영양결핍에 시달리는 사람들에게 식량을 공급하고 보다 많은 작물을 수확하는데 중요한 역할을 수행하고 있다. 또한 모든 사람들의 보다 나은 삶을 위해 농민과 협동조합, 정부의 물 절약 프로그램을 적극 지원하고 있다. 네타핌은 전 세계 점적 관수 시장의 30퍼센트 이상을 차지하는 세계 최강 기업으로 성장했으며, 110여 개국 이상에서 제품을 판매하고 있다. 네타핌의 지속가능성 담당 최고임원 나티 바라크Naty Barak는 "우리의 가장 강력한 경쟁자는 무지"라고 말한다.[39]

그날 밤 메후다는 마운트 헤르츨의 기념식 무대에서 내려오며 믿을 수 없다는 표정으로 고개를 가로저었다. 그와 심카 블라스가 도입한 방식은 거의 10억에 달하는 사람들에게 식량을 공급하는데 도움을 주고 있다. 메후다는 "이건 시작에 불과합니다."라고 말한다.[40] 블라스는 쓸쓸하게 죽음을 맞이했을지 모르지만, 그와 메후다가 만들어 낸 것은 수많은 사람들의 삶을 개선했다. 물이 한 번에 한 방울씩 떨어지는 방식으로 말이다.

5.

진짜 아이언맨이 나타나다
미사일 방어체계 '아이언 돔'

만군의 여호와가 수리처럼, 예루살렘 위를 날며 지켜 주리라.

지켜주고, 건져주고, 아껴주고, 구원해주리라.

– 〈이사야〉 31:5

대책이 필요하다

가자 지구에서 약 800미터 떨어진 이스라엘 접경 도시 스데롯에 경보 사이렌이 울리자, 이스라엘인 주민들은 가장 가까운 방공호로 신속히 대피했다. 으스스한 침묵이 잠시 흐른 뒤, 방공호에 있던 모든 사람들은 로켓탄이 날아오며 토해내는 저음의 '휘잉' 하는 소리를 들을 수 있었고, 곧바로 귀청이 터질 것 같은 폭발음이 이어졌다. 창문이 세차게 흔들렸고 자동차 경보 장치가 요란하게 울렸다. 2014년 7월 어느 날, 로켓탄은 내가 3시간 전에 서있던 바로 그 자리에 정확히 떨어졌다. 공격을 받은 장소가 TV에 생중계로 비칠 때, 나는 운 좋게도 예루살렘의 집에 있었다. 2001년 이후로 이런 로켓탄 공격은 이스라엘 남부 지역에서 거의 매일 일어났다. 팔레스타인 점령지를 중심으로 반이스라엘 투쟁을 전개하는 이슬람 원리주의 조직 하마스가 이스라엘 사람들을 죽이고 일상생활을 무너뜨리기 위해 스데롯을 비롯한 이스라엘 도시들에 미사일 공격을 퍼부었기 때문이다. 이에 비해 레바논 국경에 접한 북부지역은 훨씬 잠잠한 편이었지만, 이스라엘 당국은 이 지역도 레바논을 근거로 한 이슬람 시아파 무장조직인 헤즈볼라가 혼란을 일으킬 수 있다며 우려를 나타냈다. 지난 20년간 이 조직은 수만 발에 달하는 로켓탄을 비축했고, 2004년에는 이미 많은 이들이 전쟁을 피할 수 없다는 느낌을 받았다.

이스라엘군은 이런 로켓탄 공격에 대한 대책이 필요했지만, 군 전문가들은 별다른 대안을 내놓지 못했다. 이스라엘인들의 삶이 점점 더 참기 힘들 정도로 어려워졌다. 그해 후반부, 이 과제는 이스라엘 방위군에서 신무기 시스템 개발을 맡고 있는 대니 골드 준장에게 주어졌다. 8월에 대니 골드는 군수기업들에 아이디어를 제출해 달라는 요청을 했지만 관심을 보인 기업은 그리 많지 않았다. 이에 따라 전기공학과 경영학 박사 학위 소지자인 골드 준장은 직접 이 사안을 연구하기 시작했다. 그의 희망은 날아오는 미사일을 공중에서 요격할 수 있는 시스템을 개발하는 것이었다.[1]

당시만 하더라도 이 아이디어는 공상과학 소설처럼 들렸다. 1980년대 로널드 레이건 미국 전 대통령이 전략방위구상이라 불리던 미사일 방어용 우주 무기 시스템을 야심차게 제안했지만, 비판자들은 '스타워즈'를 준비하는 것 같다며 비웃었다. 이 시스템에는 매우 복잡한 기술이 필요했고, 후임 대통령들은 이 구상에 대한 자금 지원을 중단했다. 이것이 아마 거의 모든 이스라엘군 지휘부가 골드 준장의 시스템이 성공하지 못한다고 생각했던 이유일 것이다. 골드 준장의 동료와 상관들은 그가 "완전히 망상에 빠져 있다."고 생각했다.[2] 팔레스타인과 헤즈볼라의 로켓탄 대다수는 길이와 넓이가 각각 몇 피트(1피트=약 30센티미터)에 불과했다. 이들이 날아오는 궤적은 보통 불규칙하고 단 몇 초 내에 이스라엘 도시들에 이르는데, 어떤 미사일 방어 시스템이 이렇게 예측 불가능한 무기를 막을 수 있겠는가?[3]

골드 준장의 의지는 확고했다. "나는 어떤 일이 벌어질지 알고 있었으며, 마음속으로 굳게 다짐했습니다. 우리는 이스라엘이 보유한 모든 기술을 인간의 생명을 지키는데 사용해야만 한다고 말입니다." 골드 준장은 당시를 이렇게 말했다.[4]

불안한 출발

집 밖에서 로켓탄이 터지며 내는 굉음에 차노크 레빈Chanoch Levine은 크게 놀랐다. 2006년 여름, 레빈은 아내와 함께 이스라엘 북부 이즈레엘 벨리에 살고 있었다. 그들의 거주 지역은 헤즈볼라와 벌이는 격렬한 전쟁의 소용돌이 속에 놓여 있었다. 헤즈볼라는 하루에 거의 백 번꼴로 미사일을 쏘아댔으며 레빈의 집은 최악의 격전지 근처에 있었다.[5]

그해 여름 레빈은 미국 워싱턴 DC의 미 국방부에서 2년간의 근무를 마치고 이스라엘로 돌아와, 방위산업기술 기업인 라파엘 어드벤스드 디펜스 시스템Rafael Advanced Defense System의 선임 연구원으로서 급조폭발물Improvised Explosive Devices, IEDS(사제폭발물이라고도 한다)로 인한 피해를 줄일 수 있는 방안을 찾는데 몰두하고 있었다. 북부 이스라엘의 라파엘 본사에서 멀리 떨이지지 않은 지역에 미사일이 비 오듯 쏟아지는 상황에서 이 기업의 공대공 미사일 프로그램을 이끌고 있던 오론 오리올Oron Oriol은 레빈을 자신의 사무실로 불러 단거리 미사일 공격을 저렴하고 효과적으로 물리칠 방안을 찾아내는 새로운 업무를 맡겼다. 레빈의 첫 번째 과제는 팀을 구성하고, 계약을 따내기 위해 골드 준장에게 제출할 라파엘의 제안서를 준비하는 일이었다.

"왜 제게 이 일을 맡기시는지요?" 레빈이 물었다.

"우리 회사에는 자네보다 나은 인물이 다섯 명이나 있네. 그리고 그들 모두 자네보다 공대공 미사일에 대해 더 많이 알고 있지." 오리올은 말을 이어갔다. "문제는 국방부가 이 일을 3년 안에 끝내라고 요구한다는 점이야. 다른 사람들이 하면 15년은 걸릴 걸세. 게다가 국방부는 5

만 달러의 예산으로 하라는데, 그들은 1백만 달러가 필요하다고 할 것이고. 그러니 외부 출신으로 일을 다른 관점에서 볼 수 있는 사람이 필요해."[6]

오리올과 면담을 끝내고 나온 레빈은 아내에게 전화를 걸어 앞으로 5년 동안은 집에 제때 들어가지 못할 것 같다고 말했다. "끔찍했어요. 그 프로젝트를 완수할 수 있을지 확신이 서지 않았습니다." 레빈은 당시의 느낌을 이렇게 말했다.

전쟁이 계속되면서 군 고위 관계자들은 보다 강력하게 누군가가 이 로켓탄 공격을 막을 방법을 찾아내야 한다고 주장했다. 레빈의 상사는 레빈에게 이 일을 맡겼고 비서와 사무실을 제공했다. 레빈은 당시 상황을 이렇게 말한다. "처음에는 무엇을 해야 할지 몰랐죠. 사무실 벽을 쳐다보며 '어떻게 시작해야 하지?'라고 혼잣말을 했습니다."

이스라엘이 레바논에서 치른 전쟁은 34일 만에 끝났다. 하지만 사망자 수와 피해는 엄청났다. 전쟁 기간 중 레바논인 1,200명과 이스라엘인 165명이 사망했으며, 이들 대부분은 민간인이었다.[7] 또한 거의 1백만 명의 레바논인[8]과 30만에서 50만 명에 이르는 이스라엘인이 집을 버리고 피신해야 했다.

그로부터 약 3개월이 지난 2006년 11월, 레빈과 그의 팀은 텔아비브의 국방부 사무실에서 골드 준장에게 자신들의 아이디어를 제안했다.[9] 레빈은 먼저 역량과 비용, 사정거리 등 프로젝트 달성에 필요한 모든 사항에 대한 평가 결과를 제시했다. 이스라엘군은 오래 전부터 라파엘의 미사일 기술 분야 전문성을 알고 있었으며, 레빈의 아이디어는 골드 준장에게 깊은 인상을 남겼다. 라파엘은 레이더 시스템 구축을 위해 이스라엘 에어로스페이스 인더스트리Israel Aerospace Industry와 협력하고, 조종 시스템과 데이터 분석을 위해서는 당시 잘 알려지지 않았던 엠프레스트mPrest 기업을 파트너로 삼겠다고 제안했다.[10]

약 한 달간에 걸친 내부 심사 후, 골드 준장은 레빈 연구팀을 프로젝트 진행자로 선정하고 얼마 안 되지만 착수금으로 2천만 셰켈shekel(56억 원)을 지급했다. 일란 바이란Ilan Biran 라파엘 회장은 골드 준장에게서 1~2년 내로 다른 곳에서 자금을 좀 더 확보하겠다는 약속을 받고 난 뒤에야 이에 상응하는 자금을 투자했다.[11]

2006년 전쟁을 겪고 난 후, 헤즈볼라와 하마스의 로켓탄 공격을 막을 수 있다고 생각하는 사람은 거의 없었다. 무엇보다도 에후드 올메르트Ehud Olmert 총리가 이 프로젝트에 대한 자금 지원을 거부했다. 총리의 군사 자문관들이 이 아이디어를 형편없다고 혹평했기 때문이었다. 그 결과 라파엘은 전체 예상 비용의 극히 적은 부분에 불과한 1천만 달러의 자금으로 복잡한 미사일 시스템 구축에 착수해야만 했다. 이를 두고 레빈은 이렇게 말한다. "자금을 확보했다는 사실이 정말 기뻤어요. 하지만 성공할지 못할까봐 두려웠죠."[12]

장난감 가게에서 부품을 구하다

효과적이고 비용이 적게 드는 미사일 시스템을 구축하기 위해 레빈은 의욕이 강한 사람들로 팀원을 구성하고, 저렴하고 내구성이 좋은 부품을 구하려고 전 세계를 샅샅이 뒤져야 했다. 레빈이 구성한 첫 팀은 규모가 매우 작았다. 골드 준장은 이렇게 말한다. "우리는 이스라엘 전체에서 최고의 전문가들을 뽑았습니다. 70세의 미사일 전문가와 대학을 갓 졸업한 엔지니어가 어떤 상하 관계도 없이 함께 일했습니다. 이 일에 적합한 자는 스스로 의사결정을 할 수 있는 사람입니다."[13] 레빈 연구팀은 팀원들이 교대로 일하며 하루 24시간 프로젝트에 매달렸다. 골드 준장은 당시를 이렇게 기억한다. "재무감독관들과 비평가들이 텔레비전 인형극 〈머펫 쇼〉에 구경꾼으로 등장하는 한 쌍의 노인들처럼 옆에서 비판을 늘어놓았지만, 우리는 전혀 흔들리지 않았습니다."[14]

프로젝트에 참여한 사람들은 모두 매우 힘든 시간을 보냈다. 레빈은 "미친 듯이 일했고, 개발 초기에는 주말에도 쉬지 않고 일했습니다. 이런 상황이 몇 년 동안이나 계속됐지요."라며 이렇게 덧붙인다. "밤 열한시 이전에 집에 들어간 날이 없었어요. 가족들이 깨어 있을 때의 모습을 기억하지 못할 정도였으니까요. 장장 3년 동안 하루도 쉰 적이 없었습니다. 하지만 한 순간도 아쉽지 않았어요."[15]

골드 준장과 레빈은 요격 미사일을 만드는 비용이 일반 미사일 평균 제작 비용 50만 달러의 약 10분의 1이어야 한다는 사실을 이해하고 있었다.[16] 그렇지 않을 경우, 이스라엘이 필요한 요격 미사일 전부를 만들면 국가 부도 사태에 이를 수도 있었다. 이에 따라 레빈은 비용을 줄일 방법을 찾아 나섰고, 아주 특이한 장소에서 그 해답을 찾았다. 그중 하나가 바로 장난감 매장 토이저러스Toys"R"Us였다. 레빈은 당시를 이렇게 기억한다. "어느 날 아들이 갖고 놀던 원격 조종 장난감 자동차를 일터로 가져왔어요. 우리는 이 장난감을 서로 돌려보다 우리 작업에 꼭 맞는 부품들을 발견했습니다."

레빈의 아들이 타던 장난감 자동차는 약 15년 동안 차고에 처박혀 있었지만, 여전히 완벽하게 작동했다. 엔지니어는 곧바로 매장으로 달려가 더 많은 양의 부품들을 개당 80센트(약 850원)에 구입했다. 레빈은 "토이저러스 부품을 사용한 미사일은 전 세계에서 우리 시스템 밖에 없을걸요."라고 말한다.[17]

불가능해 보이던 미션이 희망이 되는 순간

시스템의 이름을 짓는데도 한참 걸렸다. 프로젝트 리더들 중 치코Chico 대령[18]으로만 알려져 있던 사람은 주말 동안 짧은 휴가를 보내기 위해 집으로 갔을 때, 아내와 열띤 토론을 벌였다.

"히브리어로 '요격 미사일'을 뜻하는 '틸 미야렛Til Meyaret'의 머리글자를 따 미사일 이름을 타미르Tamir로 부릅시다." 치코 대령은 시스템 자체 이름으로는 '골든 돔'이 좋다고 생각했다. 그 다음 주 일요일 레빈 팀은 타미르라는 이름을 승인했지만, 골든 돔은 좋아하지 않았다. 너무 허세를 부리는 것처럼 들렸기 때문이었다. 결국 그들은 '아이언 돔Iron Dome'으로 변경했고, 이후 이 이름으로 확정했다.[19]

미적인 요소도 시스템 디자인에서 중요한 고려 사항이었다. 최초 팀 멤버였던 한 엔지니어는 이렇게 말했다. "포대 시스템이 초현대적이면서도 위협적인 모습으로 보이기를 바랐습니다. 왜냐하면 요격 미사일 발사 후 채 한 시간도 되지 않아 CNN이나 알자지라 같은 방송에 등장할 것이 확실하니까요."[20]

하지만 프로젝트가 진행되면서 자금 확보가 가장 큰 문제로 드러났다. 레빈과 라파엘 기업은 자금이 점점 더 부족해지고 자신들의 노력을 나타낼 결과물이 거의 없었다. 다행스럽게도 2007년 초 국방부 장관 아미르 페레즈Amir Perez가 1천만 달러를 지원하기로 약속했다.[21] 그리고 2007년 말 국방부와 전체 방위 기관을 상대로 열띤 논쟁을 벌인 끝에 올메르트 총리는 프로젝트를 지지하기로 결정했으며 이스라엘 방위군은 마침내 2억 달러에 이르는 예산을 배정했다. 이 자금은 라파엘이 완벽한 포대 2개를 구축하고 많은 수의 미사일을 제작하기에 충분했다.

계약서 서명식은 텔아비브의 국방부 청사에서 거행됐다. 매우 즐거워해야 할 행사였지만 모든 참석자가 열광적인 것은 아니었다. 아미르 페레즈 국방부 장관은 초초한 모습으로 레빈에게 다가왔다. 라파엘 소속 엔지니어 레빈을 한 쪽으로 데려가서 그의 눈을 똑바로 쳐다보며 속삭이듯 물었다.

"정말 할 수 있나요?"

"물론 할 수 있습니다." 레빈이 대답했다

당시를 회상하며 레빈은 이렇게 말한다. "그 순간 내 입에서 나온 말을 나는 하나도 믿지 않았습니다. 하지만 국방부 장관이 할 수 있냐고 물으면 내 대답은 항상 '그렇다'는 것이었죠."[22]

2009년 3월경 레빈 팀은 국방부의 요구 스펙을 충족할 것으로 확신하는 미사일을 조립했다.[23] 이를 실험하기 위해 라파엘은 네게브 사막에 있는 라몬 분화구에서 공개 시연회를 마련했다. 라파엘 연구원들은 즉흥적으로 내기를 걸었다. 그들은 농담 삼아 자신들을 세 그룹으로 나눴다. '반유대인' 그룹은 아이언 돔이 하마스 무장세력 카쌈Qassam이 쏘아 올린 로켓탄에서 적어도 2분의 1마일(약 800미터) 벗어나며 요격에 실패한다고 생각했다. '구매거부, 투자 철회, 제재'라고 이름 붙인 그룹은 최소한 100야드(약 90미터) 차이로 실패한다는 데에 걸었다. 그리고 '시온주의자' 그룹은 타미르 미사일이 적군 로켓탄의 10야드(약 9미터) 이내로 날아갈 것이라 확신했다.[24]

실험 당일은 뜨겁고 건조한 전형적인 사막 날씨였다. 라파엘은 모의 적군 로켓탄을 쏘아 올렸다. 그러고 나서 아이언 돔 발사를 위한 카운트다운을 시작했다. 레빈은 "그 짧은 순간 동안, 심장마비가 두 번이나 일어났죠."라며 농담처럼 말한다. 5, 4, 3, 2, 1. 그리고는 아무 소리도 나지 않았다. 타미르 미사일은 날아오르지 않았다. 레빈은 팀원들에게 발사 버튼을 다시 누르라고 요청했다. 여전히 발사되지 않았다. 몇 분 뒤, 적군 미사일은 전혀 손상되지 않은 채 분화구에 떨어졌다.

레빈은 다시 시도하기로 결정했다. 엔지니어들은 또 하나의 타미르 미사일을 발사대에 장착했다. 그러고 나서 카쌈의 로켓탄을 하나 더 발사하고 잠시 기다린 뒤, 타미르 미사일을 발사했다. 레빈은 당시 상황을 이렇게 설명한다. "우리 팀원이 발사 버튼을 누르고 또 다시 아무 소리도 나지 않았습니다. 바로 그 순간, 속으로 이런 생각을 했죠. 절벽 위에 올라가 마치 '사고가 난 것처럼' 한발 더 내딛고 떨어져 죽는 방법은 없을까?" 이스라엘인들은 허탈감에 빠진 채 실험 장소인 분화구를 떠났다.

그로부터 24시간이 채 지나지 않아 레빈 연구팀의 엔지니어들은 잘못된 전선 연결이 문제였다는 사실을 밝혀냈다. 누군가가 부정확하게 연결한 것이었다. 일주일 뒤 군 관계자들과 라파엘 팀은 다시 한 번 네게브 사막으로 향했다. 앞서 말한 세 그룹도 다시 내기를 했다. 이번에는 10부터 카운트다운을 시작했고 카쌈의 로켓탄이 날아왔다. 레빈은 이 장면을 이렇게 기억한다. "'반유대인' 그룹에 속한 팀원 한 명을 쳐다보니 얼굴이 완전히 창백했습니다. 그 순간 나는 몇 년은 더 늙은 것 같았죠." 레빈은 숨을 멈췄다. 그 때 미사일 두 개가 갑자기 비디오 화면에 동시에 나타나더니 서로 부딪혔다. 타미르 미사일이 카쌈의 미사일을 하늘에서 요격한 것이었다. 모여 있던 사람들은 기쁨에 겨워 환호성을 질렀다.

처음에는 불가능한 미션처럼 보였던 프로젝트가 국가를 보호하는 확실한 방안으로 자리매김하는 순간이었다.

결혼식 중에도 로켓탄은 요격되고

하지만 몇 가지 문제가 있었다. 이스라엘 정부가 아이언 돔에 수억 달러의 예산을 사용한 것으로 드러나자 라파엘의 경쟁 기업들이 정부를 압박해 이 프로젝트에 대한 감사를 실시하도록 했다. 2009년 정부 회계감사관 미차 린덴스트라우스Micha Lindenstrauss는 골드 준장이 적절한

절차를 거치지 않고 수십억 달러가 투입되는 프로젝트에 착수했다고 비난하는 보고서를 발표했다.[25]

보고서가 골드 준장에 대한 형사고발이나 행정조치를 제안하지는 않았지만, 언론은 골드 준장을 비판하는 기사를 쏟아냈다.[26] 수백 명의 엔지니어, 개발자, 군인, 보안 관계자들이 이 프로젝트에 참여했지만, 후폭풍은 대부분 골드 준장을 향했다. 그리고 이론상으로는 아이언 돔 시스템의 배치 준비를 마쳤지만, 이스라엘은 미사일을 발사할 포병 부대가 부족했고, 한 발에 7만 5천 달러에 달하는 타미르 미사일도 충분히 확보하지 못했다.[27] 이스라엘인의 생명을 보호하려면 이 두 가지는 필수적이다. 이 말은 곧 더 많은 자금이 필요하다는 의미였다.

이 문제의 해결 방안으로 이스라엘은 오랜 동맹국이며 후원자인 미국을 접촉했다. 2010년 5월 버락 오바마 미국 대통령은 이스라엘의 아이언 돔 배치에 필요한 지원금 2억 5백만 달러에 대한 의회 승인을 요청하겠다고 발표했다. 같은 달 미 하원은 자금 지원을 거의 만장일치로 승인했다.[28] 이스라엘 외교부의 의회 관계 국장인 아비브 에즈라Aviv Ezra는 미 의회의 지지를 얻은 오바마 행정부가 이스라엘의 구원자였다고 말한다. "당시 우리 앞에 놓인 도전과제는 생명을 보호하는 일뿐만 아니라 전쟁을 방지하고 보다 폭넓은 외교 창구를 의사 결정권자에게 제공하는 것이었습니다."[29]

2011년 3월 아이언 돔 시스템은 임무 수행 준비를 완벽히 끝냈으며, 이 시스템의 전력은 대단했다. 로켓탄뿐만 아니라 포탄과 박격포탄까지 정확히 타격하고 비행기와 헬리콥터, 드론도 격추할 수 있었다.

또한 43마일(약 70km) 범위 안에 있는 모든 종류의 미사일을 감지하고 요격할 수 있었다. 비나 눈, 모래폭풍 등의 여러 기상 조건 속에서도 임무 수행이 가능했다.[30]

이 시스템은 날아오는 미사일이 요격될 것으로 예상되는 장소와 이 장소가 전략적 요충지인지 또는 인구밀집 지역인지 매우 정밀하게 계산한다. 그러고 나서 아이언 돔은 타미르 미사일을 발사하며 요격 임무를 시작한다. 이스라엘군은 주로 미사일 두 발을 한꺼번에 발사해 한 발이 요격에 실패할 경우에 대비한다.

그해 4월 초 이스라엘 방위군은 아이언 돔 포대를 가자 지구의 아슈켈론과 브엘 세바에 1개 대대씩 배치했고, 군 지휘부는 이스라엘을 향하는 모든 하마스 로켓탄에 요격 미사일을 발사할 수 있는 권한을 포대에 부여했다. 4월 7일 이스라엘 방위군은 첫 번째 기회를 포착했다. 하마스가 해안 도시 아슈켈론을 향해 로켓탄을 발사한 것이었다. 그로부터 몇 초 뒤, 아이언 돔이 발사됐다.[31] 곧바로 하얀 연기 기둥이 하늘에 솟아오르고 타미르 미사일은 목표물에 명중했다. 레빈이 연구를 시작한지 5년 뒤, 이른바 불가능한 것으로 여겼던 프로젝트가 완벽히 성공했다. "로켓 과학 분야에서는 아이언 돔의 성공을 기적이라 부릅니다." 이스라엘 미사일 방어 기구의 수장을 역임했던 야이르 라마티Yair Ramati의 말이다.[32]

아이언 돔 시스템의 배치는 아주 적절한 때에 이뤄졌다. 2012년 이스라엘과 하마스 사이에 전쟁이 일어났을 때 이스라엘 국민들은 아이언 돔의 위력을 실제로 목격했다. 당시 전쟁 중 가자 지구에서 그리 멀

아슈켈론 근처에 배치된 아이언 돔 포대 (사진 제공: 이스라엘 방위군)

지 않은 도시에서 진행된 한 이스라엘인의 결혼식 장면을 담은 영상이 널리 퍼졌다.[33] 영상을 보면, 공습경보가 울리는데도 하객들은 여전히 주위를 서성거리며 일부는 방공호로 향하고 다른 이들은 하늘을 쳐다보고 있다. 영상은 '마룬 5'의 〈선데이 모닝〉이라는 노래가 뒷마당에 울려 퍼지는 동안 하마스가 십여 발의 로켓탄을 발사하고 있는 장면을 보여준다. 그리고는 마치 선명하게 보이는 불꽃놀이처럼 아이언 돔이 로켓탄 모두를 요격하고, 하객들이 축하의 환호성을 지르는 모습이 나온다.

2014년 7월까지 아이언 돔은 이스라엘 주요 도시들을 하마스의 로켓탄 공격에서 보호했고 요격 성공률은 90퍼센트였다. 마침내 이스라엘인들은 아무런 걱정 없이 일상생활을 할 만큼 충분한 안도감을 느꼈다. 결과적으로 대서양 양안의 많은 이들은 아이언 돔 시스템이 아랍인과 유대인 양측의 생명을 보호할 뿐만 아니라 이들 모두를 협상 테이블로 나오게 하는데 중요한 역할을 할 가능성이 있다고 믿는다. 전 주미 이스라엘 대사 마이클 오렌Michael Oren은 이렇게 표현한다. "아이언 돔은 외교에 대한 투자이며 평화적인 환경 조성에 도움을 줍니다."[34] 워싱턴의 정책 결정자들도 이 말에 동의하는 편이다. 데니스 로스Dennis Ross 대사는 "아이언 돔은 이스라엘을 무릎 꿇게 만들 수 있다고 생각하는 모든 이들을 향한 이스라엘의 군사적 대응입니다."라며 이렇게 설명한다. "아이언 돔은 이스라엘 방위군에 방어 수단을 제공했으며, 대부분의 경우 이스라엘 군은 가자 지구 같은 곳에 지상군을 투입할 필요가 없어졌습니다. 이 덕분에 많은 이스라엘인과 팔레스타인인의 생명을 구할 수 있었습니다."[35]

이스라엘의 하늘을 지키다

현재 군 전문가들은 2014년 전쟁의 결과에도 불구하고 가자 지구에서 발사 준비를 마친 로켓탄만 수만 발에 이르며, 레바논에도 여전히 미사일 수십만 기가 있다고 믿는다. 하지만 골드 준장은 두렵지 않다. 아이언 돔이 이 위협을 효과적으로, 그리고 보다 높은 명중률로 대응할 수 있다고 확신하기 때문이다. "문제는 얼마나 많은 미사일 포대를 구성하고 배치하느냐에 달려 있습니다. 아이언 돔은 미래를 위해 준비돼 있습니다." 골드 장군의 말이다.[36]

이스라엘의 모든 정파에서 골드 준장은 영웅으로 간주되며 그의 업적은 정당성을 인정받았다. 2012년 이스라엘은 골드 준장과 레빈과 라파엘 엔지니어 7명에게 아이언 돔 개발에 기여한 공로를 인정하며 권위 있는 국방 대상을 수여했다.[37] 2014년 전쟁이 끝날 때까지 이스라엘에는 9개 포대가 배치돼 있으며 앞으로 몇 년 동안 더 많은 포대가 운영될 예정이다. 아이언 돔 시스템은 공식적으로 가동된 이후 수천 발 이상의 로켓탄을 요격하는데 성공했다. 골드 준장은 "이런 결과에 매우 만족한다."고 말한다.[38]

이스라엘 국민들 사이에서도 아이언 돔의 인기는 높다. 전국에서 상인들이 아이언 돔에 관련된 의류와 용품, 자동차 범퍼용 스티커를 팔고 있을 정도다. 하지만 이 모든 것은 골드 준장과 레빈 같은 사람들의 결단력과 창의력이 없었더라면 불가능했을 일이다. 골드 준장의 표현처럼, "때로는 돈키호테가 되는 것도 가치가 있는 듯"하다.

6.

현대판 요셉의 등장
저가 곡물 포대 '그레인 코쿤'

가장 전통적인 기도는 성공적인 추수를 기원하는 것입니다.
하느님께 생명 유지에 필요한 빵, 즉 생명의 양식을 제공해 달라는 기도이죠. 그레인 코쿤 기술은 모든 사람이 먹을거리를 제공받는 인간의 오랜 갈망에 대한 답입니다. 그레인 코쿤을 개발한 혁신가 슈로모 나바로는 하느님의 뜻을 전하는 메신저입니다.
그의 스토리는 이 시대의 성전입니다.

– 랍비 어윈 쿨라, 개인 서신

곡물을 보호하는 보다 나은 방법

귀에 거슬릴 정도의 소리가 났다. 1994년 11월 이스라엘의 식품저장 전문가 슈로모 나바로Shlomo Navarro와 몇몇 동료들은 아프리카 북동부 국가 에리트레아의 수도 아스마라 외곽에 있는 한 마을의 작은 창고를 방문했다.[1] 에리트레아는 30년간 계속된 내전에서 막 벗어났지만, 마을 주민들은 나바로에게 자신들이 훨씬 더 많은 공공의 적과 전쟁을 치르고 있다고 말했다. 상대는 바로 벌레였다. 주민들은 최근 몇 주 동안 벌레들이 곡물 상점에 몰려든 탓에 기근이 눈앞에 닥쳤다고 말했다. 나바로는 곧바로 그들의 말이 과장이 아니라는 사실을 알았다. 천장까지 쌓여 있는 옥수수 포대를 살펴보며 창고 안을 걸어 나가는 동안, 포대 안에 들어간 벌레들의 윙윙대는 소리가 점점 더 커졌다.[2]

마을 주민들은 농사에 의지해 살아가고 있었으며, 몇 년 동안 벌레가 곡물 상점을 망치는 현상을 막으려고 여러 방법을 시도했다. 유독성 살충제를 사용하는 사람들이 많았으며, 이 살충제는 지역 상점에서 아무런 표식이 없는 플라스틱 봉지에 담겨 팔리고 있었다. 농민들은 수확한 작물 위에 이 하얀 가루를 뿌렸다. 주로 장갑도 끼지 않은 맨손으로 뿌렸으며, 작업 후 몸을 씻어도 살충제가 여전히 피부에 남을 수 있다는 사실도 몰랐다. 심각한 질병으로 이어지거나 심한 경우 사망에 이를 수도 있는 문제였다. 과학자들은 일부 살충제와 화학비료 사용이 오존층을 파괴시킬 뿐 아니라, 시간이 지나면서 벌레들이 이런 화학성분에 내성을 길러 살충 효과가 떨어질 수 있다고 말한다.[3]

나바로는 마을의 곡물을 보호하는 더 나은 방법이 있다고 생각했다. 바로 그레인 코쿤Grain Cocoon이라는 곡물 저장 기구로, 쌀과 곡물 낟알, 콩 종류 등을 담아 밀폐된 상태로 저장할 수 있는 대형 포대였다. 이 포대는 곡물을 5톤부터 300톤까지 저장할 수 있으며, 튼튼한 PVC 재질로 만들어져 쉽게 찢어지지 않는다.[4] 농민이 이 대형 포대를 밀폐하면 포대 속에 있는 벌레와 그 알들은 산소 부족으로 질식사하게 된다. 나바로의 말에 의하면 평균적으로 그레인 코쿤은 농민이 수확한 곡물의 99퍼센트를 보호할 수 있다고 한다. 농민은 추수 후 언제라도 이 코쿤을 사용할 수 있으며, 일단 곡물을 코쿤 안에 저장하고 나면 일반적으로 10일 이내에 벌레들이 죽는다. 또한 많은 다른 기술 중 하나인 체를 이용해 죽은 벌레들을 쉽게 걸러낼 수도 있다.[5]

마을 주민들은 처음엔 회의적이었지만, 나바로의 아이디어를 기꺼이 시도해 보기로 했다. 나바로와 그의 팀원들은 마을 주민들이 신뢰하는 구호 단체 루터교세계연맹Lutheran World Federation의 요청으로 에리트레아로 갔다. 지역 주민들과 함께 커피 한 잔을 마신 뒤, 이스라엘 과학자들은 주민들에게 나바로가 개발한 포대를 보여줬다. 이 포대는 접은 상태로는 작은 서류 캐비닛 하나 정도의 공간을 차지한다. 하지만 이 포대를 펼치면 곡물을 10톤까지 저장할 수 있다고 설명했다. 마을 주민들은 포대를 채우기 시작했고 작업을 빨리 끝내기 위해 동원할 수 있는 건장한 마을 청년들을 모두 불렀다. 그러고 나서 포대를 다 채운 뒤 밀폐하고 기다렸다. 이틀 후 포대를 열고 곡물을 체로 꼼꼼하게 걸러냈다. 포대 속에는 수백 마리의 죽은 벌레가 갇혀 있었다. 약속대로 나바로는 마을이 굶주림과 기근에서 벗어날 수 있게 했다.[6]

생존을 위한 헝거 게임

전 세계에는 8억 5백만 명에 달하는 인구가 만성적 영양 결핍 상태에 놓여 있다.[7] 에리트레아의 마을 주민들과 마찬가지로 개발도상국의 많은 농민들은 여전히 삼베로 만든 마대 자루를 사용해 곡물을 저장한다. 벌레들은 이런 마대 자루를 쉽게 뚫고 들어갈 수 있으며, 농민이 수확한 곡물의 절반 이상을 망치는 경우도 있다. 전문가들은 이와 같은 손실을 줄이는 것이 전 세계 기아 현상에 맞서 싸우는데 중요한 역할을 할 것이라고 말한다. 실제로 비효율적인 저장 기술은 매년 약 13억 톤의 식량 손실로 이어진다. 이는 인간이 소비하기 위해 생산한 모든 식량의 3분의 1에 달하며, 전 세계에서 굶주림으로 고통받는 모든 사람을 먹여 살리기에 충분한 양이다.[8]

이미 나바로의 발명품은 이런 측면에서 도움을 주고 있다. 그가 개발한 그레인 코쿤은 수확물과 농민들을 벌레와 살충제로부터 보호할 뿐만 아니라, 농촌 지역의 가난한 자들이 자유시장 경제의 예측할 수 없는 힘에 맞서는데 도움을 준다. 추수 후 곧바로 곡물을 저장함으로써 농민들은 가격이 오를 때까지 판매를 미룰 수 있다. 나바로는 극심한 곡물 부족 상태에 대비하기 위해, 농민들이 소비하고 남은 곡물을 공동 저장할 수 있도록 지역 공동 코쿤을 마련하고, 필요에 따라 이 곡물을 활용할 것을 장려한다. 소규모 농가들이 이와 같은 선택을 할 수 없다면, 이들은 끝없는 빈곤의 악순환에 빠질 수밖에 없다.[9]

나바로의 영리 목적 기업[10] 그레인프로GrainPro가 공식적으로 코쿤을 출시한 1990년대 초 이후로 전 세계에서 100여 개 국가가 그레인 코쿤 저장 방식을 채택했으며, 벌레와 설치류, 다른 해충들로부터 수확물을 보호했다.[11] 그레인프로는 다른 형태의 소형 밀폐 포대를 포함해 수백만 개의 코쿤을 아랍권 국가(이들 중에는 이스라엘과 외교 관계가 없는 국가도 많다)와 아프리카, 남미, 아시아의 개발도상국들에 판매했다. 그레인 코쿤은 몇 년 동안 여러 번에 걸쳐 사용할 수 있기 때문에 농민들과 개발 기관들에 특히 인기가 많았다.[12] 국제미작연구소International Rice Research Institute의 수석 과학자 마틴 거머트Martin Gummert는 이렇게 표현한다. "과학과 기술은 증명됐고 그 혜택은 엄청납니다. 이제 남은 과제는 사람들에게 이를 알리는 것입니다."[13]

요셉이 그랬던 것처럼

이제 70대 중반에 접어든 나바로는 '현대판 요셉'으로 알려져 있다. 요셉은 이집트 국왕 파라오를 설득해 곡물을 땅속에 묻게 만들어 이집트를 기근에서 구한 성경 속 인물이다. 요셉과 마찬가지로, 나바로가 곡물 저장 분야의 널리 알려진 선구자가 되기까지는 숱한 우여곡절이 있었다. 터키 이즈미르 태생인 나바로는 1963년 이스라엘로 이주하기로 마음먹었다. 여권도, 여비도 없었지만, 23살 난 이상주의자 나바로는 유대인 조국 건설에 도움이 될 수 있기를 간절히 바랐다. 친구 네 명이 이스탄불에서 하이파로 가는 여객선 티켓을 구매한 것을 본 나바로는 결국 그들에게 자신을 밀항시켜 달라고 요청했다. 친구들은 동의했고 나바로는 가족들에게 작별 인사도 하지 않고 떠났다. 가족들은

분명 자신이 떠나지 못하게 설득할 것이기 때문이었다.[14]

여객선이 지중해를 항해하는 4일 동안 나바로는 밥을 먹고 저린 다리를 풀기 위해 가끔씩 밖으로 나오는 때를 제외하고는 객실에 계속 숨어 있었다. 밀항 사실이 발각돼 터키로 송환될까봐 두려웠지만, 배에서 내린 뒤 비자 없이 이스라엘에 입국할 마땅한 방법도 알지 못했다. 친구들은 나바로를 세탁물 바구니에 숨겨 밀입국시키는 방법을 제안했다. 하지만 나바로는 결국 사실을 털어놓기로 마음먹었다. 이스라엘 세관원이 하이파에 입항한 배에 올라 여권에 스탬프를 찍을 때, 나바로는 그에게 사실대로 말했다. 세관원이 그 자리를 벗어나 상관과 의논하는 동안, 터키에서 온 밀항자 나바로는 친구들과 함께 초조한 마음으로 기다렸다. 얼마 후 세관원이 돌아왔고, 나바로가 배에서 내려도 된다고 말했다. 친구들은 축하하며 환호했다.

당시 이스라엘에는 유대 관계가 긴밀한 터키 공동체가 있었고, 나바로는 미즈라히스와 케스트로스라는 명망 높은 두 가문과 먼 인척 관계였다. 나바로가 이스라엘에 도착하자 그들은 나바로에게 숙식을 제공했고 일자리를 구하는 데에도 도움을 줬다.

나바로는 어떻게 살아나가야 할지 몰랐다. 하지만 탄탄한 유대 교육을 받았던 그는 늘 요셉의 이야기에 매료돼 있었다. 나바로는 이스라엘로 이주하기 전 터키의 유명 교육기관인 에게대학교에서 농업 공학 학사학위를 받았다. 살충제가 벌레로부터 곡물을 보호하지만 끔찍한 결과를 낳기도 한다는 사실을 알게 된 것도 대학시절이었다. 결국 이스라엘에서 나바로가 일자리를 구한 곳은 이스라엘작물보호서비스

Israel Plant Protection Service, IPPS였다.

이스라엘에 도착한 초창기에 나바로는 정부기관인 IPPS에서의 직장 생활과 대학원 공부, 이스라엘군 예비군 복무를 번갈아 했다. 1965년에는 고등학교 시절 연인이었으며 자신처럼 터키 출신 이민자이기도 한 여성과 결혼했다. 이들 부부에게는 세 명의 자녀가 있었지만, 계속되는 참혹한 전쟁 때문에 부모 역할을 제대로 할 수 없었고 직장생활도 여의치 않았다.

나바로는 1967년 전쟁에 참전했고, 아무런 부상 없이 돌아왔다. 2년 뒤 요르단 밸리에 있는 기갑 부대에 다시 입대했고, 그곳에서 몇 년 전 요르단이 빼앗긴 지역을 탈환하려는 팔레스타인군을 상대로 전투를 치렀다. 기갑 부대는 나바로가 속한 팀을 부대에서 멀리 떨어진 전초지에 매복시켰다. 전투가 치열하게 벌어지고 있을 때, 적군으로부터 날아든 박격포탄 한 발이 터지며 나바로의 다리에 수많은 파편이 박혔다. 포탄의 폭발 위력은 나바로를 공중으로 5미터 정도 솟구쳐 오르게 할 만큼 강력했다. 나바로는 정신이 혼미한 상태에서 주위를 둘러보다 전우 한 명이 죽어 있는 모습을 봤다. 박격포탄이 터지고 총알이 날아드는 속에서 전우들은 나바로를 안전한 곳으로 옮겼다. 이스라엘 방위군은 나바로를 예루살렘으로 후송했고, 그곳에서 다리에 박힌 파편을 제거하는 수술을 했다. 나바로는 이 전투 참여로 명예 훈장을 받았다.

나바로는 이후 8개월 동안 하반신에 깁스를 한 채 입원해 있었다. 이 부상 때문에 다리를 약간 절게 됐으며, 친구들과 동료들은 나바로의 걷는 모습과 이름을 빗대 "슬로-모"라는 애정 어린 별명으로 부르기도 했다.[15] 이 기간 동안 나바로는 흥미롭다고 생각한 두 가지 주제, 즉 온도 조절과 밀폐 저장에 관해 연구할 시간을 벌었다. 이는 모두 나바로의 농업 곤충학 박사학위의 기반이 됐으며, 나바로는 1974년 이 연구 주제들로 예루살렘 히브리대학교에서 박사학위를 취득했다.[16]

병원에서 퇴원하고 몇 년 뒤 나바로는 농업과 관수, 작물 재배, 병충해 방제의 연구와 개발을 촉진하며 세계적으로 유명한 이스라엘농업연구기관Israel Agricultural Research Organization에서 일을 시작했다. 터키 태생의 과학자 나바로가 훗날 그레인 코쿤으로 발전할 시제품을 만들어 낸 곳이 바로 여기다.

나바로의 실험은 '어떻게 많은 양의 곡물을 오랜 기간 동안 손실 없이 저장할 수 있을까?'라는 단순한 질문에서 시작됐다. 당시 많은 국가들과 마찬가지로 이스라엘은 급격한 시장 변동과 자연재해, 전쟁 등의 상황을 극복하려고 곡물을 저장했다. 나바로는 저장탑에 곡물 15톤을 밀폐 상태로 저장할 수 있다는 것을 증명하는 일에 착수했다. 그리고 요셉이 했던 것처럼 도랑을 깊게 파기 시작했다.[17]

이 작업은 1979년 시작됐다. 그 해 수확량은 아주 괜찮았지만, 과거 지표가 맞다면 이스라엘은 수확량의 2퍼센트 이상을 잃게 돼 있었다. 이스라엘 당국은 곡물 대부분을 외부에 저장했기 때문에 보다 나은 방식이 필요했다. 자신의 분야에서 이미 잘 알려져 있던 나바로는 상무부 고위 관료들을 상대로 브리핑하는 자리에서 이렇게 말했다. "제가 해결 방안을 하나 드리죠. 하지만 연구실 밖에서는 한 번도 실험해 본 적 없는 방안입니다."

나바로는 나중에 벙커 저장 Bunker Storage 으로 알려진 이 방식에 대한 계획을 제시했다. 이 계획은 이스라엘 남부에 있는 마겐 키부츠에서 급히 시작됐다. 계획 주관자들은 신속하게 길이 110미터, 너비 50미터, 깊이 9미터의 대형 도랑을 팠다. 이후 6개월에 걸쳐 도랑 안에 PVC 재질의 천막지를 깔고 곡물을 그 위에 쏟아부은 뒤, 도랑 위를 다시 PVC 천막지로 덮었다. 그러고 나서 용접공들이 아래와 위의 PVC 천막지를 열로 접착시켜 도랑 전체를 밀폐 상태로 만들었다.

나바로는 자신의 계획이 성공할 것이라 확신했다. 하지만 엄청난 책임감도 느꼈다. 수백만 달러를 투입한 프로젝트를 관리 감독하고 있었으며, 저장하는 곡물량은 국가 전체 저장량의 대부분을 차지했다. 나바로는 프로젝트 시작 후 15개월 동안 잠을 이루지 못한 날들이 많았다고 말한다. 대형 태풍이 불어올 때마다 잠에서 깨어 차로 두 시간 거리에 있는 현장으로 달려가 점검했다. 다행히 어떤 문제도 생기지 않았지만, 태풍이 불 때마다 달려가는 것을 마다하지 않았다.

시험 프로젝트가 끝난 뒤 나바로와 그를 지지하는 동료들은 곡물이 처음 도랑 속에 묻었을 때의 신선함을 그대로 유지하고 있다는 것을 알아냈다. 곡물 손실률은 10배나 낮아진 0.2퍼센트를 기록했다. 그 이듬해 이스라엘은 이와 같은 대형 도랑 3개를 더 만들었다.[18]

아주 오랫동안 곡물을 저장하고 벌레의 공격으로부터 보호할 수 있는 안전하고 믿을 수 있는 저장 방식을 찾아 몇 년 동안 연구를 거듭한 끝에, 나바로는 마침내 해결책을 찾아낸 것이다.

2002년 르완다 키갈리에서 저가 곡물 저장 기구 그레인 코쿤을 설명하는 슈로모 나바로(오른쪽에서 두 번째) (사진 제공: 슈로모 나바로)

스리랑카, 제3세계를 위한 실험

첫 성공을 거둔 후 나바로는 자신의 발명품에 대한 글을 몇 개 썼다. 1980년대 중반, 이들 중 하나가 국제개발 전문가이며 뉴욕에 본부를 둔 비영리단체 미국 유대인 월드 서비스American Jewish World Service의 수장

로렌스 시몬Laurence Simon 박사의 주목을 끌었다. 1985년 시몬 박사는 이스라엘 농업연구기관 볼캐니 센터Volcani Center에서 부관장으로 재직 중이던 나바로를 만나기 위해 센터를 방문했다. 미리 약속을 하지는 않았지만 자신이 생각하기에 매우 전망이 밝은 제품을 발명한 나바로를 꼭 만나고 싶었기 때문이다. 시몬 박사는 나바로의 사무실 문을 노크하고 들어간 뒤, 개발도상국에 도움이 될 보다 작은 포대로 나바로의 실험을 다시 한 번 시도해보고 싶다고 말했다. 유대인 과학자 나바로는 "그 프로젝트를 실행할 시간이 없습니다."라며 그의 말에 별로 관심을 보이지 않았다. 하지만 시몬 박사는 포기하지 않았다. 다음날 또 한 번 초대받지 않은 상태로 나바로를 찾아가 유대인들이 전 세계 다른 국가들을 위한 중요한 일에 기여해야 한다고 주장했다. 이 주장에는 나바로가 동의했다.[19]

그로부터 채 일주일이 지나지 않아 나바로는 이 프로젝트를 진지하게 생각하기 시작했고, 어느 날 밤 자다가 저장 기구에 대한 꿈을 꿨다. 꿈을 꾸는 중 잠에서 깬 나바로는 곧장 아래층에 있는 서재로 내려갔다. 그때 나바로는 지퍼부터 끈까지 "저장 기구 전체를 스케치했다."고 말한다. 얼마 지나지 않아 나바로는 시몬 박사를 만나 새로운 발명품을 완성하는데 몇 달 정도 걸릴 것 같다고 말했다. 시몬 박사는 크게 고무됐고, 발명품을 실험하기에 아주 적당한 장소를 알고 있었다. 바로 스리랑카였다.

2천만 명의 불교도, 힌두교도, 기독교도, 무슬림들이 한데 모여 사는 다민족 국가 스리랑카는 인도 바로 남쪽에 있는 작은 섬나라다. 시몬 박사는 스리랑카에서 가장 규모가 큰 NGO 사르보다야Sarvodaya와 수년간 함께 일한 적이 있던 터라, 스리랑카가 매운 빈곤하며 수확한 곡물이 대량 손실되는 문제로 고통받고 있다는 것을 알고 있었다. 나바로 연구팀은 시제품을 가지고 들어가 사르보다야와 좋은 관계를 유지하는 농민들이 거주하는 마을 세 곳에서 첫 번째 실험을 시도했다. 마을 주민들은 자신들의 곡물을 몽땅 잃거나 기근에 빠질 정도의 많은 양을 잃을까봐 염려했다. 그래서 나바로 팀은 일반적으로 입는 손실량을 넘어서는 손실에 대해서는 보상하겠다고 농민들에게 약속했다. 광범위한 훈련과 상세한 교육을 실시한 후 사르보다야는 코쿤을 들판으로 내보냈다. 3개월 후 다시 돌아왔을 때 실험이 성공했다는 사실을 확인할 수 있었다. 벌레들은 질식사했으며 곡물은 당장 음식으로 만들어도 될 만큼 신선했다.

이때부터 시몬 박사와 나바로는 개발도상국 전체에 이 제품을 팔기 시작했다. 더 나아가 유엔 세계식량계획WFP과 유엔 난민고등판무관UNHCR이 코쿤 기술을 채택하도록 설득하기도 했다.

이 기술을 사용하는 마을과 개발 기관들이 점점 더 늘어남에 따라 1992년 나바로와 시몬 박사, 또 다른 이스라엘 곡물 전문가들은 그레인프로 기업을 설립하기로 결정했다. 자선 기부금이나 변덕스러운 개발 단체에 의존하고 싶지 않았기 때문이었다. 개발도상국에 필요한 그레인 코쿤을 충분히 만들어 내기 위해서는 영리 목적의 기업을 세우는 것이 최상의 방법이라고 결정한 것이다. "우리는 사회적 사명을 매우 진지하게 받아들입니다. 하지만 이 사명을 성공적으로 수행하려면 수익을 내야 합니다. 그리고 우린 지금 그렇게 하고 있지요." 그레인프로 필 빌러스Phil Villers 사장의 말이다.[20]

살충제와의 전쟁

그레인 코쿤의 모든 이점에도 불구하고 개발도상국과 선진국 모두에서 살충제가 여전히 대세다. 이런 상황이 벌어진 주된 이유는 비용 때문이다. 곡물 5톤 이상을 저장하는 그레인 코쿤의 개당 판매 가격은 1천 달러가 넘는다. 대부분의 가난한 농민들에게는 아주 비싼 가격이다. 이에 따라 그레인프로는 소량의 곡물을 밀폐 저장할 수 있는 봉지를 개발했고, 가격은 최소 2~3달러에 이를 정도로 훨씬 낮다.[21] 하지만 제품 구매를 정부와 NGO에 의존해야 하는 농민들에게는 이마저도 비싼 가격이다.

표면상으로는 살충제 사용이 농민들에게 더 싸게 보일지도 모르겠다. 하지만 곤충학과 생태학, 식품 저장 전문가인 리스본대학교 마리아 오틸리아 카르발호Maria Otília Carvalho 교수는 장기적으로 볼 때 살충제가 실제로는 훨씬 더 비용이 많이 든다고 주장하며 이렇게 말한다. "환경은 말할 것도 없고, 건강에 미치는 영향, 인간의 생명과 곡물에 대한 잠재적 손실을 감안할 때, 밀폐 저장 방식을 사용하는 것이 결국에는 이득이 됩니다. 이 방식은 미래를 위한 기술입니다."[22]

하지만 시몬 박사는 개발도상국들의 경우 그레인 코쿤이 널리 확산되지 못한 이유가 비용 때문만은 아니라고 말한다. 유해한 영향이 있는데도 살충제가 여전히 인기를 얻는 이유는, 주요 곡물 공급 기업들에게 이 방식을 바꾸는데 따른 진정한 혜택이 없기 때문이다. 시몬 박사의 말에 따르면, 선두 기업들의 관점에서 볼 때 그들은 정밀하고 효과적인 저장과 훈증 소독 방법을 완벽하게 알고 있다. 또한 벌레를 죽이는 우수한 제품도 합리적인 가격에 공급한다. 시몬 박사는 다른 곡물 저장 전문가들과 함께 아처 다니엘스 미드랜드와 콘티넨탈 그레인과 같은 업계 선두 기업들이 나바로의 기술이나 안전한 다른 밀폐 저장 방식을 채택하도록 설득해 보려 했지만 아무 소득도 없었다. 시몬 박사의 말처럼, "아무 문제도 없는 사람들에게 새로운 기술을 소개하는 것은 쉽지 않다."[23]

하지만 살충제와 관련된 문제는 여전히 계속 생기고 있으며, 대형 곡물 기업들이 자신의 방식을 바꿔야만 하는 상황에 이르는 것은 시간문제에 불과할 수도 있다. 소비자들이 식품 안전을 더 많이 인식하면서 점점 더 많은 사람들이 유기농 제품을 찾기 시작했다. 미국에서는 앞으로 몇 년간 유기농 시장이 매년 14퍼센트 비율로 성장할 것으로 예상한다.[24] 시몬 박사와 나바로는 유기농 식품에 대한 수요가 늘어나면서 업계가 자신들의 기술을 채택할 수밖에 없는 때가 오기를 희망한다. 다른 말로 하면, 그레인 코쿤이 벌레를 넘어 다른 유해한 것도 제거해주기를 바라는 것이다.

르완다에서 발견한 새로운 특성

아프리카 중동부 국가 르완다에서 내전이 끝나고 5년이 지난 1999년, 르완다 농무부 장관 테스파이 기르마지온Tesfai Ghirmazion 박사는 볼캐니 센터 관리들을 만나기 위해 이스라엘을 방문했다. 그는 무엇보다도 그레인 코쿤에 대해 더 많은 것을 알고 싶어 했다. 기르마지온 박사는 자신이 목격한 기술에 크게 감명받았다. 나바로는 그가 이렇게 말했다고 기억한다. "이것이야말로 내가 르완다에 필요하다고 생각해왔던 바로 그 기술입니다."[25]

3년 후인 2002년 여름, 나바로는 르완다 수도 키갈리로부터 약 한 시간 거리에 있는 마을 루비리지에서 20명이 넘는 주민들에게 밀폐 저장 기술 사용법을 가르치고 있었다. 트레이닝 과정이 끝날 무렵 나바로는 기르마지온 장관과 다시 만났고, 한 가지 실험을 하게 해 달라고 요청했다. 자신이 만든 포대를 10년 이상 사용하면 어떻게 될지 궁금했기 때문이었다. 장관은 허락했고 나바로 팀은 옥수수로 가득 채운 코쿤을 밀폐했다.

그로부터 12년 뒤 현장에서 근무하던 르완다 관리들이 코쿤을 개봉했다. 그들은 자신들이 발견한 것에 놀라움을 금치 못했다. 옥수수가 저장했을 때 상태와 똑같이 신선했다. 나바로와 함께 르완다 정부는 그레인 코쿤을 장기간에 걸쳐 사용할 수 있다는 점을 증명했다.[26]

볼캐니 센터 수장을 지냈으며 이스라엘 농무부 수석 과학자로 임명된 가디 로벤스타인Gadi Loebenstein은 이렇게 설명한다. "그레인 코쿤은 수백만 명의 사람을 빈곤에서 건져냈습니다. 상대적으로 저렴한 기술을 사용함으로써 농민들은 이제 식량을 장기간 저장하며 가족들을 먹여 살릴 수 있는 능력을 갖췄습니다."[27]

7.

태양을 멈추게 하는 방법
태양열 집열기 '두드 셔메시'

하나님이 두 큰 광명체를 만드사 큰 광명체로 낮을 주관하게 하시고
작은 광명체로 밤을 주관하게 하시며 또 별들을 만드시고,
하나님이 그것들을 하늘의 궁창에 두어 땅을 비추게 하시며,
낮과 밤을 주관하게 하시고 빛과 어둠을 나뉘게 하시니
하나님이 보시기에 좋았더라.

- 〈창세기〉 1:16-18

햇빛이 있었다

1955년 여름 예루살렘의 상징적 건물 제네랄리 빌딩 뒤뜰에 모인 모든 사람들은 뜨겁게 내리쬐는 태양 아래 땀을 뻘뻘 흘리고 있었다. 물리학자이자 엔지니어인 해리 즈비 타보르Harry Zvi Tabor는 이스라엘 건국 지도자 몇몇을 만나기 위해 먼저 도착해 있었다. 이스라엘 초대 총리 다비드 벤구리온과 당시 재무장관 레비 에슈콜Levi Eshkol, 총리실 국장 테디 콜렉Teddy Kollek이 그 자리에 참석했다.

이들은 기념행사를 위해 모인 것이 아니었다. 몇 년 앞서 아랍 6개국 군대를 물리치며 독립 전쟁에서 승리했지만, 이스라엘은 새로운 도전과제에 직면했다. 수십만 명의 유대인 이주자가 전 세계로부터 이스라엘로 모여들었다. 경제는 위기에 처해 있었고, 연료는 부족했으며, 전력이 부족한 탓에 부분 정전 사태나 등화관제는 흔히 일어나는 일이었다. 상황이 너무나 심각한 나머지 밤 10시부터 다음 날 아침 6시까지 물을 데우지 못하게 하는 지경에 이르렀다.[1] 이 상태에서 인구가 늘어나면 날수록, 이스라엘이 파산에 이를 확률은 점점 더 커질 것이 분명했다.

신생 독립국가는 국민들에게 제공할 저렴하고 안정적인 에너지원을 확보해야 한다는 사실을 타보르는 알고 있었다. 하지만 어디서 구해야 할지 몰랐다. 다른 중동국가들에서는 풍부한 양의 석유가 발견됐지만, 이스라엘은 전혀 없었다. 안정적인 물 공급은 고사하고 석탄도 없었다. 하지만 이스라엘에는 햇빛이 있었다. 그것도 아주 많은 양이. 그런데 물을 데우고 전기를 생산하기 위해 태양광을 활용하는 것은 쉬운 일이 아니었다. 과학자들이 일반 대중의 대량 소비에 적합한 효율적인 기기를 만들어 내려고 오랫동안 시도했지만 모두 실패했다. 하지만 타보르는 자신에게 해결 방안이 있다고 믿었다. 자신이 습득한 물리학과 엔지니어링 분야의 고등 지식을 활용해, '태양열 집열기Solar Collector'라 이름 붙인 기기를 개발했기 때문이었다. 한 가지 문제는 이 기기를 연구실 밖에서 한 번도 작동해 본 적이 없다는 것이었다.

이제 벤구리온 당시 총리와 다른 사람들이 지켜보는 가운데, 타보르는 자신이 만든 기기를 뜰 한 가운데 설치하고 작동시켰다. 기기는 물을 파이프 속으로 주입하기 시작했고, 물이 흘러가는 동안 기기에 부착된 금속판들이 햇빛을 끌어 모아 물을 가열했다.

벤구리온 총리는 이 기기에 열광했다. 태양열 집열기가 국가의 진로를 바꿔 놓고, 어쩌면 전 세계까지 변화시킬 수 있다는 것을 단번에 알아차렸다.[2] 벤구리온 총리는 기대감으로 크게 들떴으며, 영국 태생의 과학자 타보르를 미국 애리조나 주에서 열리는 세계 최초의 태양에너지 컨퍼런스에 참가하게 했다. 그리고 타보르의 태양열 온수 집열기를 컨퍼런스에 가져가야 한다고 주장했다(타보르는 포스터만 가져가도 충분할 것으로 생각했다).[3] 집열기는 컨퍼런스에서 엄청난 인기를 끌었으며, 독립한 지 얼마 안 된 조그만 나라 이스라엘은 어느새 전 세계 태양에너지 분야의 선구자가 되는 길로 나아가고 있었다.

괴짜들만 하는 일

타보르는 1917년 유대인 이민자 가정에서 태어났다. 그의 부모는 유대인 대학살이 벌어진 러시아에서 탈출해 영국에 정착한 사람들이었다.[4] 어린 시절 타보르는 유대인과 사회주의자, 시온주의자의 가치를 고취하는 단체 하보님 시오니스트Habonim Zionist 청년 운동 멤버로 활동했다.

성장하면서 물리학에 관심을 갖게 된 타보르는 1940년대 중반 런던대학교에서 물리학을 전공했으며, 그 곳에서 벤구리온의 제자인 슈므엘 샘버스키Shmuel Sambursky 히브리대학교 물리학 교수를 만났다. 당시 샘버스키 교수는 머지않아 건국될 유대인 국가를 위해 전 세계 유대인들의 과학적 지식을 활용하려고 만든 조직인, 영국 위임 통치령 시절■의 과학산업연구위원회Board of Scientific and Industrial Research 국장으로 일하고 있었다.[5] 그는 런던을 자주 방문했고, 한 번은 타보르의 여자친구(훗날 타보르의 부인)를 통해 젊은 유대계 영국인 과학자를 만났다.

두 과학자는 물리학뿐만 아니라 시온주의에 관한 공통 관심사를 두고 대화를 나눴다. 외국인 방문객들을 압도할 목적으로 웅장하게 지은 영국 식민청 건물에서 진행된 그들의 첫 대화는 오래 시간에 걸쳐 활발하게 이어졌다. 타보르는 샘버스키에게 팔레스타인에는 미터 방식과 영국식, 오스만식의 세 가지 측정법이 있다며 이렇게 설명했다. "그들은 심지어 황토를 이용해 측정하기도 합니다. 무엇이 됐든, 그런 방

■ 1923년부터 1928년까지, 제1차 세계대전 이후 오스만 제국령 시리아에서 분리된 팔레스타인 지역을 영국이 위임 통치하던 시절

식은 현대 국가에 어울리지 않습니다. 통일된 측정법이 있어야 합니다."[6] 두 사람은 이 문제를 해결하려면 무엇보다도 팔레스타인에 영국 국립물리연구소와 같은 기관이 필요하다는데 동의했다.

팔레스타인으로 돌아온 샘버스키는 젊은 타보르에게서 받은 감명 깊은 인상을 벤구리온에게 전했고, 그는 "아! 우리에게 물리학자가 있었군."이라고 말했다.[7] 게다가 타보르는 애국심도 갖춘 젊은이였다. 1947년 타보르는 팔레스타인 내 유대인 비밀 민병대 조직 하가나Haganah에 징집돼 프랑스로 건너간 뒤, 자신의 엔지니어링 지식을 활용해 화물선을 여객선으로 개조하는 일을 했다. 이 여객선은 이스라엘로 들어오는 불법 이주자들을 수송하는데 사용하기 위한 것이었다. 홀로코스트 이후 유대인들이 유럽에서 많은 고통을 겪으며 살아왔기 때문에, 타보르는 생존자들이 팔레스타인, 즉 유대인의 성지로 돌아오는데 도움을 주기 위해 자신이 할 수 있는 모든 일을 했다.

2년 뒤 타보르는 이제 자기 자신이 돌아갈 때라고 생각했다. 새롭게 탄생한 유대인 국가에서 어떤 직업이나 전망도 없는 상태로 타보르는 짐을 챙겨 런던을 떠날 준비를 했다. "부모님은 내가 직업도 없이 간다는 사실에 깜짝 놀라셨죠. 제정신이 아니라고 생각하셨을 겁니다. 그때를 돌아보면, 정말 제정신이 아니었던 것 같아요." 타보르는 당시를 이렇게 설명한다.[8] 하지만 타보르가 런던을 떠나기 10일 전, 벤구리온은 타보르에게 전보를 보내 총리실 직속 과학 사무소의 물리학 및 엔지니어링팀에서 일해 달라고 요청했다.[9] 타보르는 "그 덕분에 삶이 매우 편해졌다."고 말한다.

타보르가 처음 맡은 프로젝트 중 하나는 그와 샘버스키가 런던에서 얘기했던 이스라엘의 중량 및 측정 시스템을 통일하는 일이었다. 타보르는 "저울 위에 돌을 올려 무게를 측정하는 상인들을 볼 수 있었다."고 당시를 기억한다.[10] 하지만 벤구리온과 샘버스키는 타보르에 대한 보다 큰 계획을 품고 있었다. 1950년 그들은 이스라엘 국립물리연구소National Physics Laboratory of Israel를 출범시키며 타보르를 초대 책임자로 임명했다.

물리 연구소가 준비되자 타보르는 연구와 개발이 가능한 분야를 생각하기 시작했으며, 태양 에너지 분야가 좋은 출발점이라고 생각했다. 타보르는 이렇게 설명한다. "자원도 없고 석유도 나지 않는 국가에서 분명히 존재하는 것은 태양뿐이었습니다. 하지만 모든 사람들이 그렇게 확신한 것은 아니었습니다. 당시에는 태양 에너지를 일반적으로 활용하는 건 괴짜들만 하는 일로 알려져 있었거든요."[11]

단순한 물리학 지식으로

태양 에너지를 처음 사용한 사람은 로마인들이었다. 그들은 약 2천 5백년 전 단순하지만 중요한 이유로 태양 에너지를 사용했다. 바로 목욕탕을 따뜻하게 만들기 위해서였다. 로마시대 목욕탕들은 오후에 태양을 마주보도록 세워졌으며, 투명한 유리로 된 큰 창문들이 설치돼 있었고, 이 창문을 통해 햇빛이 들어와 목욕탕 내부에 열기를 가두어 둘 수 있었다. 창문이 달린 건물이 크게 인기를 얻자 로마 정부는 이

옷이 햇빛을 접하지 못하게 막는 행동을 범죄로 규정하는 법을 통과시키기도 했다.[12]

태양열을 활용하는 기술은 거의 진전이 없다가 19세기 중반 주로 미국에 있는 사람들이 금속재 탱크에 담긴 물을 태양열로 데우기 시작하면서 발전하기 시작했다. 오후가 되면 이 탱크에는 따뜻하게 샤워하기에 충분한 양의 뜨거운 물이 들어 있었다.[13] 1891년 미국 볼티모어의 발명가 클라렌스 켑트Clarence Kept는 최초로 상업성을 갖춘 태양열 온수기 시스템 '클라이멕스Climax'를 개발했다. 그는 원통형 금속재 탱크 몇 개를 유리로 만든 박스 안에 설치했다.[14] 이 방식은 물을 더 오랫동안 뜨겁게 유지할 수 있어 탱크를 야외에 두는 것보다 더 효율적이었다. 하지만 가장 이상적인 조건에서도 물을 데우는데 하루 종일 걸렸으며, 이 시스템에는 어떤 형태의 단열재도 없었기 때문에 밤이 되면 물은 급격히 차가워졌다.

그로부터 약 20년 후 로스앤젤레스의 윌리엄 베일리William J. Bailey는 주간용과 야간용 두 세트로 분리된 태양열 온수기를 개발해 이 문제를 해결했다. 베일리가 개발한 집열기는 검은색 페인트를 칠한 금속판에 부착된 파이프를 유리 박스 안에 설치하는 형태로 현재의 집열기 모습과 매우 비슷했다. 물은 가느다란 파이프를 통해 흘러가고, 폭이 좁은 파이프는 햇빛에 노출되는 물의 양을 줄여 물을 훨씬 더 빨리 데울 수 있었다. 그런 다음에 물은 단열 처리가 된 탱크 안에서 24시간 동안 뜨거운 상태로 저장됐다. 당시 베일리의 개발품은 훌륭한 시스템이기는 했지만, 여전히 비효율적이고 비쌌다. 베일리가 이 기기 판매를 시작하고 얼마 지나지 않아 캘리포니아 지역 관계 당국이 대량으로 매장된 저렴한 천연가스를 발견했고, 이는 태양열 온수기의 강력한 경쟁자로 등장하며 결국에는 베일리의 사업을 무너뜨렸다.[15]

1950년대 초 타보르는 새로운 기기 제작을 검토하기 시작하면서 베일리의 기기를 본떠 만든 몇몇 모조품을 이스라엘에서 발견했다. 물리학자인 타보르는 상당한 양의 열을 끌어모으고 보존할 수 있는 유일한 물질이 연마된 금속이라는 사실을 알았지만, 시장에 나와 있던 기기들은 일반적인 종류만 사용했다. 타보르에게는 해결책이 있었다. 금속의 효율성을 높이기 위해, 금속이 열을 보존하는 특성을 망가뜨리지 않고 금속을 검게 연마하는 방법이었다.

1955년 타보르는 자신의 팀원들을 보내 금속을 검게 만드는데 사용되는 다양한 과정들을 조사하게 했다. 이 과정은 주로 장식이나 부식 방지 목적으로 쓰이고 있다. 팀원들은 조사를 시작하자마자 만족할 만한 결과를 낼 수 있는 두 가지 코팅 방법을 찾아냈다. 타보르는 이렇게 설명한다. "운이 따랐습니다. 어떤 기술자도 할 수 없던 것을 물리학자인 내가 개발할 수 있었던 것은, 이것이 전문적인 물리학 지식이 필요한 일이었기 때문입니다. 물론 단순한 물리학이었지만 말이죠."

타보르 연구팀은 실험실에서 이 기기를 테스트했고, 새로운 장치는 이전에 만들어진 어떤 것보다 효율성이 거의 두 배나 높았다. 이처럼 혁신적인 기기는 훨씬 많은 양의 온수를 만들어냈으며 타보르는 가열기를 더 크게 만들지 않고도 이런 효율을 달성했다. 또한 태양열 온수기가 소형 터빈이나 엔진을 사용해 상당량의 전기를 생산할 가능성도 제시했다. 이 기기의 이름은 타보르 실렉티브 서피스Tabor Selective Surface 이며, 히브리어로는 두드 셔메시Dud Shemesh라 한다.

타보르는 1955년 자신이 개발한 기기를 벤구리온 총리 앞에서 시연했고, 이듬해 권위 있는 바이츠만 정밀과학상Weizmann Prize for Exact Sciences을 수상했다.[16] 하지만 이 모든 것만으로 타보르의 혁신 제품을 널리 퍼트릴 수는 없었다. 이런 이유로 그에게는 또 다른 행운이 필요했다.

태양열 집열기가 기본 가전이 되기까지

이스라엘의 대형 공장들은 처음에 타보르의 제품에 관심을 보이지 않았다. 타보르가 컨퍼런스에서 거둔 성공에도 불구하고 태양열 활용 기기를 대규모로 유통시키는 일은 여전히 괴짜들의 아이디어로만 보였다. 하지만 비효율적인 구식 태양열 온수 집열기를 제작하고 판매했던 이스라엘 기업 메로밋-올림피아Meromit-Olympia는 1961년 이스라엘 정부를 접촉해 타보르의 혁신 제품에 대한 사용 권리를 확보했다.[17] 이를 두고 타보르는 이렇게 말한다. "집열기 소유권은 정부에 있었으며, 나는 정부 소속 공무원이었습니다. 그때는 지금과 달랐죠. 시온주의자는 시온주의를 신봉하는 사람들이었습니다. 내가 정부를 위해 일하는 신분이었기 때문에 집열기는 정부 자산이었습니다."[18] 그로부터 3년 후 메로밋-올림피아는 타보르의 선별 흡열판 기술을 채택한 온수기를 판매하기 시작했다.

물리학자 슈므엘 샘버스키(좌측), 초대 총리 데이비드 벤구리온(중앙), 해리 즈비 타보르(우측)와 '타보르 실렉티브 서피스' 태양광 패널 (사진 제공: 타보르 가족)

하지만 이후 10년 동안 태양열 온수 집열기 시장은 성장이 느렸을 뿐만 아니라 중대한 저항에 맞닥뜨렸다. 이스라엘 정부는 국민들에게 타보르의 발명품을 사용하라고 장려하지 않았으며, 국영 전기 기업도 이 기기 사용자에 대한 요금 할인을 거부했다.[19] 하지만 사용자들에게 비효율적인 전기 온수기 사용은 권장했다. 세계에서 규모가 아주 큰 지열발전 기업 중 하나인 이스라엘 오르마트 테크놀러지Ormat Technologies의 창업자 루시엔 예후다 브로닉키Lucien Yehuda Bronicki는 "전기 생산 기업은 실제로 반대하는 입장이었습니다. 위협을 느꼈기 때문이죠."라며 이렇게 덧붙인다. "자신들이 경쟁 관계에 있다고 생각했기 때문에, 사람들이 태양열 기기를 사용하지 않도록 기존 방식으로 공급하는 전기요금을 낮췄습니다."

1960년대까지 이스라엘 전국에 5만 5천호 이상의 아파트를 건축한 주택 공급자 연합도 타보르의 기기에 반대했다. 주된 이유는 기기 모양이 보기 흉하다는 것이었다. 이들은 자신들이 건축한 모든 빌딩에 타보르의 기기를 설치하지 못하게 했다. 그 대신 모든 입주민들에게 전기 온수기를 공급했다.[20] 이를 두고 타보르는 "두드 셔메시 태양열 온수기를 만들 때 효율성만 생각했습니다. 어느 누가 모양을 생각하겠습니까?"라며 이렇게 덧붙였다. "일부 사람들은 기기가 못 생겼다는 이유로 반대합니다. 추운 겨울에 며칠 동안 찬물로 샤워해야 할 상황이 오면 그 사람들이 무슨 말을 할지 두고 보죠. 아마 태양열 온수기의 디자인은 참을 만한다고 할 걸요."

하지만 전 세계 산업 강국들이 심각한 석유 부족 사태를 겪은 1973년 에너지 위기 이후 상황은 달라졌다. 훗날 욤 키푸르 전쟁으로 이름 붙여진 시리아와 이집트의 이스라엘 기습 공격이 일어나고 60일 후, 미국은 이스라엘에 방어 무기를 제공했다. 이 일을 계기로 석유수출국기구는 캐나다, 일본, 네덜란드, 영국, 미국에 대한 석유수출금지 조치를 취했다. 그 결과, 경기 불황과 엄청난 인플레이션이 전 세계를 강타했다.

하지만 최소한 타보르의 발명품을 놓고 보면, 석유 금수조치에 따른 긍정적인 면도 있었다. 1976년 이스라엘 국회 크네세트는 1980년 이후 건축한 이스라엘의 모든 건물에 태양열 온수 집열기를 설치토록 하는 법을 통과시켰다. 이 법 덕분에 이스라엘과 이스라엘 국민은 엄청난 액수의 에너지 비용을 줄일 수 있었다.

오늘날 이스라엘 전체 가구 중 약 90퍼센트가 타보르의 발명품을 사용하고 있으며, 전국 곳곳의 많은 건물들이 태양 에너지로 생산한 전력만 사용한다.[21] 태양열 발전의 중요성을 전 세계가 인식하기 훨씬 전에 이스라엘 물리학자 해리 즈비 타보르는 태양열 발전을 전국 단위로 실행하려는 최초의 국가적 시도를 이끌었다. AOL 프리미엄 서비스 회장을 역임한 아밋 샤프리르Amit Shafrir는 이렇게 말한다. "타보르는 자신의 추진력과 창조력을 발휘해 발명 당시에는 특수 기기였던 제품을 이제 이스라엘 전국의 가정들 대부분이 설치하는 기본 가전으로 바꿔놓았습니다." 태양열 온수기 두드 셔메시는 "이스라엘 모든 국민들에게 부담 없이 사용할 수 있는 온수 공급원을 제공하고 있다."[22]

2012년 크네세트 소속 연구 센터는 두드 셔메시가 이스라엘 전체 에너지 소비를 8퍼센트 줄인 것으로 추정하는 보고서를 발표했다.[23] 보고서에 따르면 이렇게 줄인 양은 900메가와트 발전소의 생산량과 맞먹는다. 텔아비브대학교 재생 가능 에너지 부문 교수 아브라함 크라이버스Abraham Kribus는 이렇게 말한다. "이 발명품이 없었더라면, 산업 전체가 살아남지 못했을 겁니다."[24]

세계 태양열 발전의 아버지

크라이버스의 말은 이스라엘뿐만 아니라 다른 국가들에도 해당된다. 타보르의 실렉티브 서피스는 이 분야에서 뒤이어 나온 여러 혁신 제품들의 과학적 바탕이 됐다. 오르마트 테크놀러지의 루시엔 예후다 브로닉키는 "타보르가 태양열 발전의 선구자이며 이스라엘 태양열 발전 에너지의 아버지라는 사실을 모든 사람들이 알고 있습니다."고 말한다. 그러나 대부분의 사람들이 모르는 것은 "타보르가 전 세계 태양열 에너지의 아버지이기도 하다는 점입니다."[25]

1980년대 이스라엘 기업 루즈Luz는 타보르의 흡열판을 모델로 삼아 캘리포니아주 모하비 사막에 세계 최초이자 최대 규모의 태양열 발전소를 건설했다. 이 기업은 태양열 에너지를 상업적 전력으로서도 신뢰할 수 있다는 것을 증명했다.[26] 데이비드 밀스David R. Mills 국제태양에너지학회 회장은 이렇게 말한다. "내가 예전에 태양 에너지의 새로운 분야를 조사할 때마다 타보르는 거의 항상 그 분야의 초창기에 등장하는 인물이었습니다. 타보르가 최초로 고안했거나, 아니면 최초에 아주 근접했죠."[27]

타보르는 2015년 말 세상을 떠났지만, 태양 에너지를 "돈을 벌기 위한 목적이 아니라 세상을 개선하기 위해" 활용하는 독특한 능력으로 널리 기억되고 있다고 크라이버스는 말한다.[28] 이스라엘 일류 기업들을 위한 권위 있는 행사인 이스라엘 에너지 비즈니스 컨벤션Israel Energy and Business Convention은 타보르가 98번째 생일을 맞이하던 날, 타보르를 '올해의 에너지 인물'로 선정했다.[29] 하지만 이스라엘의 컨설팅 기업 에코에너지EcoEnergy CEO 아밋 모르Amit Mor는 많은 과학자들에게 그는 사실상 '세기의 인물'이었다며 이렇게 덧붙인다. "이스라엘이나 전 세계에서 타보르만큼 에너지 독립과 지속 가능성을 비롯한 에너지 분야 전체에 크게 기여한 사람은 없습니다." 시몬 페레스Shimon Peres 전 이스라엘 대통령도 이 말에 동의했다. "타보르 박사는 현대적인 태양열 온수 집열기를 발명하고 태양열 에너지 분야의 모든 과학자와 기업가에게 영감을 불어넣은 이스라엘 혁신의 상징이었습니다."[30]

실제로 지난 50여 년 동안, 태양열 온수기 시스템에 관한 관심은 세계 전역으로 소리 없이 퍼져나갔다. 화석 연료 가격이 더 비싸지고 재생 가능 자원의 비용은 계속 떨어지기 때문에 태양열 에너지 활용에 인센티브를 지급하는 정부가 점점 늘어나는 추세다. 세계 곳곳의 정책 입안자들은 기후변화에 따른 영향을 줄여야 한다는 것을 인식하고 있다. 가뭄과 태풍, 폭염, 해수면 상승, 빙산 용해, 해수 온도 상승 등의 현상이 점점 더 자주 일어나면서 타보르의 혁신 기술에 대한 수요는 전 지구적으로 점점 더 많아질 것이다.

다르게 표현하면, 1955년 햇빛이 이글거리던 어느 여름날 벤구리온 총리가 타보르의 발명품을 처음 보면서 가졌던 인식은 옳았다. 런던 태생의 이스라엘 과학자 타보르는 현대판 여호수아라도 된 것처럼, 유대인 국가를 위해, 더 나아가 세계 모든 국가를 위해 태양을 멈추게 하는 방법을 알아낸 것이다.

3부

선을 실현하는 기술

8.

걷지 못하는 자의 기적
외골격 슈트 '리워크'

찬양 받으소서, 굽은 자를 바르게 펴시는 우주의 왕이시여.

– 유대인의 매일 아침 기도

다시는 걸을 수 없었다

이 모든 일은 편지 속에 든 경품권 한 장에서 시작됐다. 1996년 릴리 고퍼Lily Goffer는 남편에게 줄 청바지 한 벌을 사려고 이스라엘 북부지역에서 가장 큰 도시 나사렛의 쇼핑몰로 갔다. 그녀는 재미삼아 전 지형 차량All-Terrain Vehicle, ATV을 무료로 받을 수 있는 경품권을 작성했고, 몇 주 뒤 자신이 당첨됐다는 사실을 알았다.[1]

고퍼의 남편 아밋 고퍼Amit Goffer 박사는 기계에 전혀 관심이 없었다. 자동차가 도착하자 남편은 이웃에게 반값만 받고 자동차를 팔았다. 하지만 아이들이 심하게 불평하는 탓에 아이들의 기분을 달래주기로 마음먹었다. 어느 날 아침 고퍼는 ATV 몇 대를 렌트한 뒤, 집에서 멀지 않은 황무지의 먼지 날리는 흙길을 달리기 위해 출발했다. 그는 아이들이 무척 즐거워할 것이라 생각했다.

성경에 등장하는 전원 마을 셉포리스 외곽에서 고퍼는 딸과 함께 ATV를 몰았고, 아들은 혼자 타고 있었다. ATV가 굉음을 내며 흙길을 달릴 때마다 차 뒤로 먼지가 자욱하게 일어났다. 그런데 달리기 시작한 지 얼마 되지 않아 고퍼가 몰던 ATV의 브레이크가 고장 났다. 길을 벗어나 위태롭게 달리던 고퍼 박사는 나무에 충돌했다. 딸은 다친 데 없이 일어났지만 고퍼는 목이 나뭇가지에 세게 부딪치며 꺾였다.[2]

땅바닥에 드러누운 고퍼는 공포에 휩싸였다. 고퍼는 "아무 감각이 없었어요. 그 즉시 내게 무슨 일이 벌어졌는지 알았죠."라고 말한다.[3] 이 사고가 나기 전 수술실용 MRI 기기를 만드는 기업을 창업했던 고퍼는 장애에 관해 구체적으로 이해하고 있었다.[4] 아이들이 달려오자 고퍼는 가까이 오지 말라며 이렇게 말했다. "건드리지 마! 지금 사지가 마비된 상태야."[5] 그는 다시는 걷지 못한다는 것을 알았다.

이후 9개월 동안은 절망적이었다. 고퍼는 등 위쪽부터 아래로 전부 마비됐다. 팔은 아주 조금만 움직일 수 있었고, 결국에는 전동 휠체어 작동법을 배웠다. 휠체어가 도움이 되긴 했지만, 고퍼는 늘 답답함과 좌절감에 시달렸다. 고퍼는 당시를 이렇게 기억한다. "2시간 이상 앉아 있을 수가 없었습니다. 마치 어둠에 휩싸인 아주 큰 구멍 안에 갇혀 있는 기분이었죠."[6]

가장 힘든 일은 화장실에 가는 것이었다. 휠체어에 의지해 살아야 하는 많은 사람들에게 넘어지는 사고는 흔한 일이며 배변은 일정하지 않다. 이로 인해 패혈증을 일으키거나 심하면 사망에 이를 수도 있다. 마비 증상이 있는 사람들은 어쩔 수 없이 다른 사람에게 손가락 두 개를 항문을 통해 직장 속으로 집어넣어 장의 움직임을 자극해 달라고 요청하는 경우가 많다. 이 과정은 고통스럽고 몇 시간이나 걸릴 수도 있다. 결국에는 결장과 복부 표면을 영구적으로 연결하는 구멍을 만들어 이곳을 통해 변이 봉지에 담기게 하는 수술을 선택하는 사람들도 있다.[7]

좌절감에도 불구하고 고퍼는 최소한의 독립성이라도 유지하기로 결심했다. 처음에는 이를 닦을 수 없었기 때문에 의사가 양치질을 도와주는 기계 장치를 고퍼에게 제공했지만, 이를 거절했다. 대신 스스로 이 닦는 법을 다시 배웠다. 처음 몇 달 동안 고퍼는 글을 쓸 힘도 없었지만, 결국에는 이 기술도 다시 배웠다. "삶의 밑바닥에 떨어지면,

갈 수 있는 길은 하나 밖에 없습니다. 바로 올라가는 것이죠. 더 이상 내려갈 수가 없기 때문입니다."[8]

고퍼는 정신적으로 가장 힘들었다. 고퍼의 회복을 돕기 위해 의사들은 많은 양의 진통제와 그 밖의 여러 약들을 처방했다. 하지만 약의 부작용 때문에 정신이 흐릿해졌다. "IQ는 낮아졌고, 내가 바보처럼 느껴졌어요."[9]

하지만 포기하지 않았다. 1997년 1월 의사는 고퍼를 퇴원시켰으며, 곧이어 고퍼는 약물 복용을 중단했다. 이는 그가 내린 가장 훌륭한 결정 중 하나였다. 흐릿하던 정신이 맑아지면서 고퍼는 현재 상태에서 무엇을 할 수 있을지 생각하기 시작했다. 고퍼는 이렇게 말한다. "다시 인간처럼 생각할 수 있게 됐죠."[10]

생각하는 능력을 회복한 후 고퍼는 마비 상태가 얼마나 자신의 신체 제어능력을 박탈했는지 이해하기 시작했다. 이를 생각하면 할수록, 신체 장애인들이 자율성과 자존감을 되찾을 수 있는 방법을 찾아내야겠다는 결심은 더욱 굳어졌다. "그때 나 자신을 움직인 동기는 신체장애가 있는 사람들이 영화관이나 식당에 갈 때 '거기 계단이 있나요?'라는 질문을 미리 하지 않고도 갈 수 있는 완벽한 기구를 그들에게 제공하겠다는 결심이었습니다." 고퍼는 대부분의 사람들에게는 당연한 일인, 사랑하는 사람을 눈높이에서 바라보는 일을 장애인들도 할 수 있도록 도와주고 싶었다.

자신이 처한 상황을 생각하며 고퍼는 이 어려운 과제에 더욱 집착했다. 휠체어에 갇혀 있는 삶만으로는 만족할 수 없다고 느꼈다.

작은 배터리 하나만으로

최초의 휠체어는 전혀 의자 같지 않고 단순한 손수레와 같은 형태로 2세기 경 중국에서 발명됐다. 지금과 같은 휠체어의 이미지는 서기 525년의 중국 판화에서 처음 발견할 수 있다. 이후 1천 년 동안 중국을 제외하면 휠체어에 관한 어떤 기록도 남아있지 않았으며, 16세기 스페인 필립 국왕(1527-1598)이 휠체어를 타고 돌아다니는 모습을 그린 한 화가의 그림에 다시 등장했다. 그 이후로 발명가들이 여러 아이디어를 짜내며 안락함과 이동성을 더해 주는 장치들을 추가했다. 하지만 휠체어의 기본적인 개념은 변하지 않았다.[11]

휠체어의 개념을 바꾸려는 몇몇 시도 중 하나는 1990년대 중반에 일어났다. 딘 카멘Dean Kamen이라는 발명가[12]가 존슨앤존슨과 손잡고 아이봇iBot 휠체어를 만들어냈을 때였다. 아이봇은 두 바퀴로 일어서고, 계단을 오르내리며 모래와 자갈, 물이 있는 길 위에서도 조종할 수 있는 것으로 알려진 휠체어였다. 하지만 아이봇은 전혀 인기를 얻지 못했다. 2만 5천 달러에 이르는 가격은 너무 비쌌고, 애초에 약속한 기능도 실현하지 못했다. 계단 오르기는 너무나 힘든 도전이었다.[13]

휠체어의 역사를 조사하던 고퍼는 인류가 휠체어를 개선하려는 노력을 거의 하지 않았다는 사실을 발견할 수 있었다. 물론 신체 마비 장애인을 도울 방법들을 찾기는 했었다. 뇌에 관한 엄청난 지식을 쌓았으며 줄기세포와 척수손상에 대한 중요한 연구도 진행했다. 하지만 그 어느 것도 장애를 가진 사람을 다시 걷게 할 수는 없었다. 또한 혈액 순환 장애와 골밀도 악화, 요로 감염증 증가, 근육량 감소, 욕창 등 휠체어 사용에 따른 합병증도 줄이지 못했다.

이스라엘과 미국에서 전기와 컴퓨터 공학을 전공하고 이미 뛰어난 학자로 자리 잡았던[14] 고퍼는 신체 장애인에게 도움을 주는 새로운 형태의 기기를 자신이 발명할 수 있을 것으로 확신했다. 1990년대 로봇 산업계에는 최초로 실질적인 지능을 탑재하고 움직임을 동기화하는 능력까지 갖춘 로봇 개발 등 몇 가지 획기적인 발전이 일어났다.[15] 이런 발전에 힘입어 고퍼는 하반신 마비 장애인들이 동력 장치와 재충전용 배터리를 갖춘 가벼운 보조 슈트를 사용해 다시 걷게 만드는 기기를 만들어 낼 수 있다고 생각했다.

그는 인간이 걷고 계단을 오르는데 얼마나 많은 에너지가 필요한지 알아내는 것으로 연구를 시작했다. "배터리로 가득한 수레나 사용자 뒤를 따라다니는 작은 트럭 같은 것이 필요하다는 답이 나오지 않을까 걱정했다."고 고퍼는 말한다. 하지만 작은 배터리 하나만으로도 충분하다는 사실을 알아냈다.[16]

부상을 당한지 약 1년 후 고퍼는 인터넷을 검색하던 도중 아이디어 하나가 떠올랐다. 신체 장애인이 뼈대를 갖춘 외피, 즉 외골격을 사용하면 다시 걸을 수 있을 것이라는 아이디어였다. 고슴도치와 전갈 같은 동물들이 그런 식으로 걷는다. "어떻게 지금까지 어느 누구도 이런 생각을 하지 못했을까?" 고퍼는 의문스러웠다. 그는 곧바로 시제품 모델을 스케치하며 이 개념을 어떻게 적용할지 생각하기 시작했다.

아이디어를 처음 떠올리고 7년이 지난 2004년, 고퍼는 첫 번째 기기를 완성했다. 이 기기는 사용자의 다리에 밀착된 외골격과 사용자가

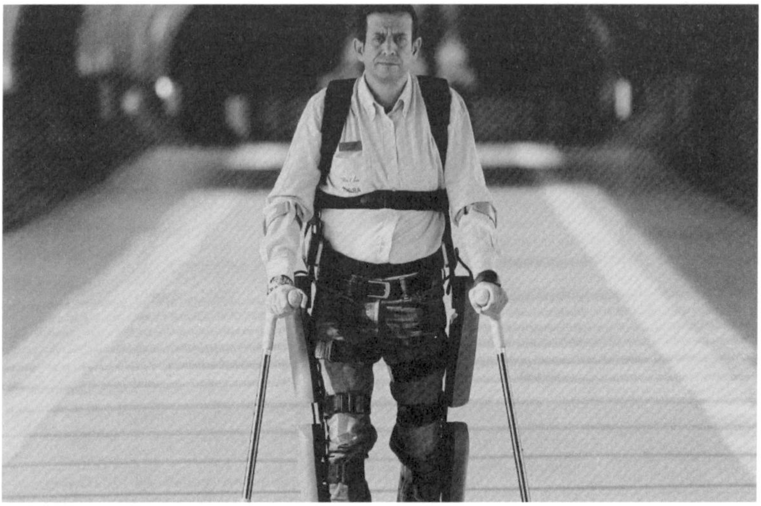

외골격 슈트 리워크를 착용한 라디 카이윱 (사진 출처: Mikhnenko773/위키미디어 공용)

안정된 걸음을 걷게 해주는 목발로 구성돼 있다.[17] 사용자는 손목에 착용한 원격 조종장치를 이용해 자신의 움직임을 제어할 수 있다. 걸을 때는 기울기 센서가 사용자의 가슴이 똑바로 펴지고 균형을 유지하도록 만들어 넘어지지 않고 움직일 수 있게 한다. 목발은 사용자가 계단을 오르며 무게 중심을 잡을 수 있게 도움을 준다.

고퍼는 리워크ReWalk로 이름 붙인 자신의 혁신적인 발명품을 실험해 보기로 결정했다. 하반신 마비 장애인 두 명과 사지가 마비된 한 명이 실험 대상자로 자원했다. 고퍼의 자녀들이 최초의 리워크를 하반신 마비 장애인 한 명에게 끈으로 묶고 전원을 연결했다. 고퍼의 아들은 실험 대상자가 넘어질 경우에 대비해 전원 근처에 서있었고, 딸은 기울기 센서를 제어했다. 고퍼는 겨우 움직일 수 있는 자신의 팔로 직접 기기를 작동시켰다. 그러고 나서 놀라운 일이 일어났다. 하반신 마비자가 한 걸음을 떼고, 또 한 걸음을 떼고, 그리고 몇 걸음 더 나아갔다. 고퍼는 발걸음에 너무나 집중해 있던 나머지 하반신 마비 장애인이 울고 있다는 것도 알아차리지 못했다.

모욕을 딛고

이후 2년 동안 고퍼는 기기 개선에 계속 매달렸다. 배터리 재충전 없이 4시간까지 사용할 수 있게 했는데, 이는 사람들이 일상적으로 걷는 시간보다 훨씬 더 길다. 처음에 만든 리워크는 50파운드(약 23kg)가 넘었지만 고퍼는 더 가볍고 사용자 친화적인 기기로 만드는 방법을 찾아냈다.

처음에는 이 발명에 관련된 모든 비용을 고퍼가 부담했다. 하지만 2006년 이스라엘의 권위 있는 테크니온 인큐베이터Technion Incubator 프로그램에 선정된 후 이곳에서 많은 도움을 받았다. 이 프로그램은 특히 자금 지원과 멘토링, 교육 등으로 스타트업 기업과 창업 초기 단계에 있는 기업을 지원한다. 고퍼는 또 트누파 인센티브 프로그램Tnufa Incentive Program이라는 정부 프로그램에서 보조금을 받았다. 이 프로그램에서 보조금을 받은 기업이 성공하면 보조금은 대출로 간주되며, 실패하면 보조금은 정부 손실로 처리한다. 어떤 경우라도 정부는 스타트업 기업의 지분을 받지 않는다. 이 프로그램의 중요한 혜택 중 하나는 네트워크 접근성이다. 고퍼는 트누파 프로그램을 통해 이스라엘에서 가장 전망이 좋은 기업들과 네트워크를 구축하며 아이디어를 공유하고 이들에게서 조언을 얻기도 했다.

하지만 리워크 기기는 고퍼의 희망과 달리 많은 인기를 끌지 못했다. 어쩌면 아이봇의 실패 때문에 사람들이 리워크가 제대로 작동하지 않을 것이라고 생각했을지도 모르겠다. 결국 2006년 취리히에서 열린 로봇공학 컨퍼런스에서 고퍼는 크게 실망할 수밖에 없었다. 고퍼가 연설하는 동안 젊은 장애인 여성이 리워크를 사용하는 동영상을 보여줬는데, 의심스러워하거나 심지어 동영상이 가짜라고 확신하는 참석자들이 많았다. 이후 고퍼는 컨퍼런스 의장이자 노스웨스턴대학교 물리치료 및 재활의학 교수 제브 라이머Zev Rymer 박사에게 또 다른 동영상을 보냈다. 라이머 박사는 고퍼에게 아주 짧고 퉁명스런 답변을 보내왔다. "동영상 속 그 남자(실험 대상자)가 당신의 기기 없이 걷는 모습을 담은 동영상을 보내줄 수 있나요?"

고퍼는 당시 "너무나 모욕적이었다."고 말한다. 하지만 좌절하지는 않았다. 그로부터 4년 후, 기기를 계속 수정해왔던 고퍼는 마침내 어느 정도의 관심을 끌기 시작했다. 2010년 8월 그는 뉴욕에 있는 '재향군인 척수손상의 의학적 치료 결과를 위한 재활 및 연구개발 국립 핵심 센터Veterans Affairs Rehabilitation, Research and Development National Center of Excellence for the Medical Consequences of Spinal Cord Injury'를 접촉했다. 이 센터는 해당 분야의 선두주자였으며 고퍼는 리워크를 이곳의 최고 전문가인 윌리엄 바우만William Bauman 박사와 앤 스펀젠Ann Spungen 박사에게 보여주고 싶었다. 스펀젠 박사는 당시 '이 기기들은 제대로 작동할 수가 없다.'고 생각했던 것으로 기억하며 이렇게 덧붙인다. "우리는 그들이 기기의 능력을 과장하고 있다고 판단했습니다."[18] 고퍼는 스펀젠 박사의 부정적인 생각을 눈치챘지만, 그래도 뉴욕을 방문했다. 스펀젠 박사의 생각이 틀렸다는 것을 증명하고 싶었다.

고퍼와 박사들은 환자들이 주로 미식축구 경기를 시청하거나 당구를 치며 시간을 보내는 작은 방에서 만났다. 연구원들과 의사, 간호사, 환자 등 약 25명이 기기 실연을 보기 위해 모여 있었다. 리워크를 착용한 실험 대상자가 방 안을 이리저리 걸어다니고 계단을 오르내리며 긴 복도를 따라 걸어가는 동안 스펀젠 박사는 이 장면을 의심스러운 눈으로 바라봤다. "나는 실험 대상자가 실제로 마비 장애가 있는 사람이 아니라고 확신했습니다. 너무나 잘 걸었기 때문입니다." 스펀젠 박사의 말이다. 모여 있던 25명 모두가 실험 대상자를 따라 복도를 걸어갔다. 그가 홀 아래로 걸어내려가자 환자부터 간호사까지 모든 사람이 고개를 돌려 서로를 바라봤다. 스펀젠은 당시를 이렇게 설명한다. "마치 이야기 속에 등장하는 '피리 부는 사나이'를 보는 것 같았습니다. 어느 누구도 믿을 수 없는 장면이었죠."

실험 대상자가 외골격을 벗었을 때, 스펀젠 박사는 그 사람의 발이 덜렁거리며 축 늘어져 있는 모습을 봤다. 이는 마비 증상이 있다는 분명한 표시였다. 고퍼의 실연은 조작이 아니었다. 스펀젠 박사는 놀란 가슴을 진정시킨 뒤 곧바로 센터 책임자인 바우만 박사를 바라보며 이렇게 말했다. "이 일은 반드시 해야겠어요."

기적의 마라톤

스펀젠 박사의 지지는 리워크에 중대한 전환점이 됐다. 하지만 이 기기를 실질적으로 부각시킨 것은 하반신 마비 장애인이 걸을 수 있을 뿐만 아니라 뛸 수도 있다는 사실을 증명한 한 여성의 대범함 덕분이었다. 그 여성의 이름은 클레어 로마스Claire Lomas로 영국의 척추 지압사이며 승마에 열성적인 인물이었다.

2007년 5월 영국의 상급 승마대회인 오스버턴 호스 트라이얼에서 경기를 펼치는 동안 타고 있던 롤드 오츠라는 말이 나무에 어깨를 부딪치는 바람에 로마스는 말에서 날아가 나뭇가지 속으로 떨어졌다. 땅위에 누워있던 로마스는 다리를 움직일 수 없었다. 이 사고로 목과 허리, 갈비뼈가 부러지며 척추에 손상을 입었다는 것을 나중에 알았다. 의사들은 척추를 고정하려고 티타늄 막대를 로마스의 허리 속에 삽입했지만, 척추가 이미 손상된 뒤였다. 허리 아래가 마비됐다. 의사는 그녀가 다시는 걷지 못할 것이라고 했다.[19]

하지만 고퍼처럼 로마스도 의지가 강했다. 온라인 검색을 하던 로마스는 리워크를 발견했고, 이 기기를 사기 위해 친구와 가족들의 도움을 받아 약 7만 달러를 모았다.[20] 그녀는 리워크를 착용하고 열심히 연습했으며, 사용법을 제대로 익히기 위해 레스터셔에 있는 집에서 요크셔 이스트 라이딩까지 2시간이 넘는 거리를 늘 리워크를 착용하고 통근했다. 4개월 뒤 리워크에 익숙해진 로마스는 새로운 도전에 집중했다. 바로 런던 마라톤이었다.

2012년 5월 수백 명의 사람들이 로마스가 완주하는 모습을 보기 위해 거리를 가득 메웠다. 로마스는 하루에 약 2마일(약 1.6km)씩 걸으며 출발한지 16일 만에 마라톤 풀코스 26.2마일(42.195km)을 완주했다.[21] 로마스가 남편과 한 살 난 아기와 나란히 결승선을 통과하자 군중들은 우레와 같은 환호를 보냈다.[22]

기회와 위기

현재 리워크는 유럽과 미국에서 판매 승인을 받았다. 미국의 퇴역 군인과 경찰관들을 포함해 전 세계 약 400명이 이 기기를 사용하고 있다. 리워크를 제작, 판매하는 기업의 주식은 뉴욕증시에서 거래되고 있으며, 이를 통해 고퍼는 연구와 투자에 필요한 수백만 달러의 자금을 조달했다.[23] 이스라엘 발명가 고퍼는 앞으로 몇 년 내에 더 많은 사람들이 로마스처럼 이 기기를 사용할 수 있기를 희망한다. 시장의 잠재력은 매우 크다. 고퍼는 미국과 유럽에 약 6백만 명에 달하는 휠체어 사용자가 있으며, 이들 중 약 25만 명이 이 기기를 사용할 수 있을 것으로 예상한다.[24]

하지만 리워크를 비롯해 이와 비슷한 제품을 만드는 경쟁자들은[25] 여전히 몇몇 비판에 직면해 있다. 그중 하나는 안전성이다. 일반적으로 외골격 형태로 된 리워크 사용법을 배우려면 12회 내지 15회의 교육을 받아야 한다.[26] 마비 정도에 따라 일부 환자는 사용 기술을 완전히 숙달하기 어렵다. 그러므로 이 기기는 위험할 수도 있다. 하반신 마비 환자는 뼈가 매우 약하기 때문에 미끄럽거나 경사지고 평평하지 않은 지면에서는 리워크를 사용하지 말 것을 권장한다. 그래도 사고는 발생하며, 기기를 사용하면서 얻는 혜택이 기기 사용에 따른 위험성을 능가하지 못한다고 우려하는 사람들도 있다. "한두 사람이라도 넘어져서 크게 다치면 미국 식품의약국FDA은 모든 기기의 사용을 금지시킬 것입니다. 예전의 다른 기술 부문에서도 그런 일이 있었죠." 세계적인 재활 병원인 시카고 재활연구원Rehabilitation Institute of Chicago의 외골격 분야 최고 전문가인 아룬 자야라만Arun Jayaraman 박사의 말이다.[27]

또 다른 도전과제는 가격이다. 리워크의 가격이 6만 9천 달러[28]에서 8만 5천 달러[29]에 이르기 때문에 가난한 환자들은 구입할 수 없다. 미국 내 건강보험 기업들은 이 비용에 대한 보장을 거부했다(전문가들은 대개 보험 기업들은 새롭고 유용한 기술을 곧바로 인정하지 않는다고 말한다).

일부 비판가들은 고퍼의 리워크는 치료 기기가 아니라 이동 또는 행동 보조 기구라고 주장한다. 이 차이가 하찮은 것처럼 들리지 모르지만, 그렇지 않다. 이동 기구로서의 장점은 직관적이고 명백하며 보편적으로 인정받고 있다. 현재 하반신 마비 장애인들은 이 기기를 집뿐만 아니라 외부와 직장에서도 이동 기구로 사용하고 있다. 하지만 이 기기가 치료 기기로 인정받으려면 고퍼가 기기의 의학적 이점이 위험성보다 크다는 사실을 과학적으로 증명해야 한다고 비평가들은 주장한다. 고퍼는 또한 이러한 이점을 트레드밀(런닝머신) 걷기나 고정식 자전거 타기와 같은, 보다 안전한 다른 수단으로는 얻을 수 없다는 것도 증명해야 한다. 노스웨스턴대학교 제브 라이머 교수는 이렇게 비판한다. "리워크는 혈액 순환과 방광 기능, 배변 활동 등을 강화한다는 장점을 바탕으로 판매되고 있습니다. 하지만 이런 이점이 실재한다는 것을 보여주는 구체적인 증거는 없습니다."[30]

리워크를 치료 기기로 증명하려면 비용과 시간이 많이 들지만, 고퍼는 여전히 낙관적이다. 리워크가 휠체어 신세를 지는 사람들에게 흔히 생기는 증상들을 궁극적으로 완화시킬 수 있다고 믿기 때문이다. 필라델피아에 있는 아인스타인 헬스케어 네트워크Einstein Healthcare Network의 모스리햅MossRehab 재활병원 원장 겸 의료 총책임자로 재직 중인 알베르토 에스퀴나지Alberto Esquenazi 박사는 이 말에 동의한다.[31] 그는 연구 대상자 14명을 면밀히 관찰하고 리워크 사용자 10명을 대상으로 사용법 훈련을 마치고 난 뒤, 일부 사용자들의 "통증과 배변, 방광 기능, 근육 경직 등이 개선됐다."는 보고를 받았다.[32] 그의 연구는 또 사용자들이 "다른 심각한 부작용 없이", "지구력을 향상시켰으며", 정기적으로 사용할 용의가 있다는 사실도 알아냈다.

이 연구와 다른 연구들을 바탕으로 고퍼는 리워크가 제공하는 건강상의 혜택 덕분에 보험 기업들이 매년 약 3만 달러의 보험금을 줄일 수 있다고 말한다.[33] 시카고 재활연구원의 자야라만 박사는 이 기기를 활용한 정기적인 운동 또한 환자들에게 도움을 줄 수 있으므로 보험 기업의 절감액이 더 많아질 것으로 예상한다.[34] 고퍼를 비롯해 업계 관련자들은 보험 기업이 이 기기 비용을 보험금으로 보장해 주면, 더 많은 사용자가 생기고 경쟁자도 늘어날 가능성이 높으며, 이 모든 것이 기기 비용을 낮추는데 기여할 것이라고 말한다.

하지만 이 기기를 둘러싼 모든 환호와 흥분에도 불구하고 여전히 이 기기의 혜택을 받을 수 없는 한 사람이 있다. 바로 기기를 발명한 아밋 고퍼다.

휠체어 신세를 지는 마지막 사람?

내가 고퍼를 이스라엘 북부에 있는 그의 사무실 엘리베이터 근처에서 만났을 때, 그는 전동 휠체어에 앉아 있었고, 악수할 때 내 손을 좌우로 흔들 정도로만 움직일 수 있었다. 타자를 치고 전화받는 법을 다시 익히기 위해 들인 시간은 말할 것도 없고, 그가 이런 단순한 움직임을 위해 쓴 시간만 해도 수백 시간에 이른다. 리워크를 사용하려면 상체를 완전히 제어할 수 있어야 하는데, 고퍼는 그럴 수 없는 상태다.

62세인 고퍼는 하루 종일 앉아만 있기 때문에 과체중이다. 하지만 나를 사무실 안으로 안내하고 그의 발명품에 대한 얘기를 시작하자, 금테 안경을 쓴 고퍼의 얼굴은 흥분으로 상기됐다. 책상 뒤에는 고퍼의 기업이 뉴욕 증권거래소에 상장한 날 타임스퀘어에서 환자들과 함께 손을 높게 들고 승리의 포즈를 취하며 찍은 사진이 놓여 있었다.

우리가 대화를 나누는 동안 한 남자가 리워크를 입고 사무실로 불쑥 들어왔다. 그의 이름은 라디 카이웁Radi Kaiuf이며 아랍 드루즈파 마을인 이스피야에서 태어났다. 1988년 봄 이스라엘군 복무를 마치기 몇 달 전 카이웁은 레바논의 마이둔 마을에서 작전을 펼치던 중 헤즈볼라 대원이 쏜 총탄에 배를 맞았다. 그는 의식을 잃기 전 "다 끝났다."고 생각했다며, 이렇게 덧붙였다. "복부 한 가운데에 총을 맞았고 곧

죽을 거라 생각했습니다."[35] 적군의 집중포화 속에서 전우들은 카이욥을 헬리콥터에 태워 하이파의 람밤 병원으로 후송했다. 카이욥은 19일 동안 의식이 없는 채로 생명만 겨우 유지하고 있었다. 깨어난 뒤에도 움직일 수는 없었다. 의사들은 그에게 걸어다니던 시절은 끝났다고 말했다.

고퍼와 마찬가지로 카이욥은 크게 낙담했다. 휠체어에 매인 신세라 일을 할 수 없는 경우도 많았던 그는 두 번이나 자살을 시도했다. 하지만 친구들과 가족의 도움에 힘입어 살아갈 방법을 찾기로 마음먹었다. 먼저 물리 치료와 재활 치료를 받기 시작했고, 이 과정에서 심리적으로도 큰 힘을 얻었다. 몇 년 후 카이욥은 결혼도 하고 네 명의 자녀도 얻었다.

2007년 카이욥은 텔 하쇼머Tel Hashomer 재활센터에서 고퍼를 만났고 두 사람은 곧바로 친구가 됐다. 처음 대화를 나누는 동안 고퍼는 카이욥에게 마비 환자들을 다시 걷게 만드는 기기를 개발했다고 말했다. 카이욥은 당시를 이렇게 기억한다. "내가 다시 일어설 수 있을 거라고는 믿지 않았죠. 하지만 기기를 시험해 본 뒤 정말 깜짝 놀랐습니다. 당시 세 살이던 딸아이가 나를 쳐다보며 이렇게 말했습니다. '아빠 키가 커졌어요!' 이 말을 듣고 무척이나 행복했습니다."[36]

현재 카이욥은 가족들과 함께 이스라엘 북부 카르미엘 외곽에 살고 있으며, 예전에는 상상도 못했던 여러 활동에 참여하고 있다. 스쿠버 다이빙 과정을 마쳤으며 한때는 의자처럼 생긴 기구를 사용해 스키도 탔다. 카이욥은 "리워크가 없는 삶보다 리워크와 함께 하는 삶이

훨씬 더 건강하다는 것은 분명한 사실"이라고 말한다.[37]

카이윱과 내가 작별 인사를 하자 고퍼는 전직 군인인 카이윱이 이스라엘보다 외국에서 더 많은 시간을 보낸다고 말했다. 이제 그가 사실상 리워크의 얼굴이 됐기 때문이다. 아랍인이 전 세계를 돌아다니며 이스라엘 발명품을 칭송한다는 사실은 비현실적으로 들린다. 하지만 카이윱은 리워크에서 일하는 아랍인들 중 한 명이며, 리워크에서는 독실한 무슬림과 유대인이 평화로운 분위기 속에서 함께 일한다고 고퍼는 말한다. 모든 이가 신체 마비 장애인들의 첫걸음을 위해 집중하는 곳에서 불가능한 일은 전혀 없는 것처럼 보인다.

이것이 바로 고퍼가 다시 걷겠다는 꿈을 아직 포기하지 않는 이유다. 그의 사무실을 떠나기 전 고퍼는 자신이 최근 발명한, 사지 마비 장애인이 똑바로 서서 움직일 수 있게 하는 세그웨이Segway■ 형태의 기기 업앤라이드UpNRide를 설명했다.

그로부터 두 달 뒤, 고퍼는 요크니암에 있는 자신의 집 밖에서 이 새 기기를 사용했다. 고퍼가 18년 만에 처음으로 일어선 순간이었다.[38]

■ 1인용 소형 전동휠. 미국 발명가 딘 카멘이 개발한 최초의 개인 이동수단Personal Mobility이다.

9.

뇌 속의 GPS
첨단 의료기기 기업 '알파 오메가'

이마드 유니스와 림 유니스는
다양한 소수 민족과 종교, 문화가 공존하는 국가에서
서로 힘을 합치면 무엇을 이룰 수 있는지 보여주는
훌륭한 본보기다.

– **요람 야코비**(마이크로소프트 이스라엘 R&D센터 총괄책임자)

건강한 삶을 위하여

샬린 러스틱Charlene Lustig이 불안한 마음을 애써 진정시키며 수술대 위에 반듯이 누워있는 동안, 킴 버치엘Kim Burchiel 박사는 그녀의 두개골에 5센트 동전 크기(지름 약 2cm)의 구멍 두 개를 내고 이들을 통해 뇌 속에 두 개의 영구형 전극Permanent Electrode을 삽입했다. 전극들은 그녀의 피부 아래를 지나는 얇은 전선을 통해 복부 내에 삽입된 전지식 전기자극 발생기로 연결돼 있었다. 이 발생기는 심장 박동 조율기처럼 일정 속도로 전기적 자극을 발생시켜 문제를 일으키는 신경 세포의 활동을 억제한다.

러스틱은 수년 동안 파킨슨병을 앓으며 늘 상체가 떨리는 증상으로 고통을 겪고 있었고, 말도 제대로 하지 못했으며 몸 왼쪽에는 마비 증상을 앓았다.[1] 그날 러스틱이 받았던 수술은 뇌심부자극술Deep Brain Stimulation, DBS로서 파킨슨병 증상들을 완화하기 위한 치료법이었다.

DBS의 유일한 단점은 자극할 신경 세포를 찾아내기 위해 환자가 수술 내내 깨어 있어야 한다는 것이다.[2] 버치엘 박사팀이 미세전극 수신기와 음파로 목표 신경 세포를 찾아내는 특수 의료기기 시스템을 사용한 이유도 바로 여기에 있었다. 이 기기는 음파를 컴퓨터 화면에 그래프로 표시하며 버치엘 박사팀에게 가야할 길을 안내하는 GPS 역할을 했다.

수술 후에 러스틱의 파킨슨병이 완치되지는 않았지만, 그녀를 괴롭히던 많은 증상이 사라졌다. 얼마 후 러스틱은 자신을 응원했던 친구들과 함께 축하파티를 열고 샴페인을 터트리며 이렇게 외쳤다. "고통의

굴레에서 벗어나 다시 건강한 몸으로 돌아온 게 너무나 기뻐. 다 같이 축배를 들자꾸나. 건강한 삶을 위하여!"[3]

러스틱의 수술 이후 10년 이상이 지난 지금, 뇌심부자극술은 강박장애에서 우울증에 이르는 모든 종류의 신경 질환을 치료하는데 활용되고 있다.[4] 또한 임상 실험을 통해 알츠하이머, 뚜렛증후군■, 만성 통증, 외상 후 스트레스 장애, 뇌전증(간질), 조현병(정신분열증) 등을 포함한 다양한 신경 질환에 대한 뇌심부자극술의 효과를 실험하고 있다.

세계 일류 신경의학자 하가이 버그만Hagai Bergman 박사에 따르면 15만 명 이상이 이 수술을 받았으며, 많은 환자들이 이스라엘에서 가장 큰 아랍계 첨단기술 기업인 알파 오메가Alpha Omega가 제작한 의료기기로 시술받았다. 이를 두고 버그만 박사는 이렇게 말한다. "알파 오메가는 단연코 다중 전극 데이터 축적 분야에서 세계 최고라 신뢰할 수 있고 경험이 풍부한 기업입니다."[5]

나사렛 출신의 이마드 유니스Imad Younis와 림 유니스Reem Younis 부부가 창업한 알파 오메가는 전 세계 신경의학자들 사이에서 유명한 기업이다. 유대 국가인 이스라엘에 거주하는 아랍 소수민족으로서 겪는 신분상의 불리함과 극복해야 할 사회적 관습 등 유니스 부부가 처했던 장애물들을 감안할 때, 알파 오메가의 성장은 이 기업의 획기적인 기술만큼이나 놀랄만한 일이다.

■ 자신의 의사와 상관없이 움직임과 소리를 반복적으로 행하는 신경 질환으로 틱장애라고도 한다.

뜻밖의 결정

1960년대 이후 학자들은 뇌의 특정 영역을 찾아내고 구분하기 위해 전기 자극을 활용해 왔다. 보다 근래에는 운동 및 정신 질환 장애를 전기 자극으로 치료하기 위해 보통 '뇌 조율기Brain Pacemaker'라 부르는 신경자극장치를 사용하기 시작했다. 하지만 1987년 프랑스 신경외과 의사 앨림 루이 베나비드Alim-Louis Benabid가 뇌심부자극술을 사용해 가장 흔한 동작 장애인 본태성 떨림(수전증)을 성공적으로 치료하고 나서야 학자들은 비로소 이 시술의 완전한 효력을 깨달을 수 있었다.[6] 곧이어 세계 곳곳의 학자들은 경쟁하듯 앞다퉈 뇌 지도를 그리고 뇌심부자극술을 활용해 다양한 난치 질환의 증상을 완화시키기 시작했다.

이런 경쟁이 계속될 즈음에 이마드와 림은 서로 사랑에 빠졌다. 이들은 세계적인 공과대학 테크니온에서 엔지니어링을 전공했지만 졸업 이후 취업에 어려움을 겪었다. 당시에는 이스라엘 첨단산업 대부분이 군사와 보안 분야에 집중해 있었으며, 아랍인을 고용하려는 기업이 거의 없었기 때문이다.

결국 이마드가 처음 취업한 곳은 테크니온 의과대학이었다. 그곳에서 이마드는 학자들의 연구 수행에 필요한 도구와 장비를 챙겨주는 일을 맡았다. 학자들이 연구에 필요한 제품을 재고에서 찾을 수 없으면, 이마드와 동료들은 그들의 요구에 맞는 대체품을 개발하는 역할을 했다. 이런 역할 덕분에 이마드는 의료 트렌드를 깊이 이해했을 뿐만 아니라 가능성 있는 비즈니스 기회도 파악할 수 있었다.[7] 림도 뒤이어 취업에 성공해 나사렛에 본사를 둔 건설 기업에서 엔지니어로 근무하기

시작했다.[8]

직장은 그런대로 괜찮았지만, 대다수 아랍계 이스라엘인 엔지니어들처럼 이마드와 림은 만족하지 못했다.

당시 상황을 이마드는 이렇게 기억한다. "테크니온 공대를 졸업한 엔지니어 친구들과 얘기를 나눈 끝에, 우리는 첨단기술을 자랑하는 국가에 살고 있지만 정작 아랍 공동체에는 첨단기술이 없다는 결론에 이르렀습니다. 정말 아무 것도 없었죠."[9] 1993년 이마드와 림 부부는 자신들의 기업을 창업하기로 마음먹었다. 림의 말이 이어졌다. "우리는 돈이 없었어요. 그래서 가지고 있던 폭스바겐 제타 자동차를 팔고 결혼식 때 받았던 금화 네 닢도 현금으로 바꿨죠."[10] 이를 바탕으로 알파 오메가가 탄생했다.

이웃이 아닌 자도 사랑하라

이마드와 림의 가족들은 모두 처음부터 이 결정에 반대했다. 림은 당시를 이렇게 기억한다. "가족들은 우리가 미쳤다고 생각했습니다. '안정된 직장을 관두겠다고? 테크니온 공대를 졸업한 엔지니어들이 어떻게 그런 멍청한 결정을 내릴 수 있냐?'고 말했죠."[11]

실제로 그들이 미쳤던 건지도 모르겠다. 많은 창업 기업가들처럼 유니스 부부는 구체적인 제품이나 아이디어도 없고 어떤 사업을 할지 정하지도 않은 채 기업을 설립했다. 단지 시작하겠다는 결정만 내렸을 뿐이었다. 부부는 연구와 개발 분야에서 탄탄한 경험을 쌓았으며, 테

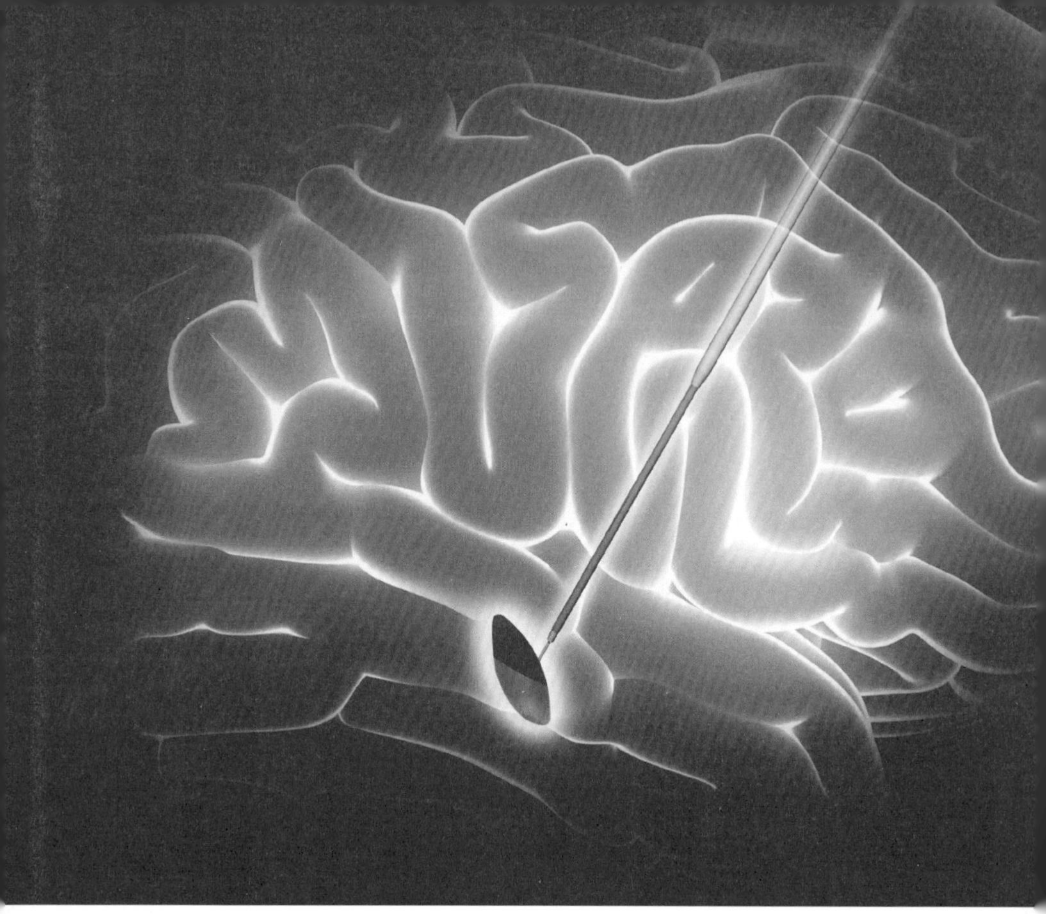

뇌심부자극술을 위한 전극 삽입 (사진 제공: 알파 오메가)

크니온 공대 졸업생으로서 과학자와 엔지니어, 교수들과의 강력한 네트워크를 구축하고 있었다. 이를 바탕으로 우선 과학자와 기업의 연구개발 프로젝트를 맡아 실행하는 하청 업무부터 시작했다. 기업명도 이와 같은 업무 형태에서 따왔다. 이마드는 "작업 지시서만 있으면, A부터 Z까지 뭐든 할 수 있었습니다."라고 말한다.

하지만 유니스 부부는 히브리대학교에 재직 중이던 유명 신경의학자 하가이 버그만 박사를 만나고 나서야 자신들이 잘 할 수 있는 일을 정확히 찾을 수 있었다. 이마드는 1983년 테크니온 공대를 졸업한 직후 버그만 박사를 만났으며, 당시 버그만은 의학 박사학위 과정의 막

바지에 있었다. 두 사람 모두 의료기기와 뇌신경에 많은 관심을 보였던 터라 친해질 수 있었다. 그러다가 연말 휴가철이 다가오자 유니스 부부는 버그만 가족을 나사렛에 있는 자신들의 집으로 초대해 크리스마스를 함께 보냈다. 나사렛은 성경에서 말하는 예수의 탄생지로 세계에서 가장 장엄하고 감동적인 크리스마스 축제가 열리는 곳이다.[12] 나사렛 주민들은 거대한 크리스마스트리에 불을 밝히고 거리에는 밴드의 연주가 이어진다. 버그만 박사는 당시를 이렇게 기억한다. "우리 아이들에게 이마드는 산타클로스나 마찬가지였습니다."

이마드는 모태 가톨릭 신자였고 림은 그리스정교 신자였기 때문에 유니스 가족은 일 년에 두 번 크리스마스를 기념한다.[13] 이들 덕분에 버그만도 그렇게 했다. "우리는 전 세계를 통틀어 크리스마스를 두 번 지내는 유일한 유대인이었죠." 버그만 박사는 자신의 희망을 이렇게 덧붙여 말한다. "이마드와 림, 그들의 자녀와 우리 가족이 모두 친구처럼 지내는 게 정말 자랑스럽습니다. 유니스 부부의 성공을 통해 이스라엘인과 팔레스타인이 힘을 합치면 서로 싸우고 죽이는 것보다 훨씬 나은 일을 할 수 있다는 사실이 증명되기를 진정으로 바랍니다."

알파 오메가의 초창기에 버그만은 유니스 부부에게 많은 프로젝트를 의뢰했다. 1990년 버그만 박사는 뇌심부자극술로 파킨슨병을 치료할 수 있다는 사실을 처음으로 발견했다.[14] 하지만 자극할 목표를 정확히 찾아내기가 무척 어려웠다. 이 사실을 들은 유니스 부부는 이 문제 해결에 특화된 도구를 개발하기 시작했다. 알파 오메가가 개발한 기기는 의사들이 목표로 삼은 정확한 위치에 도달해 영구형 전극을 삽입할 수 있도록 뇌 속에서 GPS와 같은 길잡이 역할을 한다.

유니스 부부가 개발한 기기를 본 버그만 박사는 전 세계에 소개했고, 유니스 부부는 곧바로 자신들의 업무 대부분이 신경의학자에게서 비롯된다는 사실을 깨달았다. 이스라엘에서 장비를 판매하기 시작한 유니스 부부는 결국 유럽과 미국에도 진출하며 시장을 확대했다.

1990년대 초 신경과학 분야에 뛰어든 이마드는 이 사업에서 얻는 보상이 너무나 커 완전히 빠져들었다며 이렇게 말한다. "나는 우리가 만든 기기를 볼 때마다 기쁨에 겨워 '와! 이 기기는 환자들에게 정말 도움이 되겠구나!'라고 외칩니다."[15] 파킨슨병 환자를 돕는 일은 림에게 개인적으로도 의미가 있다. 바로 림의 아버지가 이 끔찍한 병으로 고통을 겪었지만 당시에는 알파 오메가가 개발한 기기의 도움을 받을 수 없었기 때문이다. 아버지는 10년 전에 세상을 떠났지만, 림은 다른 사람을 도울 수 있어 감사하게 생각한다.[16]

1993년 버그만 박사는 유니스 부부를 뇌심부자극술의 대부인 베나비드 박사에게 소개했다. 당시 미국 의료기기 기업인 메드트로닉과 함께 일하며 뇌 속에서 일어나는 전기적 활성을 기록할 장비 개발에 도움이 될 만한 사람을 찾고 있던 베나비드 박사는 곧바로 유니스 부부를 프랑스 그르노블로 초청해 그들의 장비를 테스트했다.[16]

몇 주 지나지 않아 유니스 부부는 다시 그르노블로 날아가 베나비드 박사에게 무엇이 필요한지 이해하기 위해 그의 수술 집도를 참관했다. 이를 시작으로 유니스 부부는 여러 번에 걸쳐 베나비드 박사를 방문했고 이들의 협업 관계는 지금까지 이어지고 있다. 베나비드 박사는 당시를 이렇게 기억한다. "이윤을 추구하는 영리 기업이 늘 그렇게 하지는 않는데, 유니스 부부는 즉각적으로 대응하며 큰 관심을 보였습니다. 그들이 만든 제품은 뇌심부자극술 장비의 롤스로이스 급이었죠."

아랍계 혁신가들의 자리

2003년 유니스 부부는 잠재적 고객 규모가 가장 큰 미국 시장에 보다 가까이 다가가기 위해 미국으로 이주했다. 차를 몰고 미국 전역을 돌아다니며 자신들의 제품을 소개하기 시작했다. 유니스 부부는 애틀랜타에 정착했지만, 2년 뒤 이스라엘로 다시 돌아가기로 결정했다. 림은 이렇게 말한다. "우리 마음속에는 늘 나사렛이 있었죠. 우리가 돌아온 유일한 이유는 나사렛에 살면서 이스라엘에 강한 영향을 끼치기 위해서입니다. 나사렛을 보다 살기 좋은 곳으로 만드는데 중요한 역할을 하고 싶었어요."

나사렛과 이스라엘의 170만 아랍인들이 직면한 도전은 중요한 점을 시사한다. 특히 이스라엘 내 아랍인들이 주변부에서만 맴도는 기술 분야에서는 더욱 그렇다. 이를 두고 림은 이렇게 설명한다. "이스라엘 인구의 20%는 아랍인입니다. 그렇다면 이스라엘 첨단산업 분야에서도 우리 아랍인들이 20%를 차지해야 하는데, 현실은 그렇지 못합니다."[17] 이스라엘의 일류 대학 내 아랍인 학생 수는 아랍 인구 비율에 상응하지만, 이스라엘의 첨단 기술자 중 2%만이 아랍인이며, 이 때문에 아랍인들은 이스라엘의 기술 호황에 적극 참여하지 못하고 주변부에 머물 수밖에 없다. 이스라엘의 비공식 혁신 대사로 존경받는 요시 바르디는 이렇게 말한다. "이스라엘 기술계에는 화합과 교육이 필요합니다. 또한 아랍인들을 포용하는 보다 개방적인 형태로 변해야 합니다."[18]

하지만 고등교육을 받은 뛰어난 프로그래머에 대한 수요가 늘어나면서 기술 분야에 진입하는 아랍계 이스라엘인 수가 늘어나고 있다. 한 보도에 따르면 2015년 이스라엘 내 아랍계 기술자 수는 약 2천 명으로, 이는 2008년의 350명에서 크게 늘어난 숫자다.[19] 게다가 수억 명에 달하는 아랍 언어권 인구가 인터넷을 사용함에 따라 인텔에서 마이크로소프트에 이르는 이스라엘 내 다국적 기업들이 점점 더 많은 아랍인들을 고용하고 있다. 거대 기술기업에 취업하지 못한 아랍인들은 주로 아랍 시장에 전문화된 벤처캐피털의 지원을 받아 이 시장을 집중 공략하는 스타트업 기업으로 향하는 경우가 많다.

그럼에도 격차는 여전히 크다. 이마드는 두 가지 중요한 이유가 있다고 생각한다. 첫째, 아랍계 이스라엘인들 대다수는 이스라엘 기술 분야의 핵심인 텔아비브가 아니라 조상 대대로 살아온 북부 내륙지역에 거주하고 있다. 둘째, 대부분의 아랍계 이스라엘인들은 군 복무를 하지 않는다. 군대에 가는 것은 팔레스타인 동족과 인접 아랍 국가들을 향해 무기를 드는 것과 다를 바 없다고 믿기 때문이다. 그리고 이마드와 림을 포함한 많은 아랍계 이스라엘인들은 이스라엘이 그 지역을 점령하는 것과 이를 계속 합리화하는 모든 제도에 근본적으로 반대한다.

아랍계 이스라엘인들이 군 복무를 하지 않는 것은 이들에게 불리한 요소로 작용한다. 이스라엘 방위군 복무는 이스라엘인들이 기술 분야로 진출하는 주요 수단이다. 예를 들어, 이스라엘 엘리트 정보부대는 훈련병들에게 탁월한 기술적 기능을 습득하는 특화된 실습을 제공하고, 궁극적으로 강력한 사회적 네트워크를 구축하는데 도움이 되는 동지애를 키울 수 있게 해준다. 미국에서는 누군가를 평가할 때 어떤 학교를 다녔는지가 중요하다. 하지만 이스라엘에서는 복무한 부대가 그 사람의 자질을 정의하는 것으로 여긴다.[20] 모든 이스라엘 구직자들은 면접시험을 볼 때 "어느 부대에서 근무했는가?"라는 질문을 받는다. 이스라엘의 국가안보국 역할을 하는 8200부대와 같은 특정 부대에 복무한 경험은 구직자의 취업 가능성을 높여준다. 이런 복무 경험이 너무나 중요한 나머지, 이스라엘의 인터넷 구인 사이트에는 특수부대 출신만 찾는 구인 광고들이 많다.

이런 현실을 감안할 때, 이마드와 림은 주위에 있는 아랍인들에게 본보기가 되고 그들이 성공하는데 도움을 줄 수 있는 모든 일을 다 하고 있으며 아랍 공동체의 리더 역할을 하는 것이 자신들의 사명이라고 생각한다. 유니스 부부는 둘 다 아랍과 유대인 비영리단체 몇 군데에 관여하고 있는데, 이 단체들은 취약 계층 젊은이들을 위한 고등교육 제공과 아랍 첨단기술 계획 지원, 아랍인과 유대인의 평화로운 공존 등을 목표로 삼고 있다.[21] 이를 두고 림은 이렇게 설명한다. "물론 시에서 할 수 있는 일이 있고 이스라엘 정부가 해야 할 일들이 있지만, 이스라엘에 거주하는 아랍인인 나 자신이 상황을 변화시키는데 앞장서야 합니다. 이마드와 나는 젊은이들로 하여금 자신들도 변화를 불러올 수 있으며, 당당히 나아가고, 지금껏 하지 못했던 일들을 할 수 있다는 사실을 깨닫게 해주는 롤 모델이라고 생각합니다."[22]

이마드도 이 말에 동의하며 이렇게 덧붙인다. "차별이 분명히 있습니다. 이제 이스라엘 정부도 이를 깨닫고는 문제 해결을 위해 진지하게 노력하고 있습니다. 한편으로는 우리 아랍인들이 어릴 때부터 열등감을 안고 살아온 것도 사실입니다."[23]

유니스 부부는 알파 오메가 직원들이 보다 발전할 수 있도록 격려하는 일을 매우 중요하게 생각한다. 최근 몇 년간 엔지니어 네 명이 퇴사한 후 자신들의 벤처 기업을 시작했으며 이들 중 두 명은 알파 오메가와 직접적으로 경쟁하는 기업을 운영한다. 유니스 부부는 이 직원들의 의사결정이 이스라엘 내 아랍인들에게 미칠 긍정적인 영향을 믿었기 때문에 이들을 적극 지지했다.

알파 오메가 직원들 대다수는 이스라엘에서 엔지니어링 부문 최고의 교육기관으로 꼽히는 테크니온 공대나 텔아비브대학교를 졸업했다. 알파 오메가는 또 일류 대학 졸업생이면 실제 근무 경력이 없더라도 곧바로 고용하는 정책을 펴고 있는데, 이마드는 "뛰어난 실력을 갖춘 아랍계 엔지니어들 중 '유대인' 기업에 고용되지 못한 이들이 많기 때문"이라고 설명한다.

하지만 알파 오메가는 가톨릭교도와 개신교도, 그리스정교도, 무슬림 신자, 유대교 신자 등 다양한 부류의 사람들도 많이 고용한다. 이를 두고 이스라엘 대통령 레우벤 리블린Reuven Rivlin은 "이마드 유니스와 림 유니스는 이스라엘의 첨단기술과 스타트업 문화의 풍부한 다양성을 대변하고 있으며, 미래를 향한 공통 비전으로 이스라엘 내 모든 커뮤니티가 하나로 뭉칠 수 있게 했다."고 평가한다.[24] 알파 오메가에 근무하는 세이머 아입Samer Ayub은 직원들이 "(출신 배경에 상관없이) 엔지니어는 엔지니어라는 정서를 공유하고 있으며, 전문적이고 객관적인 자세로 함께 일하고 있다."고 말한다.[25] 이런 형태의 정서는 알파 오메가에서 흔한 일이다. 이마드는 "다양한 문화에서 온 사람들을 고용하면, 더 많은 발전을 이룰 수 있습니다. 각자가 생각하는 방식이 다르기 때문입니다. 이와 같은 다름 덕분에 혁신이 일어날 수 있는 것이죠. 우리는 한 조상(이를테면, 아브라함)의 후손들입니다. 그러므로 공통 목표를 달성하기 위해 얼마든지 함께 일할 수 있습니다."

이것이 바로 이마드와 림이 자신들을 단순히 이스라엘인 또는 팔레스타인인으로 정의하지 않는 이유다. "외국에 나가면, 우리는 양쪽 모두에 속한다고 소개합니다. 그게 바로 우리의 정체성입니다."

뇌 속을 누비는 무인 자동차

현재 알파 오메가 기기는 전 세계 100여 개의 병원과 500여 개의 연구소에서 사용하고 있다.[26] 이 정밀한 기기는 나사렛 지역에서 생산되지만 미국과 독일, 이스라엘에 있는 알파 오메가 현지 법인뿐만 아니라 중국과 일본, 남미의 영업 대리인을 통해 판매하고 있다. 지난 몇 년간 매출은 매년 15~24% 수준으로 증가했으며[27], 이스라엘 내 아랍계 첨단 기업의 해외 수출액 중 대부분을 알파 오메가가 차지하고 있다.

그럼에도 알파 오메가의 성장은 이제 겨우 시작 단계에 있다. 버그만 박사와 유니스 부부는 현재 뇌심부자극술 분야에서 가장 획기적인 도약이 될 수도 있는 작업을 함께 진행하고 있다. 2015년 이들은 사람이 조정하지 않고도 뇌 속에 전극을 삽입할 수 있는 도구를 개발했다. 버그만은 "버튼만 누르면 시스템이 작동한다."며, 무인 자동차처럼 외과 수술에 관련된 기능 대부분에서 인간을 대체하는 기기 개발을 꿈꾸고 있다고 말한다. "사람들이 내게 이렇게 묻습니다. '자동 내비게이션 시스템이 박사님보다 더 낫다고 생각하십니까?' 이에 대한 내 대답은 '아니오'입니다." 이 말에 덧붙여 그는 이렇게 설명한다. "기계가 최고의 실력을 갖춘 인간보다 더 뛰어날 수는 없다고 믿습니다. 하지만 최고 전문가가 아니라 평범한 인간과 비교한다면, 분명 자동 시스템이 훨씬 더 나은 기능을 할 것입니다."

전문가들은 이런 형태의 기술이 개발도상국에 가장 적합하다고 말한다. 이들 국가는 전기 생리학자에 대한 수요는 크지만 그 수가 부족하기 때문이다. 뛰어난 보건의료 시스템에 접근하지 못하는 환자들에게 이런 해결 방안은 평범한 삶을 사느냐, 아니면 지속적으로 고통받는 삶을 사느냐의 차이를 가져다 줄 수 있다. 이마드는 "우리는 여전히 시작 단계에 있어요."라며, 목표는 "표적 세포에 대한 치료를 보다 쉽고 효율적이며 정확하게 하고, 시술 자체를 더욱 효율적으로 만드는 일"이라고 말한다.

지금까지 학자들은 유니스 부부의 기술을 예루살렘에서 20여 번, 미국에서 15번 이상 테스트했다. 버그만 박사는 이렇게 말한다. "알파 오메가는 다른 모든 경쟁자보다 우위에 있습니다. 내가 아는 한, 경쟁

기업들은 이 기술에 대해 생각조차 못하고 있죠."

자신이 속한 분야에서 선두에 오른 덕분에 유니스 부부는 많은 보상을 얻었다. 하지만 보다 의미 있는 사실은 자신들의 기업이 수만 명에 이르는 사람들에게 도움을 주었다는 것이다. 이를 두고 림은 이렇게 표현한다. "우리는 사람의 생명을 다시 살리는 일을 하고 이를 기쁘게 생각합니다."

10.

황금 방화벽을 세우다
사이버 보안 기업 '체크포인트'

여호와의 말씀에 내가 불로 둘러싼 성곽이 되며
그 가운데에서 영광이 되리라.

- 〈스가랴〉 2:5

해커 집단을 막아 내다

2015년 11월 9일 저녁 6시를 조금 넘긴 시각, 이란의 중견 사이버 전문가 야세르 발라기Yaser Balaghi는 스마트폰으로 웹 검색을 하다 한 뉴스 기사를 읽었다. 서방의 보안 전문가들이 마침내 밝혀낸 것 같았다. 몇 년 동안 발라기와 그의 동료들은 인터넷을 이용해 사우디 왕실 가족과 이스라엘 핵 과학자, 나토 관료, 언론인, 이란 반체제 인사, 인권 운동가 등 1,600명이 넘는 전 세계 유명인들을 공격해 왔다. 발라기는 3개 대륙 보안 전문가들이 자신의 그룹에 붙여 놓은 이름 '로켓 키튼Rocket Kitten'을 보고 미소를 지을 수밖에 없었다.[1]

세계 최고의 사이버 보안 기업에 속하는 체크포인트Check Point는 이란 혁명 수비대 소속 해커 그룹을 2년 이상 추적해 왔다. 이들의 여러 수법들 중 하나는 해커들이 피해자를 유혹해 스파이웨어를 자동으로 다운로드하는 이메일을 열게 만든 뒤, 피해자의 컴퓨터에서 직접 정보를 빼오는 방식이었다. 하지만 발라기가 백도어Back Door■를 그냥 열어 둔 탓에, 체크포인트 엔지니어들은 발라기 팀의 데이터베이스와 팀원들의 사용자 ID, 비밀번호, 이메일 주소, 이들의 악성코드에 감염된 웹페이지, 공격을 실행한 서버, 공격 목표로 삼았던 인물 리스트를 찾아낼 수 있었다.[2] 다른 범죄자들과 달리 발라기는 세상의 그늘 속으로 자신을 숨기지 않았다. 그는 자신의 웹사이트를 인터넷에 공개하고, 이

■ 이용자 몰래 기기를 원격 조종하는 접속 경로를 뜻하며, 해커들은 이를 통해 사용자 인증 등 정상적 절차를 거치지 않고 이용자의 응용 프로그램이나 시스템에 접근할 수 있다.

란의 몇몇 유명 대학에서 강의도 한다. 그가 가르치는 해킹 과정은 온라인으로도 수강할 수 있다.[3]

로켓 키튼에 관한 보고서를 공개하기 전에 체크포인트의 임원들은 먼저 유럽과 미국, 이스라엘의 국가보안 관리들을 접촉해 자신들이 찾아낸 내용을 공유했다.

피해는 컸지만, 훨씬 더 심각할 수도 있었다. 수없이 많은 사람들을 해킹 공격에서 구해낸 수단은 체크포인트의 최고경영자 길 슈웨드Gil Shwed가 발명한 컴퓨터 방화벽이었다.

8200부대에 입대하다

대부분의 사람들은 길 슈웨드의 이름을 들어본 적이 없을 것이다. 하지만 컴퓨터를 사용하는 사람이라면 슈웨드의 기업이 만든 제품을 사용했을 가능성이 높다. 1968년에 태어난 슈웨드는 세례 요한의 출생지로 알려진 예루살렘 전원마을 아인 카렘의 중산층 가정에서 자랐으며, 아버지는 이스라엘 재무부에서 시스템 분석가로 근무했다.[4] 슈웨드는 10살 때 주간 컴퓨터 교실에 등록을 하자마자 스스로 깨우치기 시작했다.[5] 2년 뒤 한 소프트웨어 기업에서 일자리를 구했으며, 14살 때는 부모에게 히브리대학교에서 수업을 들을 수 있게 해달라고 요청했다. 슈웨드는 이렇게 기억한다. "부모님은 지원을 아끼지 않는 분들이셨어요. 하지만 부모님은 나를 위해 아주 현명한 결정을 하셨는데, 바로 강요하거나 밀어붙이지 않는 것이었습니다. 내게 강요한 단 한 가지는 균형 잡힌 삶을 살라는 가르침이었습니다."

청소년 시절에도 슈웨드는 두 가지 일을 했다. 하나는 히브리대학교의 컴퓨터 시스템 관리였고, 다른 하나는 컴퓨터 시스템 구성과 인프라 솔루션에 특화된 기업 EMET 컴퓨팅에서 하는 일이었다.[6]

하지만 18살이 된 슈웨드는 군대에 입대해야 했고, 이스라엘 방위군에 징집된 후 최고 엘리트 정보 부대인 8200부대에 합류했다. 이 부대는 미국 국방부 소속 국가안전보장국NSA과 유사한 곳으로 신호 정보와 암호 해독에 주력한다. 군 복무 기간 동안 슈웨드는 일부 사용자에게 비밀자료 접근 권한을 부여하고 다른 이들의 접근은 거부하는 컴퓨터 네트워크를 개발했다.[7] 당시 상황을 슈웨드는 이렇게 말한다. "나는 아주 많은 보안 관련 이슈를 접했으며, 그곳에는 비밀로 분류돼 특정 계급만 접근할 수 있는 민감한 정보들이 있었습니다. 나는 모든 사람이 동일한 네트워크에서 작업하면서도 차별화된 접근 권한을 부여받는 환경에서 다양한 이슈들을 이해해야 했죠."[8]

군대에 있는 동안 슈웨드는 자신이 어떤 일을 하고 싶은지 깨달았다. "군 복무 초창기부터 나는 뭔가를 만들어 낼 아이디어가 있었습니다." 그의 말이 이어진다. "다른 사람들을 위해 일하는 것이 엄청나게 신나는 일은 절대 아니지만, 나는 청소년기를 그런 식으로 보냈죠. 나에게는 컴퓨터 네트워크에 보안성을 제공하는 것을 기반으로 한 제품을 만들어 내는 아이디어가 있었어요. 하지만 친구와 함께 이 아이디어를 평가한 뒤, 이런 제품에 대한 시장이 아직까지는 없다고 결론 내렸습니다."

1991년 군대를 제대한 슈웨드는 부모님의 뜻과 달리 대학에 가지 않았다.[9] 대신, 이스라엘 스타트업 기업 옵트로텍Optrotech[10]에서 소프트웨어 개발자로 일하기 시작했다. 그곳에서 신제품을 개발하고 제시하며 마케팅하는 방법을 배웠을 뿐만 아니라, 재능이 뛰어난 프로그래머 마리우스 나흐트Marius Nacht도 만났다. 두 사람은 곧바로 마음이 통했는데, 이는 비슷한 군 복무 경험 때문이기도 했다. 나흐트는 이스라엘군 엘리트 육성 프로그램인 탈피오트Talpiot 출신이었다. 이 프로그램 참가자는 군대에 복무하는 동안 고등 교육을 받을 수 있으며, 그런 뒤 이스라엘 방위군의 기술적 필요를 충족하기 위한 연구개발 분야에서 자신의 전문성을 발휘할 수 있었다.[11] 슈웨드는 네트워크 보안 프로그램을 만들려는 자신의 아이디어를 나흐트와 공유했다. 당시 인터넷은 여전히 규모가 작았으며, 주로 정부와 대학에서 사용했다. 하지만 두 사람 모두 웹이 글로벌화되는 것은 시간문제라는 것을 인식했다. 슈웨드는 "인터넷이 엄청나게 커질 것이라고 생각했습니다. 혁명처럼 말이지요. 하지만 어느 정도일지는 깨닫지 못했습니다."라고 말한다.[12]

원점에서 시작하다

웹이 점점 더 많은 인기를 끌던 1990년대 초, 슈웨드는 인터넷 보호에 초점을 맞춘 다수의 포럼을 발견했다.[13] "기업들은 인터넷에 연결되고 싶어 하지만 보안을 염려하고 있는 것이 분명했습니다. 우리는 사람들이 결국에는 보안 시스템의 필요성을 깨달을 것이라는 사실을 알았습

길 슈웨드 (사진 제공: 체크포인트)

니다." 슈웨드는 당시 생각을 이렇게 말한다. 그는 기업들의 보안에 대한 염려를 알아보고, 그들이 어떤 제품을 원하는지 파악하며, 잠재적 경쟁에 관한 정보를 얻기 위해 몇몇 기업에 이메일을 발송했다. 젊은 보안 전문가 슈웨드는 이것이 아주 큰 기회라는 것을 알아차렸다.

슈웨드는 자신의 친구이자 8200부대 출신인 슈로모 크라머Schlomo Kramer를 접촉해 인터넷 보안과 방어벽에 초점을 맞춘 기업을 설립하는 아이디어를 제시했다. 크라머는 동의했고 슈웨드는 힘을 얻었다.[14] 같은 해 2월 슈웨드와 나흐트는 샌디에이고에서 열린 컴퓨터 개발자 컨펀런스에 참가해 시장 조사를 이어갔다. 이 컨퍼런스 참가비는 2천 5백 달러로 슈웨드가 평생 모은 돈의 절반이었다.[15] 하지만 그는 이 돈을 쓸 만한 가치가 있다고 생각했다.

슈웨드의 생각은 옳았다. 두 젊은이는 충격에 휩싸인 채 컨퍼런스를 떠났다. 슈웨드는 당시를 이렇게 기억한다. "사람들은 대부분 인터넷이 시장에서 엄청난 문제를 일으킬 것으로 생각하지 않았습니다."

나흐트는 이런 생각을 한 것으로 기억한다. “참가자들은 인터넷 도구 개발에서만 즐거움을 얻는 아주 태평스러운 사람들이었죠.” 대부분의 사람들은 인터넷 데이터를 보호하는 방법에는 관심이 없었다. 두 사람은 이스라엘로 돌아와 크라머에게 컨퍼런스 참가 결과를 설명하고 나서 사업 계획을 준비하기 시작했다.

젊은 세 엔지니어들은 곧바로 직장을 관두고 자신들의 스타트업에 집중했다. 크라머의 할머니 아파트에서 하루 12시간 내지 14시간 소프트웨어 코드를 작성하는 일부터 시작했다. 목표는 공항 보안 시스템과 비슷한 기능을 수행하는 프로그램을 만드는 것이었다. 완성된 프로그램은 접근하려는 컴퓨터의 인터넷 프로토콜IP 주소[16]를 체크해 접근을 허용하거나 거부하는 기능을 갖출 것이었다. 또한 하나의 진입 지점만 만들어 검색을 실시한다. 이 방식으로 시스템은 모든 수신 데이터의 안전성을 빠짐없이 심사할 수 있다. 슈웨드는 이렇게 말한다. “원점에서 시작했습니다. 군대에서 만들었던 코드는 한 줄도 사용하지 않았죠. 아이디어는 그때와 동일했지만, 시장이 형성되기를 기다렸고, 그 시장에 적합한 기업을 구축했습니다.”[17]

몇 달 뒤 그들은 제작 과정을 좀 더 빨리 진행하기로 결정하고 8시간씩 교대로 일하기 시작했다. 피자와 콜라로 끼니를 때우고, 번갈아 가며 프린터 잉크를 채우기 바빴다. 또한 잠재적 투자자들과 전화 통화를 하고 만날 약속을 잡는 일에도 많은 시간을 할애했다. “우리는 우리와 비슷한 아이디어를 떠올리는 사람이 아무도 없기만을 빌었어요.”라고 나흐트는 말한다.[18]

우리가 해낼 수 있을까?

프로그램 코딩 작업에 착수한 지 6개월도 채 안 돼 세 젊은이는 자신들의 기업을 시작할 수 있는 초기 자본금을 확보했다. 기업 이름은 체크포인트로 결정했다. 1993년 6월 예루살렘의 소프트웨어 기업 BRM 테크놀러지는 부분 소유권을 받는 조건으로 슈웨드에게 25만 달러를 투자했다. BRM의 창업자이자 현재 예루살렘 시장인 니르 바르캇Nir Barkat은 이렇게 말한다. "슈웨드는 자신이 말하는 분야에 대한 탄탄한 지식을 보유한 젊은이였습니다. 모든 사람이 슈웨드가 하는 방식으로 기회를 포착하는 것은 아닙니다. 그는 마치 '모 아니면 도'라는 식으로 승부수를 띄우는 사람처럼 보일 수도 있습니다. 하지만 진실은 슈웨드가 그런 사람이 아니라는 것이죠. 그는 시장을 정확히 이해하고 있었던 것입니다."

같은 해 9월 젊은 엔지니어 3인방은 코드 작성을 끝내고 제대로 작동하는 제품을 완성했다. "1993년에서 1994년 말, 당시만 하더라도 인터넷 보안 분야는 새로운 시장이었으며, 여기서 어떻게 비즈니스를 만들어 낼 수 있을지 아무도 몰랐습니다."고 슈웨드는 말한다. 그들은 이스라엘 각지의 다양한 기업체를 대상으로 밤 시간에 자신들의 제품을 시험해 보기 시작했다. 슈웨드는 당시 겪었던 일을 이렇게 기억한다. "놀라운 예를 하나 들면, 이 기업들의 시스템이 외부에 연결된 것은 그때가 처음이었는데도 누군가가 이 시스템에 침입을 시도했고, 침입한 지 한 시간도 못돼 알람이 울렸습니다. 우리는 불가능한 일이라고 생각했어요. 하지만 2주 뒤 경찰은 침입자를 체포할 수 있었죠. 우리로서는 제품에 대한 좋은 확증 사례를 얻은 셈이었습니다."

하지만 슈웨드와 동료들 앞에 놓인 큰 도전 과제는 바로 제품을 판매하는 방법이었다. 슈웨드는 "우리는 이스라엘 라마트간의 한 아파트에 있었고, 고객들은 미국을 비롯한 세계 곳곳에 있었습니다."라며 "우리가 어떻게 해낼 수 있을까?" 하는 생각을 했다고 말한다. 세 사람은 자신들의 제품을 약 10개의 시간대를 넘어 선 지역까지 보내고 판매해야 한다는 사실을 알고 있었다. 슈웨드는 "제품이 별다른 홍보 없이도 팔리고 쉽게 설치될 수 있어야 했습니다."고 말한다.

얼마 지나지 않아 그들은 미국을 방문해 자신들이 개발한 시스템, 파이어월-1 FireWall-1을 놓고 20여 개 기업과 판매 상담을 진행했다. 이 기업들 중에는 스테이트 스트리트 뱅크, 골드만삭스, 내셔널 세미컨덕터도 포함돼 있었다. 3인방은 싸구려 호텔에 머물며, 미팅에 갈 때는 모두 검정색 옷으로 통일했다. 이렇게 하면 유니폼을 입은 것처럼 보일 뿐만 아니라, 검정색 옷은 자주 빨지 않아도 되기 때문에 여행할 때 옷을 많이 가지고 갈 필요가 없었다. 판매를 위해 제품을 설명하면서 그들은 파이어월-1의 평가판을 설치해 이 제품이 얼마나 사용하기 쉬운지 보여줬다. 슈웨드는 당시 고객들이 "방화벽은 너무 복잡하다."고 말한 것으로 기억하며, "그래서 '일단 설치를 해 보자'고 권유했다."고 말한다. 기업들은 평가판을 설치한 뒤, 해커들이 시스템 내에서 취약한 부분을 찾기 위해 네트워크의 통신 상태를 체크하기 시작한다는 사실을 알려주는 메시지가 곧바로 뜨는 것을 보고 크게 놀랐다.

기술 전문가들은 파이어월-1이 획기적인 제품이라는 것을 즉시 알 수 있었다. 네트워크나 컴퓨터에 설치되려고 하는 데이터의 출발지와 도착지, 목적에 관한 정보를 추출할 뿐만 아니라, 체크포인트가 제공하는 사용자 인터페이스도 사용하기가 아주 쉬웠다. 체크포인트가 개발한 시스템은 IT 전문가의 도움 없이도 설치할 수 있으며, 간단한 트레이닝만 받으면 누구나 사용할 수 있었다.

슈웨드는 미국 내 비즈니스를 활성화할 목적으로 BRM에서 받은 자본금 일부를 활용해 샌프란시스코에 있는 벤처 투자가 데이비드 블럼버그David J. Blumberg를 고용했다. 슈웨드는 "미국 시장을 먼저 공략한 뒤, 전 세계로 확장하는 것이 매우 중요했습니다. 그 반대로 시도하는 것은 쉽지 않습니다."고 말한다. 그들은 직접 판매하는 방식이 아니라 유통망을 활용하기로 결정했다.

처음에는 심각한 도전에 직면했다. 고객을 확보하기가 어려웠는데, 부분적인 이유로는 전용 인터넷 연결은 대기업들만 사용하는데, 그들에게는 보안이 최우선 과제가 아니라는데 있었다. 체크포인트는 이미지상의 문제도 있었다. 이 기업이 실제로는 이스라엘 정보기관 모사드Mossad의 전진 기지 역할을 한다는 소문이 나돌기 시작했다. 한 번은 블럼버그가 미국 국가안전보장국에서 판매 상담을 하는 동안, 나흐트는 이스라엘 정보기관에서 일한 전력 때문에 방문자 주차장에서 기다려야 했다. 체크포인트는 고객과 계약을 체결하는데 도움을 줄 미국 내 주재원도 없었다. 슈웨드는 전화번호부를 뒤져 보스턴에 있는 전화 응답 대행 서비스 업체를 찾아냈다. 슈웨드는 이렇게 기억한다. "이 업체는 우편물과 팩스를 받아 우리에게 전달했습니다. 나는 고객사에간 적이 한 번도 없습니다. 자동응답 전화기는 항상 '길 슈웨드는 지금 자리에 없습니다.'라고 대답했죠."

'길 베이츠'의 성공

초기에 직면했던 이런 어려움에도 불구하고, 1994년 체크포인트의 기반을 닦고 슈웨드의 혁신을 성공 궤도에 올려놓는 세 가지 일이 일어났다. 그해 3월 말 세 사람은 라스베이거스에서 열린 넷월드+인터롭 NetWorld+Interlop 전시회에서 자신들이 개발한 방화벽을 일반 대중에게 처음으로 선보였다. 비용에 민감했던 이들은 전시 부스를 다른 기업과 나눠 사용했으며 홍보용 책자도 준비하지 않았다. 슈웨드는 "보도 자료를 배포했지만, 솔직히 말해 당시에는 보도 자료가 무엇인지도 잘 몰랐죠."라며 이렇게 덧붙인다. "라스베이거스 전시회에서 우리는 크게 고무됐습니다. 전시회는 우리가 함께 했던 시간 중 가장 좋은 때였으며, 이를 통해 우리가 올바른 길로 가고 있다는 인정을 받았습니다." 전시회 참가는 체크포인트의 방화벽이 전시회 최고 제품상을 받을 정도로 성공적이었다.[19]

이후 체크포인트는 선 마이크로시스템Sun Microsystem을 상대로 첫 대량 판매를 달성했다. 방화벽 시장 진입에 어려움을 겪고 있던 컴퓨터 업계 거물 선 마이크로시스템은 자신들의 제품을 소개하는 가치 제안서에 파이어월-1을 포함시키는데 동의했다. 그 결과 체크포인트의 그해 판매액은 80만 달러로 치솟았다.

1995년 2월 체크포인트는 미국 CBS 방송국의 유명 시사프로그램 〈60분〉에 등장했다. 프로그램 PD는 슈웨드의 제품이 그의 주장만큼 좋은지 확인하고 싶어 했다. 체크포인트는 자사의 컴퓨터 네트워크가 해커의 공격에 노출되는 상황을 생중계로 내보내는데 동의했다. 슈웨드는 당시 상황을 이렇게 기억한다. "나는 프로그램 출연이 달갑지 않았습니다. 부모나 친구들에게 보여주는 것은 좋지만, 고객들은 미디어에 나왔다는 이유로 제품을 구매하지는 않으니까요."

〈60분〉 제작진은 사이버 결투를 펼치기 위해 1980년 말 뉴욕을 기반으로 악명을 떨치던 해커 집단 MOD Master of Deception의 한 멤버를 섭외했다. 카메라가 돌아가는 동안 프로그램 진행자 마이크 월리스 Mike Wallace와 체크포인트의 데이비드 블룸버그가 한 방에 앉아 있었고, '노암 촘스키 Noam Chomsky'라는 이름으로 통하는 해커가 중절모를 쓰고 강도들이 하는 복면을 한 채 다른 방에 있었다. 블룸버그는 해커가 "영화에 나오는 조로 Zorro"처럼 보였다며 자신이 한 해 전 할로윈 때 그 복장을 했다고 말했다.

해킹이 시작되기 전 블룸버그의 전화가 울렸다. 슈웨드였는데, 매우 당황한 목소리로 해커들이 체크포인트 컴퓨터 시스템에 대규모 공격을 퍼붓고 있으며 지난 24시간 동안 파이어월-1이 6만 번 이상의 공격을 받았다고 전했다. 슈웨드는 당시를 "모든 해커들이 다른 해커 친구들에게 '파이어월-1을 뚫을 수 있다는 말을 들어본 적이 있느냐?'고 물어보는 상황"이었다고 기억한다. 〈60분〉의 체크포인트 편이 방영되기 전날, 파이어월-1을 상대로 사이버 결투가 벌어진다는 사실을 누군가가 뉴욕시 시티코프 센터에서 열리는 해커 컨퍼런스 참가자들에게 흘렸기 때문이었다.[20] 많은 참가자들이 시스템을 뚫으려고 노력했지만 모두 실패했다. TV 프로그램이 끝나갈 무렵, 체크포인트는 이제 누구나 다 아는 이름이 됐다.

현재 전 세계에서 일어나는 사이버 범죄 건수는 믿기 어려울 정도로 많으며, 이 때문에 슈웨드의 혁신 제품은 현재 없어서는 안 될 필수품이 됐다. 매년 150만 건 이상의 사이버 공격이 발생한다. 바꿔 말하면, 하루에 4천 건, 한 시간에 170건, 일분에 3건씩 일어난다는 뜻이다.[21] 2014년 해커들은 미국 성인 인구 중 약 47퍼센트에게서 개인 정보를 훔쳤다.[22] 2013년에는 사이버 범죄자들이 미국 전체 기업의 43퍼센트에 침입하는데 성공했다.[23] 세계 최대 규모의 컴퓨터 보안 전용 기술 기업인 맥아피McAfee는 사이버 관련 범죄로 전 세계에서 발생하는 비용이 4천억 달러가 넘을 것으로 추정한다.[24] 이스라엘 외교부의 혁신 및 사이버 기술 부문을 이끌고 있는 요아브 아들러Yoav Adler는 이렇게 말한다. "방어벽은 사이버 보안에서 가장 중요한 요소, 즉 생명선입니다. 이처럼 비범한 혁신은 글로벌 커뮤니케이션을 안전하게 만든 수많은 이스라엘 혁신 기술들의 출발점이 되었습니다."[25]

오늘날 체크포인트의 방화벽은 〈포춘〉 100대 기업의 94퍼센트, 〈포춘〉 500대 기업의 87퍼센트를 포함한 10만 개 이상의 기업과 전 세계 거의 모든 정부를 보호하고 있다.[26] 체크포인트의 시가 총액은 150억 달러가 넘으며[27], 호주와 벨라루스, 캐나다, 이스라엘, 스웨덴, 미국 등 전 세계 지사에서 2천 9백 명 이상을 고용하고 있다. 이스라엘 수석 과학자를 지낸 오나 베리Orna Berry는 "디지털 전환 시대에 방화벽이 없는 삶은 상상도 할 수 없습니다."고 말한다.[28]

체크포인트에 처음으로 투자했던 이스라엘 BRM 캐피털의 찰리 페더만Charlie Federman은 이것만큼 중요한 또 한 가지 사실은 "길 슈웨드가 이스라엘 사회에 근본적인 영향을 미쳤다는 것"이라고 말하며 이렇게 덧붙인다. "슈웨드는 지난 100년간 이어져온 유대인 어머니들의 신조, 즉 자신의 아들과 딸은 반드시 의사나 변호사가 돼야 한다는 바람을 바꿔 놓았습니다. 그는 유대인 자녀들이 소프트웨어 설계자, 엔지니어, 창업 기업가로 자라날 수 있도록 대변혁을 일으켰습니다."[29]

많은 이들이 세계에서 가장 성공한 인터넷 보안 기업인 체크포인트의 창업자 길 슈웨드를 미국의 빌 게이츠에 빗대 "길 베이츠Gil Bates"라는 애정 어린 별명으로 부른다. 하지만 이와 같은 성공에도 아랑곳하지 않고, 해커들은 정부와 기업, 개인을 구분하지 않고 모든 컴퓨터에 침입하려고 계속 애를 쓴다. "인터넷 보안은 범죄에 대한 소극적 대응이 아니라 사전 대책을 마련하는 적극적인 행동입니다. 우리가 마치 경찰이라도 된 것처럼 행동하는 것은 아닙니다." 슈웨드의 말이다.

만약 길 슈웨드가 부모님의 조언에 따라 계속 학교에 남았다면 어떤 일이 일어났을까? 어쩌면 세상을 분명 더 나은 곳으로 만드는데 일조한 인터넷 보안 도구, 방화벽을 만들어 내지 못했을지도 모른다.

11.

카메라를 삼키다
캡슐 내시경 '필캠'

또 너는 창자에 중병이 들고……

– 〈역대하〉 21:15

캡슐 속에 든 카메라

벤처 투자가들은 웃음을 멈출 수 없었다. 그들 중 한 명은 이렇게 말했다. "진심으로 하는 말인가요? 이 카메라로 정말 뭔가를 볼 수 있다고 생각한다고요? 여기에다 자동차 와이퍼라도 달아야겠군요."[1] 1990년대 중반 가브리엘 이단Gavriel Iddan은 한 무리의 잠재적 투자자들과 회의실에서 미팅을 하고 있었다. 이단이 제시한 아이디어는 종합비타민제 한 알만한 크기의 삼킬 수 있는 카메라와 무선 송신기가 위장관을 따라 이동하며 신체 내부의 사진을 찍을 수 있다는 것이었다.

당시 의사들은 위와 대장 사이에 나선형으로 감겨 있는 15피트(약 5미터) 길이의 결장과 소장을 눈으로 보기 위해 여전히 내시경에 의존하고 있었다. 이 내시경은 길고 가늘며, 끝부분에 고화질 카메라가 달려 있는 유연한 튜브 형태였다. 하지만 이것만으로는 장기 전체를 볼 수 없었다. 소장의 일부분만 볼 수 있었으며, 이 때문에 종종 불필요한 수술로 이어지는 결과가 생기기도 했다. 전체를 보려면 의사들은 결장 내시경 검사를 시행해야 했으며 환자들은 이를 꽤 불편해했다. 최대 한 시간까지 걸리는 검사를 하는 동안 의사들은 더 자세히 보기 위해 항문으로 공기를 불어 넣어 결장을 부풀리고, 6피트(약 1.8미터) 길이의 튜브를 직장 속에 삽입한다.[2] 일반적으로 환자들에게는 불편함을 완화해 줄 진정제를 투여한다.

미국에서만 약 1천 9백만 명이 복강질환에서 소장암에 이르는 소장 장애를 앓고 있으며[3], 3백만 명은 병원에 입원해야 할 정도로 심각한 소화기 질환에 시달리고 있다. 이들 중 3분의 1 이상은 의사들이

결코 원인을 알 수 없는 사례들이다.[4]

가브리엘 이단은 자신의 아이디어가 이러한 질병들을 보다 쉽게 진단할 수 있게 한다고 생각했다.[5] 초소형 카메라가 사람의 신체 내부를 이동하며 수천 장의 이미지를 확보해 보다 자세하고 광범위한 소화관의 모습을 제공할 수 있기 때문이다. 그는 또 이 캡슐이 환자들을 더 편하게 만들어 줄 것으로 확신했다.[6]

하지만 불행하게도 벤처 투자 기업들의 반응은 대부분 부정적이었다. 이런 제품을 만드는 것이 불가능할 것으로 염려했기 때문이다. 이단은 좌절하지 않았다. 자신이 생각한 기기가 수백만 명의 목숨을 살리고 궁극적으로는 세상을 바꿔놓을 수 있다고 확신했다. 그에게 필요한 것은 자금 지원뿐이었다. 이를 위해 이단은 예상 밖의 자금원으로 눈을 돌렸다.

로켓탄 눈을 개발한 경험

이 일은 이웃에 살던 에이탄 스카파Eitan Scapa라는 소화기내과 전문의와 나눈 대화에서 시작됐다. 1981년, 이단이 보스턴에서 이미지 처리 기능을 갖춘 엑스선관과 초음파 탐측자를 개발하는 기업에 근무하고 있을 때였다.[7] 스카파도 이스라엘인이었던 터라 두 사람은 금세 친해졌으며 주로 자신들의 일에 대한 이야기를 나눴다. 어느 날, 스카파는 광섬유로 만든 파이버옵틱 내시경의 한계를 언급했다. 엔지니어링을 전공한 이단은 더 나은 해결책이 있어야 한다는 의견을 제시했다.

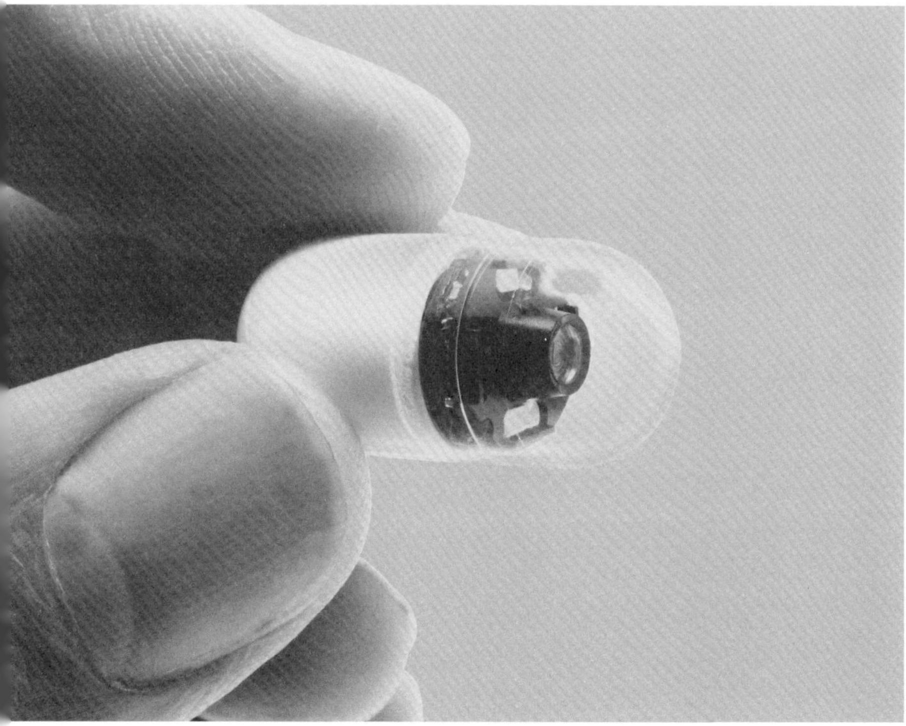

필캠 (사진 출처: 게티 이미지)

"당신은 똑똑한 과학자니, 그 해결책을 찾아보지 않겠소?" 스카파가 물었다.

"며칠만 시간을 주세요."[8] 이단이 대답했다.

이단은 뚜렷한 계획이 없었지만, 그 생각을 머릿속에서 지울 수가 없었다. 소화기병학에 관해서 문외한이나 다름없던 이단은 내시경의 역사부터 공부하기 시작했다. 영어로는 엔도스코프Endoscope(그리스어로 "내부를 들여다본다"는 의미)라 일컫는 내시경은 1806년 독일 발명가 필립

보찌니Philip Bozzini가 개발했다. 보찌니는 입이나 항문을 통해 몸속으로 집어넣는 딱딱한 튜브 형태의 기기를 개발해, 빛을 통과시키는 기구라는 뜻으로 리히트라이터Lichtleiter라고 이름 붙였다.[9] 그 이후 과학자들은 확대 배율을 높이고 보다 유연한 튜브를 사용하며 이 기기의 성능을 개선했다. 하지만 근대 내시경은 여전히 소화기관의 상부만 진단할 수 있었다. 다른 기기들도 큰 도움이 되지 못했다. 엑스레이는 의사들에게 유용한 이미지를 제공하지 못했으며 초음파 기기도 마찬가지였다. 더 많은 내용을 공부하면 할수록, 보다 나은 기기를 만들어 낼 수 있다는 이단의 확신도 점점 더 강해졌다.

당시 이단은 소장에 대해 잘 알지 못했다. 하지만 두 가지에 대해서는 엄청나게 잘 알고 있었다. 바로 로켓과 카메라였다. 보스턴에 있는 기업에서 일하기 전 이단은 이스라엘의 일류 방위산업 기업인 라파엘에 근무하며 로켓탄이 목표에 명중할 수 있도록 로켓탄의 눈 역할을 하는 카메라 개발에 참여한 적이 있었다. 또한 공대공 미사일의 적외선 추적 장치와 관련된 일도 했었다.[10] 내시경에 대해 생각하면서 이단은 몸 안에 들어갈 만큼 작은 유도탄 센서를 상상하기 시작했다. 한 가지 문제는 그만한 것을 만들 수 있는 기술이 존재하지 않는다는 것이었다. 이단은 이 아이디어를 포기할 수밖에 없었다.

그로부터 10년 후인 1991년 이단은 미국에 있는 스카파를 방문했고, 스카파는 이단에게 의사들이 소장을 더 잘 볼 수 있는 방법을 다시 한 번 찾아보라고 요청했다.[11] 하지만 이단은 큰 장애물이 있다는 사실을 알고 있었다. "여전히 절망적이었습니다. 배터리는 고작 10분밖에 버티지 못하는데, 우리는 10시간 동안 작동하는 배터리가 필요했으니까요. 그런 배터리가 있다 해도, 캡슐이 환자 몸속을 이동하는 8시간 동안 모니터를 응시하며 환자 옆에 앉아 있을 의사가 어디 있겠습니까?"[12]

그럼에도 이단은 이 도전에 다시 뛰어들었다. 당시 라파엘에서 상근 정규직으로 근무하던 이단은 상사들을 찾아가 이 프로젝트를 할 수 있도록 지원해 달라고 요청했다. 그들은 이단의 아이디어가 할리우드 영화에는 어울릴지 몰라도, 이스라엘 군대를 위한 것은 아니라고 말했다. 그래도 이단이 연구실을 사용하는 것은 허락해주었다.

1993년 이단은 서로 연관된 중요한 실험들을 실행했다. 먼저 10센트짜리 동전보다 작은 송신기와 카메라를 만드는 일부터 시작했는데, 이 분야의 기술이 많이 발전했기 때문이었다. 그러고 나서 이들을 냉동 닭의 몸속에 삽입했다. 이단은 닭의 장을 볼 수 있었으며 비디오 영상은 놀랄 만큼 선명했다. 이것이 인간의 신체에도 똑같이 적용될 수 있기를 희망했다. 그런 다음 배터리 수명에 매달리기 시작한 이단은 미국 항공우주국NASA에서 원하던 것을 찾아냈고, 이를 토대로 최소한 10시간 동안 지속될 수 있는 초소형 배터리 개발에 성공했다.[13]

1년 후 이스라엘과 미국에서 특허를 출원하고 모든 준비를 마친 이단은 사업을 시작했다. 창업 후 그의 첫 과제는 자금을 조성하는 일이었다.

'터지지 않는 유도탄' 삼키기

1995년 이단이 가브리엘 메론Gavriel Meron을 접촉해 자신의 파트너가 돼 달라고 요청했을 때, 메론은 내시경용 비디오 카메라를 공급하던 이스라엘 기업 어플리텍Applitech의 CEO였다.[14] 두 사람은 친구이자 동료였지만, 메론은 자신의 막강한 지위를 두고 곧바로 떠나지는 않았다. 먼저 이단의 아이디어에 투자하도록 어플리텍 경영자들을 설득하는 일에 나섰다. 하지만 어플리텍이 관심이 없다는 것이 분명해지자, 메론은 여유롭고 편안한 일을 계속할 것인지, 아니면 자신의 직감을 믿고 모험을 할지 결정해야 했다. "흥미롭지만 기술적 위험도 많이 따르는 아이디어였습니다." 자신의 업을 떠날 생각은 없었지만 이단의 아이디어에 크게 흔들린 메론은 결국 일단 시도해 보기로 마음먹었다.

메론은 곧바로 투자유치 계획을 수립하기 시작했다. 하지만 벤처투자가와 사모펀드는 메론의 계획을 외면했다. 2년 뒤 메론과 이단은 라파엘과 엘론 일렉트로닉 인더스터리, 디스카운트 인베스트먼트 코퍼레이션 등을 거느린 합작투자 기업 라파엘 디벨롭먼트 코퍼레이션Rafael Development Corporation, RDC을 접촉했다. 다른 잠재적 투자자들과 달리 이들의 아이디어를 좋게 본 RDC는 60만 달러를 투자했고, 이단과 메론은 투자에 대한 대가로 자신들이 설립한 기업 기븐 이미징Given Imaging의 지분 10퍼센트를 넘겼다.[15] 투자 유치에 성공한 이단과 메론에게 여전히 한 가지 문제가 남아 있었는데, 바로 자신들의 아이디어가 인간에게도 제대로 통할 수 있을지 모른다는 것이었다.

이를 확인할 방법을 찾기 위해 이단과 메론은 C. 폴 스웨인C. Paul

Swain이 이끄는 영국의 과학자 팀을 찾아갔다. 스웨인은 인체 해부학적 구조, 특히 소장 쪽 전문가였다. 1999년 가을, 이들은 처음으로 인간을 대상으로 실험했다. 이단의 옛 이웃이었던 스카파도 지켜보는 가운데 스웨인이 캡슐을 삼켰다.[16] 몇 분 뒤 갑자기 영상이 흐릿해졌고, 연구원들은 당황했다. 초소형 카메라에서 보낸 영상 정보를 수신하고 이를 표면이 고르지 못한 스크린에 비추는 역할을 하는 안테나를 잡고 있던 이단은 계속해서 안테나 위치를 이리저리 옮겼지만 영상의 질은 나아지지 않았다. 하지만 캡슐에서 받은 신호를 바탕으로 연구팀은 캡슐이 소장을 지나는데 성공했다는 것을 확인했다. 그들은 매우 기뻐했으며, 스웨인은 캡슐을 하나 더 삼키는데 동의했다. 안테나의 위치를 달리하면서 연구팀은 보다 선명한 영상을 얻었고, 마침내 소장의 모습을 볼 수 있었다. 이단과 스웨인은 이 실험을 "터지지 않는 유도탄을 삼키는 것"에 비유했다.[17]

이단과 메론이 임상 실험을 통해 자신들의 제품이 안전하고 효과적이라는 사실을 증명하는데 성공한 뒤, 유럽과 미국의 보건 당국은 2001년 이 기기의 판매를 승인했다. 같은 해 기븐 이미징은 뉴욕 나스닥 증권거래소에 상장할 예정이었다. 바로 그때 세계무역센터와 펜타곤을 향한 911 테러가 발생했다.[18] 이단은 이렇게 기억한다. "신규 상장은 물 건너갔으며, 우리에게 가망은 없다고 생각했습니다."[19] 하지만 몇 주 뒤, 기븐 이미징은 테러 사태 후 거래소에 상장된 첫 번째 기업이 됐다. 경제는 붕괴된 상태였지만, 이단과 그의 기업은 6천만 달러의 자본금을 공모하는데 성공했다. 당시를 이단은 이렇게 기억한다. "그렇게 비극적인 죽음들을 본 뒤, 나는 우리가 만든 캡슐이 수많은 사람들의 생명을 구할 것이라는 큰 희망을 품었습니다. 이것은 성경에서 말하는 '칼을 다시 쟁기로 만드는 일'과 같을 것입니다."

삼키기 쉬운 캡슐

이단의 발명품이 전통적인 내시경보다 분명히 더 나았음에도, 의사들은 처음에 이 기기를 선뜻 택하지 않았다. 기존에 사용하던 장비가 완벽하지는 않았지만 그만하면 충분했고, 많은 의료인들은 새로운 것에 돈을 쓰려 하지 않았다. 또한 캡슐이 환자의 몸속에 들어가 사라지면서 알 수 없는 합병증을 유발하지 않을까 두렵기도 했다.

하지만 결국에는 그들도 생각을 바꿨다. 삼킬 수 있는 캡슐 내시경 필캠PillCam의 우월성을 나타내는 증거가 너무나 강력했기 때문이다. 지금껏 사용해 온 전통적인 내시경은 위벽을 찢어 놓을 수 있으며, 이는 생명을 위협하는 감염으로 이어질 수도 있다. 뉴욕대학교 랑곤 메디컬 센터 소화기내과 디렉터인 마크 포차핀Mark Pochapin 박사의 말에 따르면, 내시경 시술은 암으로 진행될 수 있는 거대 용종을 많게는 10퍼센트까지 발견하지 못할 수도 있다. "결장내시경은 훌륭한 시술 방법이며 생명을 구하는데 많은 기여를 해왔습니다. 하지만 우리는 더 나은 방식을 원합니다."[20] 포차핀 박사의 말이다.

그들은 결국 더 나은 방식을 사용하게 됐다. 이단의 발명품 덕분에 의사들은 소장 전체를 보여주는 상세한 영상을 얻을 수 있었다. 메릴

랜드대학교 의과대학에서 캡슐 내시경 부문 디렉터를 맡고 있는 에릭 골드버그Eric Goldberg 박사는 "필캠이 발명되기 전까지 소장은 소화기내과 분야의 암흑지대였다."고 말한다.[21] 환자들에게도 필캠이 내시경 시술보다 훨씬 더 편했다.[22] 필캠은 신체 조직을 거의 해치지 않으며 회복 시간도 필요치 않다. 게다가 캡슐이 몸속에 있는 동안 환자들은 과격한 활동을 제외한 일상 생활을 계속할 수 있다.

필캠을 사용하는 비용도 저렴하다. 전통적인 내시경 검사에 800달러에서 4천 달러 정도 드는데 비해 필캠 비용은 약 500달러에 불과하다.[23] 이론적으로 필캠은 재사용도 가능하다. 이를 두고 메론은 이렇게 말한다. "하지만, 필캠을 '구하려고' 자신의 배설물을 뒤지려는 사람이 과연 있을까요? 필캠 가격이 저렴하기 때문에, 어느 누구도 그런 수고는 하지 않을 것이라 생각합니다."

실질적으로 필캠의 유일한 단점은 용종을 제거할 수 있는 위내시경 시술과 달리, 캡슐이 보내는 영상으로 용종을 확인만 할 수 있다는 것이다. 용종을 발견한 의사는 문제 해결을 위한 시술을 별도로 해야 한다. 또 드물긴 하지만, 필캠이 장 내에 박혀 버려 이를 꺼내는 수술을 하는 경우도 있다.[24]

오늘날 캡슐을 통한 이미지 전송은 내시경 시술의 가장 흔한 방식이다. 경쟁자가 있기는 하지만, 필캠은 시장의 90퍼센트를 장악하고 있다. 1998년 이후 2백만 명 이상의 환자가 필캠 기기를 삼켰으며 약 75개 국가의 의료기관 5천여 곳 이상이 필캠을 사용하고 있다.[25] 매사추세츠주에 있는 노블 호스피털 소화기내과 전문의 아이라 슈멜린Ira

Schmelin은 이렇게 표현한다. "모든 대학병원이 필캠을 사용할 것이며, 그러고 나서 5년 이내에 대부분의 위장관 시술에 이 기기가 사용될 것으로 예상합니다. 필캠은 정말이지, 암을 발견해 생명을 살리는 도구입니다."[26]

벤처 투자가와 사모펀드의 초기 반응이 회의적이었는데도, 이단은 그저 자신의 직감을 따름으로써 전 세계 수백만 명의 삶에 도움을 줄 수 있었다.[27]

12.

척추를 보는 눈
로봇수술의 새 장을 연 '마조 로보틱스'

이것이 네 몸에 양약이 되어 네 골수를 윤택하게 하리라.

– 〈잠언〉 3:8

위험한 수술만이 유일한 희망이었다

칠흑같이 어두운 밤, 플로이드 구드로Floyd Goodloe는 귀뚜라미 우는 소리를 들으며 말을 타고 뉴멕시코주 캐피탄의 먼지 자욱한 협곡을 지나가고 있었다. 1998년 어느 날, 목장을 운영하던 그는 초원에서 소떼를 몰고 집으로 향하던 길이었다. 하지만 울퉁불퉁한 바윗길 근처를 달리던 도중 뭔가에 놀란 종마가 몸을 흔들어 대는 바람에 구드로는 말에서 떨어졌고, 곧바로 말의 발길질에 채여 옆에 있는 벽으로 날아가 처박혔다. 당시 40대였던 카우보이는 큰 충격을 받았고, 바닥에서 몸을 일으켰지만 걸을 수 없는 지경이었다. 그는 무거운 다리를 질질 끌며 가까스로 집에 도착했다.

이후 몇 달 동안 구드로의 상태는 크게 나아지지 않았다. 그는 느긋한 마음으로 매일 물리치료와 운동치료, 척추 지압 교정을 받으며 자신의 몸이 결국에는 회복될 것이라는 희망을 품고 있었다. 하지만 회복되지 않았다. 구드로는 허리 수술을 생각하기도 했지만, 너무 위험해 보였다. 이후 15년 동안 구드로의 통증은 점점 더 심해졌고, 결국 더 이상 걷거나 말을 탈 수 없는 지경에 이르렀다. 마비 증세는 다리 전체로 퍼졌으며 생업에 종사하지 못할 수도 있다는 두려움 때문에 구드로는 마침내 의사를 만나 MRI 검사를 받았다.[1] 담당의사 조지 마틴은 구드로의 척추 마지막 두 마디가 원래 위치에서 빠져나온 척추전방전위증 또는 척추탈위증으로 진단했다. 그리고 수술 없이는 구드로의 상태가 결코 나아질 수 없다고 말했다.

구드로가 부상을 당한 이후 의료 분야에 많은 변화가 있었다. 구드로의 통증을 완화하기 위해 마틴 박사는 이스라엘 로봇공학 기업이 개발한 새로운 의료시술을 고려해 보라고 제안했다. 구드로는 전혀 모르고 있었지만, 지구 반대편의 모셰 쇼햄Moshe Shoham이라는 사람이 인공 지능을 활용해 의사들이 이전에는 생각지도 못했던 수술을 실행할 수 있는 방법을 개발했다.

까다로운 척추 수술을 혁신 로봇기술로

모셰 쇼햄은 1952년 하이파에서 태어났다.[2] 어린 시절 뭔가를 만드는 일에 집착했던 그는 모형 비행기를 조립하며 몇 시간씩 보내고 방을 드나드는 사람의 수를 헤아리는 기계 장치를 만들기도 했다. 이 장치는 마지막 사람이 방을 나가면, 아무런 움직임이 없다는 것을 감지한 뒤 실내등을 껐다.[3] 쇼햄은 "우리가 자랄 때는 가진 것이 별로 없었다."며 이렇게 말한다. "어머니는 집 주위에 있는 것들을 재활용해 장난감을 만들어 주곤 하셨죠. 어머니의 이런 모습에서 '지금 가진 것에 만족하라'는 교훈을 얻었습니다."

쇼햄은 테크니온 공대에 입학해 기계공학을 공부했고 뒤이어 같은 전공으로 박사학위를 받았다.[4] 학교를 다니는 동안, 이스라엘의 일류 항공우주 산업체이자 항공기 생산 기업인 이스라엘 에어크래프트 인더스트리Israel Aircraft Industries, IAI에서 미사일 기술 개발 업무를 보조하는 일도 했다.[5] 1986년 졸업한 뒤에는 뉴욕 콜롬비아대학교 조교수로 임용돼 로봇 공학 실험실을 이끌었다. 4년 뒤 테크니온 공대로 돌아온 쇼햄은 이 학교의 생산 시스템 및 로봇공학 센터를 운영했다. 1990년대 말까지 로봇산업은 쇼햄이 인공 지능을 활용해 의료기기를 개선하는데 기여할 수 있다고 확신할 만큼 크게 발전했다. 쇼햄은 최신 로봇 기술이 수술실 의사들에게 도움이 되기를 희망하며, 인간의 기계적 구조에서 중요한 역할을 맡고 있는 척추에 관한 것부터 살펴봤다. 2000년 쇼햄은 스타트업 기업에 운영 지원, 경영관리 교육, 사무실 등을 제공하는 테크니온 공대 비즈니스 인큐베이터의 도움을 받아 자신의 기업을 시작했다.

쇼햄이 처음 알게 된 것 중 하나는 척추 뼈의 작은 구멍 사이로 큰 나사를 수작업으로 집어넣어야 하는 척추 수술이 의사들에게 매우 예민하고 신경쓰이는 일이라는 것이었다. 의사가 정확한 위치에서 아주 조금만 벗어나도 환자를 평생 마비 상태로 만들 위험성이 커진다. 이런 형태의 수술은 보통 넓은 범위의 조직 절개가 필요하며, 이 때문에 혈액 상실과 감염으로 이어질 수도 있다. 수술과정이 정밀하면 할수록, 환자가 빨리 회복될 확률이 높아진다. 쇼햄은 당시 척추 수술과정에서 아주 미세한 손상을 포함해 신경 손상을 입는 비율이 전체의 약 2~3퍼센트라는 사실을 알아냈으며, 이는 받아들이기 어려울 만큼 높은 수치라고 생각했다.[6]

쇼햄은 로봇 시제품을 만들기 시작하면서 로봇을 직접 작동할 수 있는 사람을 영입하기로 결정했다. 학자인 쇼햄에게 그런 기술은 없었기 때문이다. 쇼햄은 2000년 11월 신문을 통해 이 사실을 알렸고, 곧바로 의학 영상처리 전문기업 엘신트Elscint의 기술부문 최고 임원인 엘리 제하비Eli Zehavi에게서 연락이 왔다. 제하비는 쇼햄을 아는 자신의 친구로부터 이 자리에 관한 얘기를 들었다.[7] 쇼햄은 "제하비의 목소리만 듣고도 이 사람이 바로 내가 함께 일하고 싶은 사람이라는 걸 알았습니다."라고 말한다. 당시 쇼햄은 제하비가 시제품을 작동 가능한 제품으로 바꿔 놓는데 필요한 기술을 보유하고 있다는 느낌을 받았다. 며칠 후 새로운 친구 제하비에게 그 역할을 제안했고 제하비는 이렇게 대답했다. "하겠습니다. 더 나은 수술을 실행하는데 필요한 도구 개발에 합류하겠어요."

삼총사 결성

쇼햄과 제하비가 이 일을 시작했을 때 아이디어 외에는 아무 것도 없었다. 그들의 로봇은 움직일 수는 있지만 어떤 수술 과정에도 도움을 줄 수 없었다. 또한 부위를 절개하지 않고는 척추 안을 들여다 볼 방법이 없었다. 기존 소프트웨어가 도움이 되기를 바랐지만, 그들의 생각은 틀렸다.

약 15년 전만 하더라도 척추 수술은 암흑 속에서 뭔가를 찾는 것과 매우 비슷했다. 의사들은 부위를 절개해 척추를 보고 나서야 어떤 수술과정이 필요한지 알 수 있을 정도였다. 회사를 시작한 지 3개월이 채 되지 않아 쇼햄과 제하비는 자신들이 직접 이미지 처리용 소프트웨어를 개발해야겠다는 결론을 내렸다. 그들은 먼저 의사들이 수술 전에 CT 영상을 찍고 척추의 3차원 청사진을 만들어 수술 계획을 매우

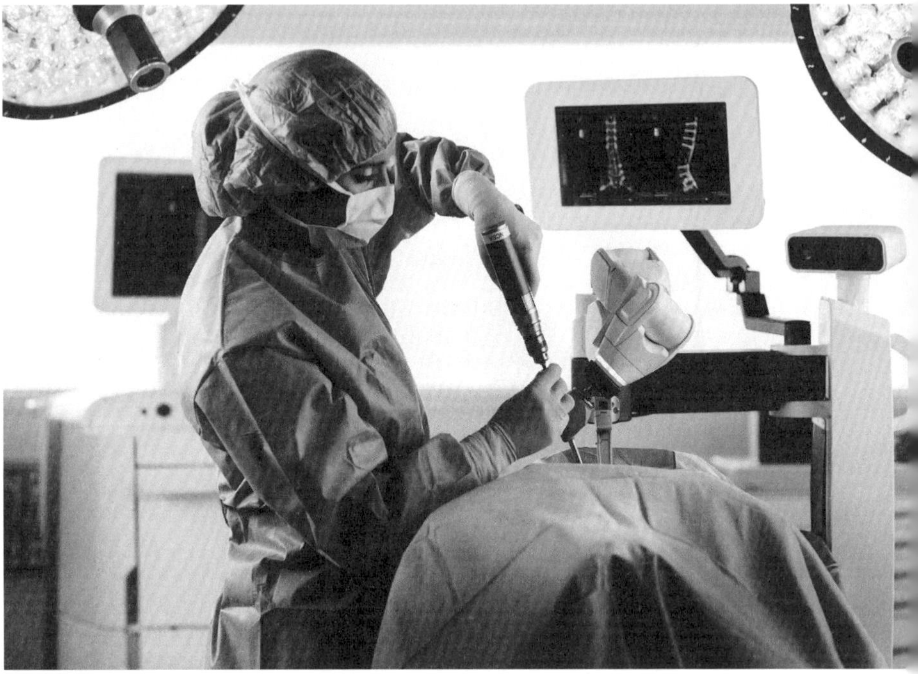

척추 수술 보조용 로봇 (사진 제공: 마조 로보틱스)

정밀하게 세울 수 있는 방법을 개발하기 시작했다. 또한 로봇수술 시스템의 제안을 의사들이 검토하고 승인 여부를 심사하는 동안, 척추 이식물을 삽입할 수 있는 음료수 캔 모양의 로봇을 개발하는 일에도 착수했다. 수술을 집도하는 의사는 이 로봇을 이용해 수술에 필요한 기구들을 삽입하기 때문에 환자의 신경이나 주요 장기를 손상시킬 위험을 줄일 수 있다.

하지만 이 모든 것을 개발하려면 자금을 마련해야 했다. 2002년까지 쇼햄과 제하비는 25개 이상의 벤처 투자 기업들을 만났고, 마침내 샬롬 에퀴티 펀드와 존슨앤존슨으로부터 투자를 유치했다. 이들 투자 기업은 쇼햄과 제하비에게 경험 많은 CEO가 필요하다고 생각했으며, 치과수술 화상 안내 전문기업인 덴엑스에서 재무 최고 책임자와 비즈니스 개발 부사장을 역임한 오리 하도미Ori Hadomi를 추천했다.[8] 그로부터 몇 달 뒤 하도미는 팀에 합류했다. 하도미의 영입은 쇼햄과 제하비가 내린 무척 현명한 결정들 중 하나였다.

1밀리미터 이상 벗어나지 않는 정교한 시스템

이렇게 해서 탄생한 마조 로보틱스Mazor Robotics팀은 2003년과 2004년의 대부분을 로봇의 알고리즘과 동적 움직임, 이미지 처리 시스템 등을 포함한 작동 시스템을 만드는데 보냈다.

2004년 초 마조 로보틱스는 이스라엘 시바 메디컬 센터와 미국 클리블랜드 클리닉에 보관된 시체를 대상으로 제품을 테스트하기 시작했다.[9] 마조 팀은 자신들이 발명한 시스템이 수술 시간을 줄이고, 외과적 수술을 최소화하며, 감염과 혈액 상실의 위험성을 낮추고, 회복을 촉진할 수 있다는 점을 증명하는데 착수한 것이었다. 이 시스템은 외과 의사를 대체하려는 것이 아니라 그들이 보다 나은 결과를 이끌어낼 수 있게 도움을 주는데 목적이 있다.

2004년 말 마조 로보틱스는 스파인어시스트SpineAssist라 이름 붙인 완제품을 완성했을 뿐만 아니라 유럽과 미국의 보건 당국으로부터 판매 승인도 받았다.[10] 쇼햄은 이렇게 말한다. "무척 놀랐습니다. 우리가 그렇게 빨리 완성할 줄은 몰랐거든요."

마조의 독특한 이미지 처리 시스템은 환자가 수술 전에 척추 CT 촬영을 받게 한다. 수술 당일 의사는 척추에 대한 엑스선 촬영을 뒤쪽과 옆쪽에서 두 번 더 실시한다. 그러고 나서 의료 전문가가 스파인어시스트의 알고리즘을 활용해 두 세트의 이미지를 한데 합쳐 3차원 청사진을 만들어 내며, 의사는 이 청사진으로 환자의 척추 상태를 정확히 볼 수 있다. 예전에는 절대 불가능했던 일이었다. 의사들은 스파인어시스트를 환자의 등에 장착하고, 의료팀은 이를 활용해 척추 뼈에 최적의 구멍을 뚫는다. 이 시스템은 환자의 신체에 직접 부착되며 수술이 필요하거나 이식물을 삽입해야 할 정확한 위치를 의사에게 알려준다. 척추 뼈에 뚫는 구멍들은 필요한 위치에서 1밀리미터(머리카락 두께의 약 5분의 1) 이상 벗어나지 않는다.[11] 이와 같은 정확성으로 의사들은 수술 도중 척수나 혈관을 손상시킬 가능성을 줄일 수 있다. 미국 뱁티스트 헬스의 신경외과 의사로 최소한의 외과적 수술에 정통한 앤드류 카네스트라Andrew Cannestra는 "로봇 덕분에 우리는 매우 정밀한 수술을 할 수 있습니다."라며 이렇게 덧붙인다. "나사를 뼈에 박는 일은 어렵습니다. 그럴만한 공간이 많지 않기 때문입니다. 로봇은 우리가 가능한 한 가장 큰 나사를 최소한의 공간에 박을 수 있게 해 줍니다."[12] 이 시스템은 또 수술하는 동안 환자와 의료팀의 방사능 노출 시간을 줄여주는 부수적인 혜택도 따른다.

마조 로보틱스는 로봇을 사용하기 시작하면서 의사들이 척추고정술부터 종양으로 의심되는 부분에 대한 조직 검사까지 이전에는 시도

초자 못했던 과정을 곧바로 실행할 수 있었다고 말했다. 의료 시술 방법이 절대 한결같을 수는 없다는 사실을 증명한 셈이었다. 하지만 단 한 가지, 마케팅 문제가 남아있었다.

마조 로봇 시스템이 가져온 기적적인 회복

마조 로보틱스가 미국과 유럽에서 의료 기기 승인 조건을 충족하자 하도미는 이 제품을 미국에서 큰 어려움 없이 판매할 수 있을 것으로 확신했다. 하지만 그의 생각은 틀렸다. "성장통을 제대로 겪었죠. 제품 출시를 눈앞에 두고 있다고 생각한 뒤로도 시장에서 먹혀들기까지 몇 년 더 걸렸습니다." 하도미의 말이다.[13]

그 대신 마조는 독일에서 관심을 끌었다. 하도미는 처음부터 "그들의 기대를 낮추려고" 이렇게 말했다고 한다. "첫 10번의 수술을 하고 나면, 여러분은 우리를 증오할 것입니다. 20번의 수술을 더 하고 나서는 식은땀을 흘릴 정도로 불안해할 것입니다. 30번 또는 40번의 수술까지 하고 나서야 여러분은 비로소 제대로 활용할 수 있는 제품을 갖게 될 것입니다." 하도미와 그의 팀은 다른 모든 신규 의료기기와 마찬가지로 제품을 사용하면서 수정과 개선을 해야 한다는 사실을 알고 있었다. 독일 병원 네 곳이 이 과정에 참여하기를 강력히 원했다. 마조 로보틱스가 가격을 크게 낮춰줬기 때문이었다. 이 병원들은 또 자신들이 이 제품을 완벽하게 만드는데 크게 기여했다고 큰소리칠 수 있는 자격도 얻었다. 이후 몇 년에 걸쳐 마조 로보틱스는 자신들의 제품을 보다 빠르고 인체공학적인 것으로 만들기 위해 사용설명서를 더 이해하기 쉽게 만들고 운영 시스템도 업그레이드했다. 또한 즐겁게 사용할 수 있는 기기로 만들려고 노력했다. 새로운 마조 로봇은 〈슈퍼맨〉 영화에 등장하는 크립토나이트 색상과 같은 녹색이었으며, 함께 사용하는 도구들은 무지개색을 띠고 있었다. 이를 두고 하도미는 이렇게 말한다. "재미없는 제품을 가지고 일하는 걸 좋아할 사람은 없겠지요. 사용자들은 로봇이 수술실로 들어온 순간부터 자신의 삶이 훨씬 더 나아졌다는 것을 느낄 수 있어야 합니다."

2007년 마조 로보틱스는 중요한 목표 두 가지를 달성했다. 첫째, 텔아비브 증권거래소에 상장했다.[14] 그런 뒤에 북미척추학회로부터 마조의 스파인어시스트 시스템을 승인받았다. 이는 단순히 중요한 승인을 받았다는 의미를 넘어서는 것이었다. 이 승인 덕분에 의사들은 한 번 수술할 때마다 보험회사에서 230달러를 환급받을 수 있었다. 액수는 크지 않지만, 마조 로보틱스가 보험 체계에 포함됐다는 사실이 중요했다. 환급금이 병원의 로봇 수술비용 전체를 감당하지는 못했지만, 인센티브 역할은 했다.[15]

2010년 7월까지 전 세계 25개 병원이 마조의 로봇 시스템을 구매했다. 이때는 또 마조 로보틱스가 미국 시장에 진입하기로 결정한 해이기도 했다. 당시 병원들은 이미 1천 4백 번이 넘는 척추 수술에 스파인어시스트를 사용했다.[16] 6개월 후 이렇게 수술 받은 환자 수는 엄청나게 더 늘어났다.

마조 로보틱스는 수술을 할 때마다 의사들과 환자들의 마음을 사로잡았다. 마조가 미국과 유럽에서 제품 판매 허가를 받고 10여 년이 지난 현재, 전 세계 곳곳의 의사들이 이 기술을 사용해 매주 1백 번이 넘는 수술을 시행하고 있다.

마조의 로봇 시스템으로 수술을 받은 환자 중에 신체장애가 생기거나, 어떤 형태로든 신경 손상을 입은 사람은 아무도 없다. 쇼햄은 "이 사실이 내 자부심의 가장 큰 원천"이라며 이렇게 말한다. "적지 않은 수의 사람들이 우리가 만든 로봇 덕분에 자신의 두 발로 다시 걸을 수 있다는 사실은 매우 경이로운 일이며, 나는 이 사실에 대단히 만족합니다."

앞서 말한 뉴멕시코의 카우보이 구드로도 그런 사람들 중 한 명이다. "비록 말은 거의 할 수 없었지만, 수술 뒤 깨어나기 시작할 때 든 생각은 다리가 더 이상 아프지 않다는 것이었습니다. 정말 기적적인 회복이었죠." 구드로는 당시를 이렇게 기억한다.

수술을 받고 이틀 뒤, 구드로는 진통제 처방과 함께 퇴원했다. 하지만 진통제는 거의 필요 없었다.

구드로의 아내 코니는 "그가 예전에 키가 얼마나 컸는지 알 수 있었어요."라며 이렇게 말한다. "어찌할 바를 모를 정도로 감격했어요. 이건 정말 기도의 응답을 받은 것이나 다름없었죠."[17]

4부

작은 국가의 원대한 비전

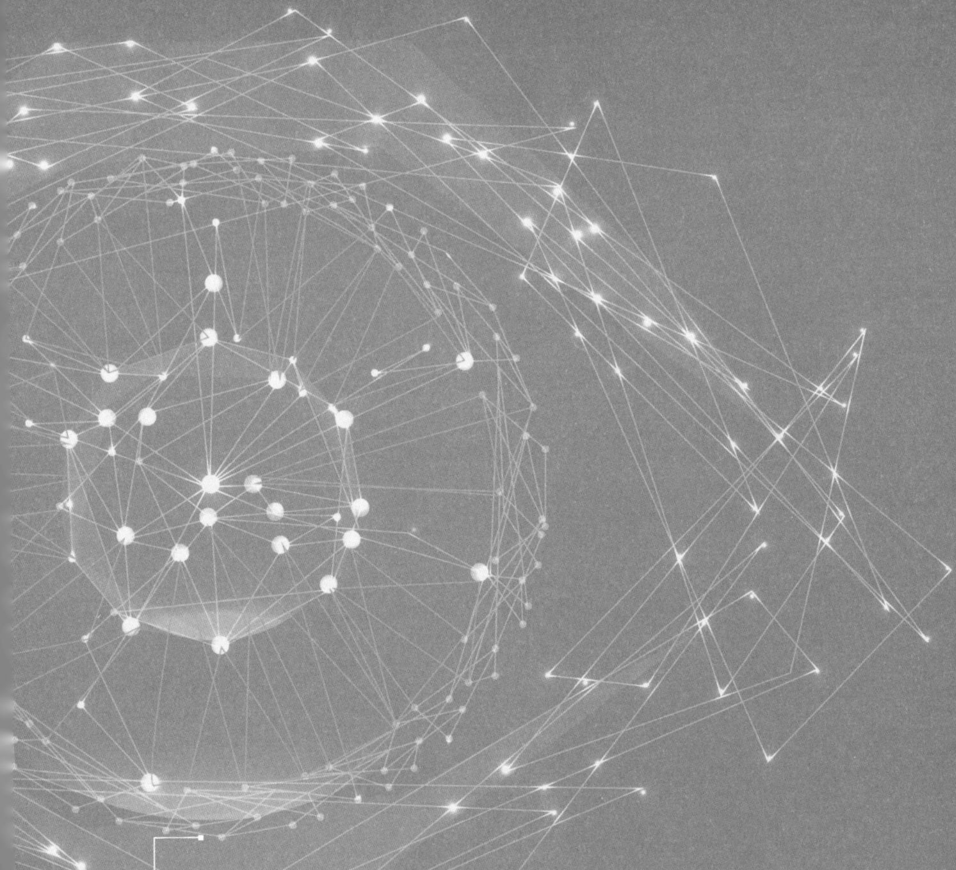

13. 응급처치용 붕대의 진화: 생명을 구하는 '이머전시 밴디지'

14. 질병에 맞서 싸우다: 음경 포피에서 추출한 인터페론

15. 의학적 보물을 찾아서: 마리화나의 신비한 비밀

16. 문명과 자연의 조화: 조류 이동 지도를 그리다

17. 멸종 식물의 약용 가치: 대추야자나무를 부활시키다

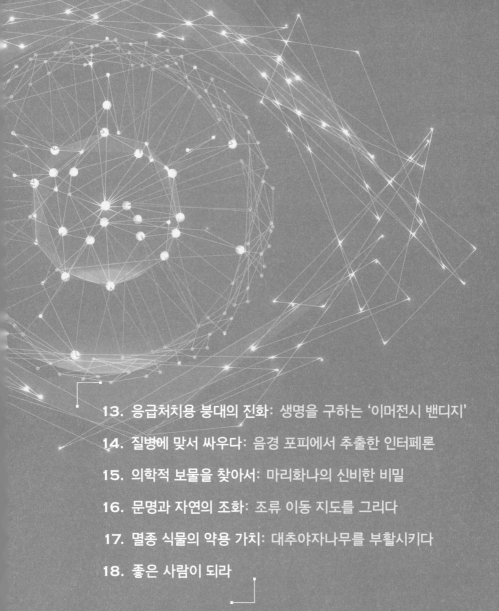

18. 좋은 사람이 되라

13장

응급처치용 붕대의 진화

생명을 구하는 '이머전시 밴디지'

이스라엘의 응급처치용 붕대는 내가 살던 애리조나주 투손에서 총격 사건이 발생했을 때 지역 유권자들의 생명을 살리는데 큰 도움이 됐습니다. 오늘날 사랑하는 많은 사람들이 이스라엘 의무병이었던 버나드 바 나탄의 믿기 어려울 정도의 엄청난 기여 덕분에 생명을 유지하며 함께 살아가고 있습니다.

– 가브리엘 기포드(전 미국 하원의원), 개인 서신

값싼 구급상자가 구한 목숨

2011년 초 어느 맑고 추운 날 아침, 가브리엘 기포드Gabrielle Giffords 하원의원의 연설이 예정된 애리조나주 투손의 한 슈퍼마켓 주차장에 30여 명의 사람들이 모여 있었다. 오전 10시를 조금 넘긴 시각, 기포드 의원이 참석자들에게 연설을 하고 있을 때, 편집성 조현병(정신분열증)을 앓고 있던 제러드 리 러프너Jared Lee Loughner라는 22세 청년이 글록 반자동 권총을 꺼내 기포드 의원을 향해 쏘았고, 기포드 의원은 눈 바로 위를 맞았다.[1] 러프너는 곧바로 군중을 향해 31발을 더 쏘아 6명의 목숨을 빼앗았으며 옆에 있던 참석자 몇 명이 몸싸움 끝에 그를 바닥에 쓰러뜨려 제압했다. 몇 분 뒤 피마 카운티 경찰들이 도착했다. 경찰이 러프너를 체포하며 바라본 주차장은 피해자들의 피가 흥건했고 범죄 현장이 아니라 비행기 추락 사고가 난 곳처럼 보였다.

대학살의 피해는 훨씬 더 끔찍할 수 있었지만, 이를 그나마 완화시킨 것은 의료진이 피해자들을 처치할 때 사용한 값싼 구급상자 덕분이었다. 구급상자의 주요 구성품 중 하나는 수천 마일 떨어진 이스라엘에서 버나드 바 나탄Bernard Bar-Natan이 개발한 특수 붕대였다. 이머전시 밴디지Emergency Bandage로 불리는 이 붕대는 밴드와 환자의 상처 부위에 대고 출혈을 막는 살균 패드들로 이뤄져 있다. 일반적인 붕대와 다른 점은 최대 30파운드(약 14kg)의 압력을 붕대 자체에 가해 부상자의 출혈을 막고 심각한 머리 손상을 입은 부상자까지 처치 가능한 막대 핸들이 부착돼 있다는 것이다.

현장에 도착한 응급구조사들은 기포드 의원에게 달려가 곧바로 이머전시 밴디지로 부상 부위를 감쌌다.[2] 이 붕대는 그녀뿐만 아니라 다른 많은 사람들의 생명도 구했다.[3]

1942년산 붕대를 아직까지?

홀로코스트 생존자의 아들인 버나드 바 나탄은 1960년대 미국의 브루클린에서 자라며 자신의 또래와 다를 바 없는 평범한 삶을 살았다고 한다. 여느 아이들처럼 막대와 고무공으로 하는 스틱볼을 하며 놀았고, 영화를 보러 다니고, 모형 비행기를 만들었다.[4] 자라면서 선대의 조국에 강한 끌림을 느끼던 바 나탄은 대학을 막 졸업한 1979년 이스라엘로 이주하기로 결정했다.

그로부터 몇 년 뒤 군대에 입대했다. 군 생활을 하고 있을 때, 바 나탄의 친한 친구가 따분한 보병 말고 다른 보직을 해 보라고 권유했다. 그래서 1984년 봄 이스라엘 방위군 장교가 자신의 부대에 무전병 10명과 의무병 20명이 필요하다고 말했을 때, 바 나탄은 망설임 없이 의무병에 지원했다. 몇 달 뒤에는 이스라엘 중부 벤구리온 국제공항 근처에 있는 츠리핀 군사기지에서 교육을 받기 시작했다. 바 나탄과 동료 교육생들이 서로의 팔에 압박 띠를 두르고 안전하게 정맥 주사를 놓는 법을 익히던 며칠 동안, 계절에 맞지 않게 더운 날씨에 에어 컨디션도 없던 터라 모든 이들이 불편해 했다. "그렇게 지내다 보니 당연히 화가 났죠. 하지만 레바논에서 전쟁을 치르는 것보다는 나았습니다." 바 나탄의 말이다.[5]

붕대는 바 나탄이 사용한 첫 물건들 중 하나였는데, 이스라엘 방위군이 지급한 붕대가 오래된 것은 1942년에 만든 것도 있다는 사실을 발견한 바 나탄은 어이가 없었다. 모든 붕대는 가운데에 패드가 있었고, 양 옆은 거즈 실로 돼 있었다. 제2차 세계대전 이후로 한 번도 바뀌지 않은 것이다. 이를 두고 바 나탄은 이렇게 생각했다. '우리에게 지급한 총은 1942년에 만든 것이 아닌데, 붕대는 왜 그 당시와 같은 것일까?'[6]

붕대는 개선될 필요가 있었고, 다른 것들도 마찬가지였다. 교관들이 소독과 위생의 중요성을 강조하면서도 땅에 있는 돌을 가져다 상처 부위 위에 단단히 묶어 압박을 가할 수 있다고 조언하자, 바 나탄은 충격을 받고 이렇게 생각했다. '돌은 대체 어디서 소독한다는 말이지? 이건 정말 불합리한 일이야.'

바 나탄은 보다 나은 방법이 있어야 한다고 생각했다. 1980년대 중반 군 복무를 마친 후, 자신만의 독특한 붕대를 만드는 일에 착수했다. 직장을 옮겨 다니는 동안에도 계속 붕대를 생각하고, 요리조리 바꾸고 수정하며 다른 종류의 천과 여러 직조 방식으로 실험했다. 바 나탄은 "붕대가 두 달 동안 식탁 위에 놓여 있는 경우도 있었습니다."라며 이렇게 말한다. "붕대에 손도 대지 않으려 했지만, 붕대는 나를 가만 내버려 두지 않으려는 듯 늘 그 자리에 있었습니다." 결국 바 나탄은 예루살렘의 킹 조지가에서 상점을 운영하는 재단사를 찾아갔다.[7] 재단사의 도움으로 돌을 사용하지 않고도 상처 부위에 자동으로 압박을 가할 수 있는 방법을 생각하기 시작했다. 그리고는 참신한 아이디어를 떠올렸다. 바로 사용자가 한 손만으로 상처 부위를 붕대로 감싼 뒤 방향을 바꿔 압박을 가할 수 있는 막대를 이용하는 것이었다.

1990년대 초 바 나탄은 시제품을 완성했지만, 그에게는 사업계획이나 대량으로 생산할 방법이 없었다. 두 가지 문제를 모두 해결하기 위해 바 나탄은 이스라엘 정부에 도움을 요청했고, 1993년 예루살렘의 하르 호츠빔 산업단지에 있는 기술 인큐베이터에 들어갈 수 있었다. 이스라엘 정부는 인큐베이터 참가자에게 보조금을 지급했으며, 덕분에 하청업체 비용부터 변호사비에 이르는 모든 운영비의 80퍼센트를 감당할 수 있었다.[8]

2년간의 인큐베이터 생활이 끝날 무렵, 바 나탄은 자신의 첫 번째 특허 신청을 접수하며 기업을 설립하고 외부 투자자의 관심을 모으기 시작했다. 그러고 나서 붕대를 만드는 일을 도와줄 예상 밖의 그룹으로 눈을 돌렸다. 바로 이스라엘 북부지역에 있는 베두인족이었다.

한솥밥을 먹으며 한 배를 탄 사이

아흐메드 히브Ahmed Heib는 1996년 갈릴리해 바로 북쪽의 소규모 공항 로쉬 피나 에어포트에서 바 나탄을 픽업하며 그를 처음 만났다. 의류 산업에 종사하는 한 지인이 서로 도움을 줄 수 있을 것으로 생각하며 이 두 사람을 소개했다. 바 나탄은 자신의 붕대를 대량으로 생산해야 했으며 히브는 공장을 소유하고 있었다.

첫 만남은 어색했다. 얼핏 보아도 두 사람은 공통점이 거의 없었다.

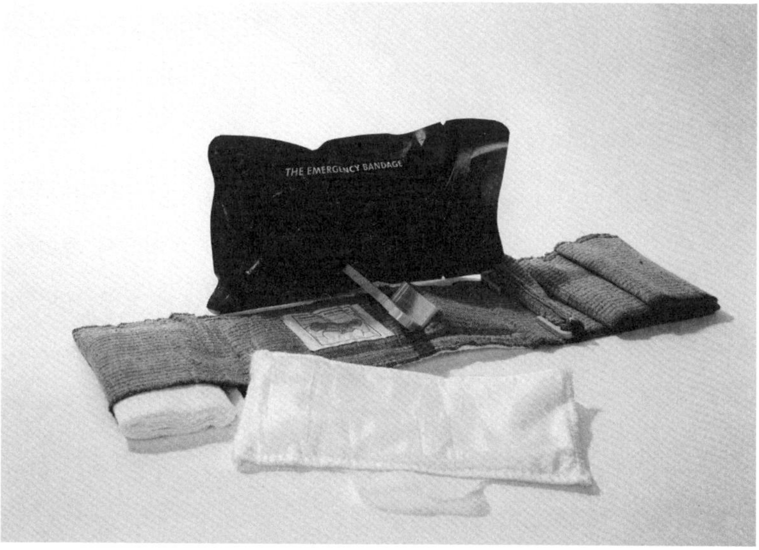

이머전시 밴디지 (사진 제공: 퍼시스 메디컬)

바 나탄은 대도시 브루클린 출신 유대인이었고, 히브는 범죄와 갱단으로 악명 높은 시골구석에서 자란 무슬림이었다. 당시 분위기를 히브는 이렇게 전한다. "바 나탄은 아메드라는 작자가 누구인지 몰랐습니다. 솔직히 말하면, 그는 겁에 질려 있었죠. 하지만 자신이 누구를 상대하고 있는지 이해하는데 며칠이 채 안 걸렸습니다."[9] 바 나탄은 당시 상황에 대한 히브의 판단을 인정하며 이런 농담을 던진다. "나는 영화 속에 등장하는 인물들처럼 재단사는 모두 '미스터 코헨'이라는 이름을 가진 줄 알았습니다."

비용이 적게 드는 비즈니스 모델과 재단에 관한 지식이 풍부한 히브는 바 나탄의 완벽한 파트너로 전혀 부족함이 없었다. 처음에 두 사람은 투바 잔가리야에 있는 히브의 집 1층 작은 공장에서 일을 시작했다. 그곳은 요르단 강 근처에 있는 마을로 약 6천 명의 주민 대부분이 무슬림 베두인족이었다.

바 나탄과 히브가 함께 일하는 시간이 늘어날수록 두 사람의 우정은 더욱 깊어 갔다. 특히 히브의 자녀 두 명이 출산 과정에서 죽는 일이 있은 뒤로는 더욱 그랬다. 히브는 바 나탄을 이렇게 표현한다. "바 나탄은 친한 형제입니다. 그와 그의 부인 길라도 여기서 함께 살았죠. 그들은 기쁠 때나 슬플 때나 늘 우리와 함께 했습니다. 우리 세 딸의 결혼식에도 참석했죠." 바 나탄도 히브와 같은 생각이다. "우리는 한솥밥을 먹으며 한 배를 탄 사이나 다름없습니다. 만약 내가 내 일을 제대로 하지 않으면, 히브가 할 일이 없어집니다. 그리고 히브가 자신의 일을 못하면, 나도 팔 물건이 없겠죠."

예멘 혈통의 유대인이며 바 나탄이 설립한 기업의 사장인 로이 마다이Roee Madai도 히브와 좋은 관계를 유지하고 있다. 그는 "오늘 아침 나는 히브와 30분 동안 통화했으며, 내일이나 모레쯤 라마단 금식 시간 이후에 히브와 저녁을 함께 할 생각"이라며 이렇게 말한다. "나는 히브를 무척 좋아합니다. 그를 믿고 신뢰하죠. 히브는 자신의 사업이 우리에게 달려있다는 사실을 알고, 나도 우리의 사업이 그에게 달려있다는 것을 압니다. 우리는 관계를 유지하며 서로를 보호합니다. 그에게 문제가 생기면 내가 해결할 것입니다. 나에게 히브의 도움이 필요하면, 그가 도와줄 것이고요."[10]

바 나탄의 기업이 성장하면서 히브의 사업도 함께 성장했다. 히브는 공장을 세 개 층으로 확장하며 연간 수백만 개의 붕대를 생산할 수 있는 능력을 갖췄다. 종업원 50명은 모두 여성이며, 이를 두고 히브는 이렇게 말한다. "내가 여기에 공장을 세우지 않았더라면 이 여성들은 일자리가 없었을 것이며, 그들의 아이들도 많은 것을 가지지 못했겠죠."

히브의 공장에서 품질관리를 맡고 있는 드루즈 여성 아리즈 카비시Arij Kabishi도 이 말에 동의한다. "내가 직접 붕대 개발에 참여한 것처럼 느껴져요. 그리고 생명을 살리는 일에도 말이죠."[11]

한 생명을 구하는 것이 온 세상을 구하는 것

처음에는 워낙 소규모 기업이라 큰 영향력을 발휘하지 못할 것이라고 생각했다. 하지만 1990년대 말부터 바 나탄은 전 세계 곳곳에서 열리는 의료기기 전시회에 참가하기 시작했으며, 그곳에서 북대서양조약기구NATO와 미국, 이스라엘 등의 군사 부문 대표자들을 만났다. 바 나탄은 어떤 군대라도 붕대를 구매하면 대량으로 구매할 것이며, 이는 결국 민간 시장 진출에도 도움이 된다는 논리를 지니고 있었다. 이에 따라 바 나탄은 군대 대표자들에게 붕대의 기능을 입증하기 위해 붕대를 무료로 나눠줬다.

처음에는 관심을 보이는 사람이 거의 없었다. 하지만 바 나탄의 끈질긴 설득이 결국에는 먹혀들었다. 당시 상황을 마다이 사장은 이렇게 설명한다. "군대는 최상의 품질을 지닌 보급품을 구하는데 더 많은 관심을 기울입니다. 뭔가 터무니없는 결함이 보이지 않는 한 기존 제품을 바꾸려 하지 않죠." 1998년 유럽 의료기기 유통 기업 한 곳이 이 붕대를 보스니아에서 작전을 펼치던 NATO 소속 벨기에 군대와 프랑스 군대에 판매했다. 바 나탄은 "붕대의 기능은 우수했고, 군대도 만족했습니다."고 말한다. 얼마 지나지 않아 판매 권유를 따로 할 필요가 없을 정도였다. 일반 붕대 가격이 6.5달러 정도인데 반해 바 나탄의 응급처치용 붕대는 2달러 더 저렴하고 기능은 더 우수했기 때문이다.

곧바로 판매가 늘어나기 시작했다. 바 나탄이 이라크와 아프가니스탄에 주둔하는 미 육군 제75 레인저 연대와 제101 공수사단에 붕대를 공급하자 입소문이 퍼지며 미 해군 특수부대 네이비 실과 CIA, FBI도 이 붕대를 구입하기 시작했다.[12] 매년 바 나탄의 시장 점유율은 높아졌다. 현재 호주 군부와 뉴질랜드 군부, 그리고 NATO 소속 군부 대부분이 이 붕대를 채택하고 있다. 또한 미 육군과 이스라엘 방위군, 영국군의 표준 보급품이기도 하다.

결국 바 나탄의 논리는 옳은 것으로 증명됐으며, 더 많은 민간 기관들이 그의 제품을 구매하는 결과로 이어졌다. 이는 애리조나 주에서 비극적인 사건이 발생한 당일 의료진의 응급처치를 받았던 기포드 하원의원과 많은 주민들이 생명을 건질 수 있었던 이유이기도 하다.

바 나탄은 "'누구라도 한 생명을 구하는 자는 온 세상을 구하는 것이다'라는 탈무드의 가르침을 종종 떠올리곤 했다."며 이렇게 말한다. "언젠가 나의 때가 올 것이며, 만약 천국 법정이 있어 내가 그곳에 이르면, 법관들이 이렇게 말해 주기를 바랍니다. '당신이 그 응급처치 붕대를 만든 자인가? 그렇다면 천국으로 들어올 수 있네.'"

14.

질병에 맞서 싸우다
음경 포피에서 추출한 인터페론

너희 중 남자는 다 할례를 받으라.

이것이 나와 너희와 너희 후손 사이에 지킬 내 언약이니라.

– 〈창세기〉 17:10

고대로부터 내려온 의식

랍비가 15분이나 늦게 도착한 사이, 내 공포심은 하늘을 찌를 듯이 치솟았다. 그가 제대로 할 수 있을까? 의구심이 들었다. 얼마나 아플까?

8일 전 아내는 우리의 첫 아이를 출산했다. 사내 아이였다. 오늘 아이는 히브리어로 브리트 밀라Brit Milah라고 하는 '할례 언약'을 받고, 자신의 이름도 생길 것이다.

2011년 2월 초였고, 나는 버튼 다운 식 셔츠 안으로 땀을 흘리며 거실에 서있었다. 수십 명의 친구와 친척들이 모여 당근과 초콜릿칩 쿠키를 먹으며 대화를 나누는 통에 거실은 덥고 시끄러웠다. 하지만 내 처가 쪽 인척들이 아이를 안고 내려오자 모든 사람들이 대화를 멈추고 조용해졌다. 나는 아이의 아주 작은 손과, 긴 속눈썹, 검고 인상적인 눈망울을 바라보는 순간, 갑자기 숨을 쉴 수가 없었다.

랍비는 손님들을 향해 미소를 지으며 의식을 시작하겠다고 말했다. 우리 유대인들이 수천 년 동안 해왔던 바로 그 의식이었다. 나는 거실 앞쪽에 선 그의 옆에 앉았다. 랍비가 의식을 거행하는 동안 아이를 잡고 있기로 했었다. 아들이 이 경험을 해야 한다면, 나도 똑같이 겪을 생각이었다.

내 친구와 친척들은 뒤에서부터 한 사람씩 차례로 아이를 안아 거실 앞쪽으로 전달했다. 아이가 가까이 다가올수록 나는 더욱 긴장했다. 이윽고 아이가 내 무릎 위에 놓이자 랍비는 웃음 띤 얼굴로 내게 직접 할례를 하겠냐고 물었다. 손님들은 웃음을 터트렸고, 나는 "랍비께서 훨씬 더 잘할 것으로 확신한다."고 말했다.

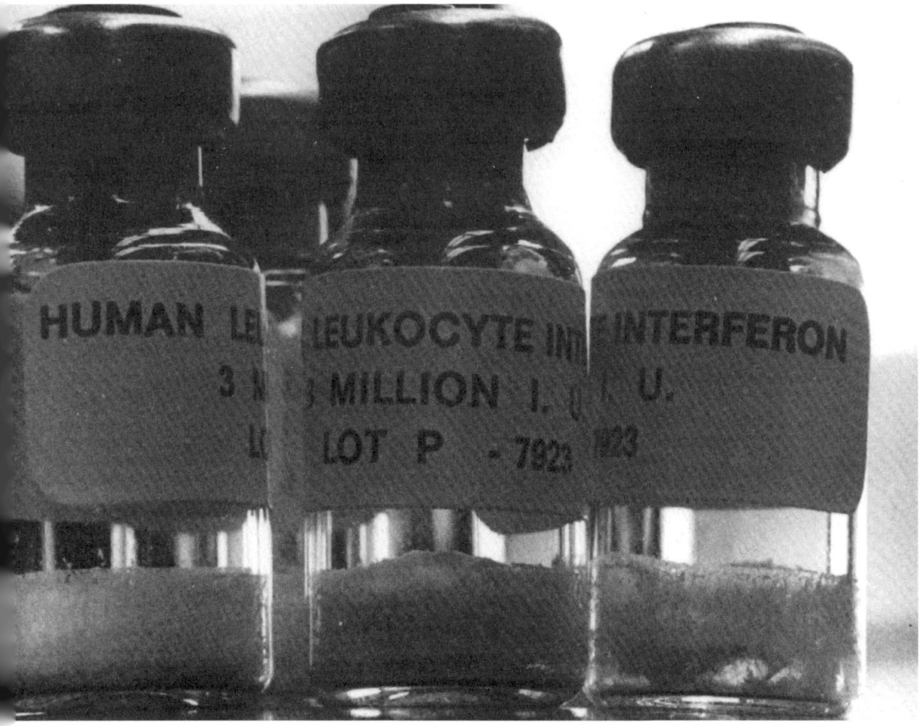

인터페론이 든 약병 (사진 출처: 이스라엘 국립보건원)

랍비가 아기의 기저귀를 벗기기 시작하자 나는 크게 심호흡을 하고 아이의 토실토실한 다리를 단단히 붙잡았다. 그리고는 할례용 클램프와 양날로 자를 수 있게 특수 제작된 칼 이즈멜Izmel을 들고 할례를 시작하려는 랍비의 손을 응시했다. 랍비는 곧바로 아이의 음경 포피를 분리하기 시작했고, 나는 곁에 서있던 아내를 힐끗 쳐다봤다. 아내는 금방이라도 울음을 터뜨리며 토할 것처럼 보였다. 나도 똑같은 느낌이 들었지만, 랍비와 아들에게 집중해야 한다는 것을 알았다. 그리고 이

두 사람 모두를 위해 정신을 바짝 차려야 했다.

랍비가 손목을 가볍게 돌리자 아이가 피를 흘리며 지르는 비명소리가 들렸다. 나 또한 비명을 지르고 싶었지만, 그러는 대신 랍비의 귀에다 대고 아이의 이름, '아이든 코벳 조리쉬'를 나지막이 속삭였다.

랍비는 그 이름을 크게 외쳤고 거실은 축하의 환호성으로 가득 찼다. 아내와 장모는 아이를 조용한 곳으로 옮겼고 파티는 계속됐다. 랍비는 손님들과 잠시 시간을 보낸 뒤 도구를 챙겨 조용히 빠져나갔다.

나는 랍비에게 아이의 음경 포피를 어떻게 했는지 물어보지 못했다. 다발성 경화증에 맞서 싸우는데 앞장선 혁신적인 과학자 미셸 레벨Michel Revel에 관한 질문도 하지 못했다.

면역 체계의 메신저, 인터페론

1938년 독일 스트라스부르에서 태어난 레벨은 아주 어릴 적 기억 중 하나가 부모와 함께 도시를 빠져나가던 일과 관련돼 있다고 한다. 1940년 6월 나치 독일은 중부 유럽의 비옥한 지대이자 프랑스와 독일이 이를 차지하기 위해 수백 년 동안 싸워온 알자스-로렌 지방을 침공했다. 독일의 죽음의 수용소를 탈출한 레벨의 아버지는 프랑스 알프스 지방의 몇몇 도시에서 의사 노릇을 했으며 지역 주민들이 나치로부터 그를 숨겨줬다. 그는 또 지하 레지스탕스 조직에 합류하고, 홀로코스트 시절 유대인 어린이 수천 명을 구한 아동 구호 단체 오브르 더 서쿠오 앙팡Oeuvre de secours aux enfants의 지부를 이끌기도 했다.[1]

전쟁이 끝난 후에도 레벨 가족은 프랑스에 남아 있었다. 마이클은 성장하면서 스트라스부르대학의 유명한 철학 교수였던 외삼촌 안드레 네어André Neher와 가깝게 지냈다. 레벨은 "외삼촌이 내게 큰 영향을 미쳤다."며 "유대주의에 관한 외삼촌의 인도주의적 관점에서 많은 영감을 얻었다."고 기억한다.[2] 1963년 레벨은 삼촌이 재직하던 대학교에서 의학 학위와 생화학 박사학위를 취득했다.[3] 개업의 자격증도 받았지만, 연구에 전념하기로 결정했다. "내가 의학을 공부한 것은 아버지의 영향이 컸지만, 난 환자를 다루는 재능이 없다는 사실을 깨달았죠. 환자 치료는 정말 적성에 안 맞는 일이었습니다."[4] 레벨은 당시를 이렇게 기억한다.

프랑스에서 대학원 과정을 마친 레벨은 보스턴으로 건너가 하버드 의과대학교와 베스 이스라엘 병원에서 1년간 박사후 연구원으로 근무하고 프랑스로 다시 돌아왔다. 하지만 이스라엘과 인근 국가들의 1967년 전쟁 이후, 레벨과 스트라스부르 태생의 아내 클레어는 이스라엘로 이주하기로 결정했다. 레벨은 이렇게 말한다. "이스라엘을 거의 다 파괴시킨 6일 전쟁은 홀로코스트 이후 교육을 받은 우리 세대에게는 정말 큰 충격이었습니다."[5]

1968년 레벨은 바이츠만 과학 연구소Weizmann Institute of Science■의 분자 유전학과 교수로 임용됐다. 얼마 지나지 않아, 질병을 일으키는 바

■ 바이츠만 과학 연구소는 이스라엘 레호보트에 있는 과학연구소 겸 대학이다. 새로운 과학 기술을 갖춘 기업 설립에도 기여하고 있다.

이러스와 여러 미생물의 공격이 곧 시작된다는 것을 신체에 알려주는 조기 경보 시스템 중 하나로 세포들이 생성하는 단백질의 일종인 인터페론Interferon의 매력에 사로잡혔다. 인터페론은 면역 체계에서의 폴 리비어■와 같은 존재라고 생각할 수 있다. 면역 체계가 바이러스에 대항하기 위해 더 많은 단백질을 생성해야 한다는 것을 알 수 있도록 면역 체계에 경보를 발동시키는 메신저 역할을 하는 것이 바로 인터페론이다. 이 경보에 따라 세포들은 바이러스의 침입에 저항하며 반응을 보이다. 신체가 공격을 막아내는데 성공하면 세포는 인터페론 생성을 중단한다.

1950년대 후반 런던 국립의료연구소National Institute for Medical Research 학자 두 명이 이 놀라운 단백질을 발견했다. 인터페론이라는 이름은 숙주세포 내 바이러스의 증식력을 '방해하는Interfere' 이 물질의 능력에서 따온 것이다. 학자들은 또 인체가 알파, 베타, 감마 세 종류의 인터페론을 생성한다는 사실도 발견했다. 각각의 인터페론은 다른 종류의 세포에서 생성되며, 각기 다른 종류의 바이러스 감염에 효과적으로 대응한다.

하지만 이런 내용을 제외하면, 인터페론은 여전히 신비로운 물질로 남아있다. 인체가 생성하는 양이 극히 소량이라 학자들이 많은 임상실험을 할 만큼 충분한 양을 확보할 수 없었기 때문이다.

■ 미국의 은 세공업자이며 미국 독립전쟁 시절 밤새 말을 달려 렉싱턴과 콩고드에 대한 영국군의 침공계획을 미리 알린 애국자로 알려져 있다. 롱펠로우의 시 〈폴 리비어의 말 달리기Paul Revere's Ride〉에도 등장한다.

이 놀라운 단백질을 연구하면서 레벨은 인터페론이 세상에서 인체를 가장 쇠약하게 만드는 질병들에 맞서 싸우는데 도움이 될 수 있을 것으로 추측했다.

루바비치파 랍비의 도움으로

레벨과 동료 연구원들은 인터페론을 연구하기 위해 많은 양의 인터페론이 필요했다. 레벨은 "당시에는 이 단백질을 구매할 방법이 없어 직접 생성해야만 했다."고 말한다. 1970년대 말 기준으로 인체가 생성한 인터페론 1리터 가격은 복잡한 분리 과정과 비용 때문에 10억 달러에 달했다.[6] 상대적으로 많은 양의 인터페론을 저장하는 몇 안 되는 인체 부위 중 한 곳이 어린 아기의 음경 포피다. 매년 이스라엘에서 치르는 할례 의식의 수를 감안할 때, 레벨 연구팀은 비교적 쉽게 필요한 양을 확보할 수 있을 것으로 확신했다.

하지만 그들의 생각은 틀렸다. 연구원들이 몇몇 모헬Mohel(생후 8일 된 아이에게 할례 의식을 거행할 수 있는 자격을 갖춘 유대인)을 찾아가 음경 포피를 제공해 달라고 요청하자, 이들은 의식을 치른 뒤에 음경 포피를 땅에 묻는 것이 전통이라는 이유로 연구원들의 요청을 거절했다.

다행히도 레벨 연구팀의 젊은 연구원 달리아 구르-아리 로스만 Dahlia Gur-Ari Rothman 박사가 21세기 가장 위대한 랍비 중 한 명인 메나헴 멘델 쉬니어손Menachem Mendel Schneerson과 친분이 있었다. 쉬니어손은 세계 곳곳에 회당을 보유하고 유대교의 한 형태인 하시디즘 운동Hasidic movement을 이끄는 차바드 루바비치Chabad Lubavitch파의 최고 지도자였다. 1970년대 말 로스만 박사는 브루클린에 있는 쉬니어손의 집을 방문해 그에게 레벨의 연구에 대해 설명했다.[7] 쉬니어손은 곧바로 동의했다. 레벨은 당시 상황을 이렇게 기억한다. "루바비치파 지도자 쉬니어손은 우리를 축복해주기까지 했습니다. 그리고 이 기도는 기적으로 응답받았지요. 즉 루바비치파에 속한 모헬들은 음경 포피를 버리지 않고 세균 배양용 페트리 접시에 담아주기로 했으니까요."[8]

얼마 지나지 않아 이스라엘인 모헬 6명이 레벨과 로스만에게 음경 포피 20개를 제공했다. 레벨은 로스만 박사가 이 포피를 실험실로 가져와 얼마나 많은 인터페론을 얻을 수 있는지 측정했다며 이렇게 말했다. "우리는 수도 없이 시도를 해야 했습니다. 인터페론이 많이 들어 있는 포피도 있고 그렇지 않은 것들도 있었습니다."

마침내 레벨 연구팀은 과학적 연구에 필요한 양의 인터페론 베타를 생성할 수 있는 원재료를 충분히 확보했다.[9] 그런데 이들 대부분은 15번 포피 하나에서 나왔다.

당시에는 연구를 진행한 레벨도 조그만 음경 포피 한 조각이 인류가 치명적인 질병에 맞서 싸우는데 큰 역할을 하게 될 줄은 몰랐다.

중국 햄스터 난자를 찾아내다

1970년대 말에 이르자 레벨을 비롯한 전 세계 학자들은 인터페론이 치명적인 질병 치료에 중요한 역할을 할 수 있다는 사실을 점점 더 확신했다. 일부 학자들은 암에 대한 기적적인 치료법이 될 수 있을 것으로 생각했고, 또 다른 학자들은 헤르페스와 후두에 사마귀처럼 생기는 종양을 치료하는데 사용할 수 있을 것으로 믿었다.[10]

하지만 이 이론들을 시험하기 위해 레벨은 먼저 자신의 지적재산권을 보호할 필요가 있었으며, 인터페론을 대량으로 생산할 수 있는 제약 기업도 확보해야 했다.[11] 여기서 그가 내세운 유일한 조건은 생산 공장이 이스라엘에 있어야 한다는 것이었다.

레벨은 유럽과 미국의 기업인 시터스와 루셀, 메리엑스, 이 세 곳을 접촉했다. 처음에는 어느 기업도 관심을 보이지 않았다. 그들이 느끼기에 이스라엘은 너무 멀리 떨어져 있었기 때문이다. 하지만 1979년 레벨은 세로노Serono라는 소규모 스위스 제약 기업과 접촉했고[12], 이 기업의 CEO 파비오 버타렐리Fabio Bertarelli는 레벨의 연구와 이 연구가 의료분야에 변화를 불러일으킬 가능성에 관심을 보였다. 레벨과 나눈 첫 대화에서 버타렐리는 이스라엘에 공장을 설립하는데 동의했다(당시 그는 이미 이스라엘 제약 시장에 관여하고 있기도 했다).

같은 해 바이츠만 연구소와 세로노는 공동 프로젝트를 시작했고, 공장은 음경 포피에서 인터페론을 생산하기 시작했다.[13] 하지만 얼마 지나지 않아 이 방식이 너무 번거롭고 비용도 많이 든다는 사실을 깨달았다. 레벨 연구팀은 보다 효과적인 인터페론 확보 방법을 찾기로 하고 연구를 거듭한 끝에 자신들이 찾던 것을 발견했다. 바로 인터페론 베타의 유전자였다. 일단 이 유전자를 찾아내는데 성공한 레벨 연구팀에게는 이를 대량으로 재생산할 숙주 생명체가 필요했다.

연구팀은 예상치 못한 곳에서 적절한 생명체를 발견했다. 1975년 예일대학교에서 안식년을 보내는 동안 레벨은 중국 햄스터Chinese Hamsters의 난소가 체내로 들어온 이물질의 세포에 숙주 역할을 하며 세포 구조를 바꾸지 않고 이들을 증식할 수 있다는 것을 알았다. 이 사실에 고무된 레벨은 예일대학교로부터 연구실에 있는 중국 햄스터 난소 세포 한 세트를 미국에서 반출해도 좋다는 허락을 받았다. 레벨은 액체 공기로 채운 특수 용기에 세포들을 넣은 뒤, 용기를 휴대용 가방에 넣고 이스라엘로 향하는 비행기에 올랐다. 그런데 중간 기착지인 스위스 취리히에 도착했을 때 세관원들이 레벨의 가방을 검색하며 이 용기를 엑스레이 기계에 통과시키도록 했다.

레벨은 세관원의 요구에 응했고, 진공 포장된 용기가 컨베이어 벨트를 따라 들어가는 모습을 초조하게 지켜봤다. 그때 갑자기 엑스레이 기계에서 연기와 수증기가 피어올랐다. 보안 요원들은 용기가 폭발물일지 모른다며 불안해했다. 레벨은 세포들에 무슨 일이 생겼을까봐 걱정했다. 화가 난 보안 요원들은 레벨에게 용기 속에 뭐가 들어 있는지 물었다. 레벨이 자신이 누구이며 무엇을 연구하는지 설명하자 보안 요원들은 그제서야 마음을 놓았다. 하지만 레벨을 보내기 전, 세포가 금전적으로 가치가 있는지 물었다. 레벨은 미소를 지으며 답했다. "없습니다."

'혹독한 상사'에게 찾아온 기회

1980년 레벨은 중국 햄스터 난소를 이용해 생산에 성공한 인터페론으로 실험을 시작했다. 포유류의 세포를 활용해 인간의 단백질을 생산한 것은 레벨이 처음이었다. 레벨이 생산한 인터페론 베타는 인체에서 발견되는 천연 단백질과 동일했다. 레벨은 "이제 전 세계가 생명공학적 방식으로 약품을 생산하는데 이 기법을 활용하고 있다."고 말한다. 이 기법은 지금도 인터페론을 생산하는 주요 방식이다.

같은 해 레벨은 미국 뉴저지 주 로쉬 연구소Roche Institute의 젊은 과학자 메나헴 루빈스타인Menachem Rubinstein을 가까스로 설득해 바이츠만 연구소 내 자신의 팀에 합류시켰다. 인터페론을 정제하는 독특한 방법을 개발한 루빈스타인은 레벨의 성공에 절대적으로 필요한 인물이었다. 하지만 루빈스타인이 레벨의 연구팀에 합류하겠다는 결정을 쉽게 내린 것은 아니었다. 동료들에 따르면, 레벨은 요구하는 것이 무척 많고 매우 까다로운 인물이었기 때문이다. 루빈스타인은 당시를 이렇게 기억한다. "나는 독립적인 신분이었기 때문에 별 상관없었지만, 그와 함께 일하는 사람들에게 레벨은 혹독한 상사였습니다."

루빈스타인은 인터페론에서 다양한 단백질과 당을 분리할 수 있는 완벽한 방법을 완성하는데 일 년이 걸렸으며, "FDA가 환자에게 투여하기 적합한 수준으로 규정한 순도를 얻는 것은 아주 힘든 과정이었다."고 말한다.[14] 레벨 연구팀은 이렇게 인공적으로 생산한 인터페론을 베타-1aBeta-1a라고 불렀으며, 세로노는 상업적 판매를 위해 레비프Rebif라는 상품명을 붙였다.

인터페론을 정제하는 방법이 준비되자, 레벨 연구팀은 자신들의 과학적 작업 과정을 세로노에 넘겼고, 세로노는 임상 실험을 실시하고 어떤 질병에 가장 효과가 좋은지 파악하기 위해 이 새로운 약의 대량 생산에 돌입했다.

1982년 세로노와 레벨 연구팀에 행운이 따랐다. FDA의 승인에 앞서 로즈웰 파크 메모리얼 연구소Roswell Park Memorial Institute의 로렌스 제이콥스Lawrence Jacobs 박사가 자신이 직접 만든 인터페론 베타를 사용해 환자 10명에게 실시한 실험 결과를 논문으로 발표했다. 루빈스타인은 "지금은 어느 누구도 감히 그런 형태의 연구를 실행할 엄두조차 내지 못한다."고 말한다. 현재 미국 연방 과학 안전 기준에 적합하지 않기 때문이다. 하지만 당시의 임상 실험을 통해 제이콥스 박사는 인터페론을 자가 투여한 환자들에게서 다발성 경화증에 의한 신체 퇴화 증상이 완화되는 현상이 나타난 것을 증명할 수 있었다.[15] 루빈스타인은 "세로노가 이 실험 결과 발표를 바탕으로 생산을 시작했다."고 말한다.

레벨 연구팀은 인터페론 베타가 면역 시스템을 강화할 수 있다는 사실을 알고 있었으며, 더 나아가 다발성 경화증의 원인인 자가 면역 질환을 인터페론이 막아 줄 수 있지 않을까 기대했다. 자신의 이론을 검증하고 싶었던 레벨은 세로노를 설득해 임상 실험을 하기로 했다.

수십 년간의 연구 끝에 마침내 세상을 바꿀 수 있는 기회가 레벨에게 찾아왔다.

환자들의 인생을 바꾸어 놓을 연구

자가 면역 질환이 있는 환자의 면역 시스템은 침입하는 바이러스와 신체 둘 다를 공격하며 과민 반응을 일으킨다. 다발성 경화증은 신경을 보호하는 수초가 서서히 손상되면서 뇌와 척수에 있는 세포들이 영향을 받은 경우다. 이 환자들의 상태는 갈수록 더 나빠진다. 이런 끔찍한 질환으로 고통받고 있는 전 세계 약 250만 환자들은 점점 더 극심한 피로를 느끼고, 말이 어눌해지며, 신체 기능을 제어하는데 어려움을 겪고, 생각하고 말하는 기능에 문제가 생기며, 심한 경우 완전 마비에 이를 수도 있다.[16]

레벨은 이와 같은 악화 증상을 완전히 없애거나 최소화할 수 있기를 희망했다. 1980년대 초부터 1990년대 중반까지 세로노는 레비프 인터페론이 다발성 경화증에 시달리는 환자들에게 도움을 줄 수 있다는 레벨의 이론을 검증하기 위해 노력했다.

이를 위해 세로노는 환자 수십만 명을 치료하는데 필요한 양을 생산할 수 있는, 최고 시설을 갖춘 공장을 건설하는데 엄청난 공을 들였다. 인터페론 생산 역량을 갖춘 후에는 약품의 안정성과 효율성을 검증하기 위한 임상 실험을 시행했다. 그 결과, 세로노는 레비프 인터페론이 다발성 경화증의 발병 빈도를 감소시키고 신체적 장애가 축적되는 시간을 늦춘다는 것을 과학적으로 입증할 수 있었다.[17] 루빈스타인에 따르면 이렇게 하기까지 15년이 걸렸으며 20억 달러 이상의 비용이 들었다고 한다.

환자가 다발성 경화증을 진단받은 뒤 절적한 약을 투여하는 시기가 빠를수록 병의 진행 속도를 늦출 수 있는 확률은 더 높아진다. 환자들이 전자 주사기를 사용해 1주일에 세 번 레비프를 주사하는 임상 실험은 이 약을 투여하는 것이 다발성 경화증 발병을 50퍼센트 감소시킨다는 사실을 보여준다.

1998년 유럽 보건 당국은 레비프 유통을 허가했으며, 몇 년 뒤 미국과 캐나다 외 다른 90개 국가도 이를 허용했다. 현재 레비프는 다발성 경화증 치료에 가장 많이 쓰이는 약들 중 하나로 연간 판매액은 25억 달러가 넘는다.[18] 약 60만 명의 환자가 레비프 또는 레비프 특허를 활용한 약을 사용하고 있다. 독일의 생명과학 기업 머크 그룹Merck Group에서 연구 개발 부문 부사장을 역임한 번하드 커쉬바움Bernhard Kirshbaum 박사는 이렇게 말한다. "내게 가장 큰 감동을 준 것은 환자 개개인의 증언입니다. 레비프는 다발성 경화증 환자 수십만 명의 삶을 개선하는 데 매우 중요한 기여를 했습니다."[19] 다발성 경화증 치료에 많이 쓰이는 또 다른 약으로 코팍손Copaxone이 있는데, 이것도 바이츠만 연구소의 루스 아논Ruth Arnon과 미카엘 셀라Michael Sela가 개발했다. 현재 코팍손과 레비프는 전 세계 수많은 다발성 경화증 환자를 치료하는데 쓰이고 있다.[20]

대부분의 의약품들과 마찬가지로 레비프도 완벽하지는 않다. 독감과 비슷한 증상 등의 부작용이 나타나고, 인터페론 베타가 다발성 경화증 환자 모두에게 효과가 있는 것은 아니며, 과학자들은 이를 치료제로 여기지 않는다. 하지만 독일 함부르크의 선두적인 신경의학자 볼프강 엘리아스Wolfgang Elias의 말을 들어보자. "내가 치료하는 환자들은 재발이 50퍼센트 줄었는데, 이는 일을 못하는 날이 줄어들고 신경 퇴화도 덜 일어난다는 뜻입니다. 이와 같은 개선 가능성 덕분에 다발성 경화증이라는 괴물에게 환자들이 느끼는 공포감이 많이 줄었다고 생각합니다."[21]

하다사 메디컬 센터 신경의학부를 맡고 있는 타미르 벤허Tamir Ben-Hur 박사는 현재 거의 80세에 이른 레벨이 "과학계의 살아있는 대가"로 존경받고 있다며 이렇게 덧붙인다. "레벨은 인터페론 단백질 연구를 통해 다발성 경화증 치료 방식을 변경시킴으로써 역사의 흐름을 바꿔 놓았습니다."[22] 하지만 레벨의 연구는 아직 끝나지 않았다. 세상을 보다 나은 곳으로 만들기 위한 방식을 찾기 시작한지 수십 년이 지났지만 레벨은 하던 일을 그만두지 않았다. 그동안 자신이 이룬 성공에도 불구하고, 여전히 다발성 경화증과 여러 신경계 질환을 치료하는데 도움을 줄 신약의 성분 배합을 찾으려 노력한다.

내 아들이 자라 어른이 될 때까지 그런 일이 일어나기를 희망한다. 만약 그렇게 되면, 레벨처럼 우리가 고마워해야 할 또 다른 사람들이 생기지 않을까.

15.

의학적 보물을 찾아서
마리화나의 신비한 비밀

모든 산 동물은 너희의 먹을 것이 될지라.

채소 같이 내가 이것을 다 너희에게 주노라.

– 〈창세기〉 9:3

이게 무슨 냄새지?

1963년 여느 때와 다름없는 날 아침 라파엘 미슐럼Raphael Mechoulam은 자신의 가방 속에 레바논 산 해시시Hashish(대마초) 11파운드(약 5kg)를 구겨 넣고 텔아비브 국립 경찰서를 걸어 나왔다.[1] 차가 없는 상황에서 고향 마을로 가는 가장 빠른 방법은 대중교통을 이용하는 것이었다. 미슐럼은 버스에 올랐고, 이후 1시간가량 덜컹거리며 달리는 버스 안에서 가방을 꼭 쥐고 있었다.[2] 몇몇 승객들은 그를 빤히 쳐다봤고, 또 다른 이들은 코를 킁킁거리며 "이게 무슨 냄새지?"라고 서로 물었다. 이윽고 버스가 텔아비브 외곽의 먼지 자욱한 작은 마을 레호보트에 도착했을 때, 미슐럼은 가방을 끌고 버스에서 내렸다. 물건을 전달할 시간이 됐다.[3]

미슐럼은 마약 밀매상도 아니고 잠복근무 중인 경찰도 아니었다. 그는 과학자였다. 그리고 경찰이 건네준 해시시는 우리가 마리화나를 이해하는 방식을 확장하는데 중요한 역할을 했던 것이었다. 미슐럼은 50여 년 전 대마의 향정신성 성분인 THC를 분리하고 분석하며 합성하는데 처음으로 성공한 사람이었다. 오늘날 대략 1억 4천 7백만 명이 여러 질환들, 특히 암과 에이즈, 다발성 경화증에 따른 통증을 완화하기 위해 이 약을 사용한다.[4] 전문가들은 이 숫자가 앞으로 폭발적으로 늘어날 것이라 확신하며, 미슐럼은 이제 자신의 분야에서 최고 선두자이자 의료용 마리화나의 대부로 널리 인식되고 있다.

아무 것도 모르는 과학자들

미슐럼이 손꼽히는 마리화나 과학자로 인정받고, 미국 국립약물남용 연구소National Institute on Drug Abuse의 디렉터 노라 볼코우Nora Volkow 박사를 포함한 많은 이들에게서 "대마초와 엔도칸나비노이드Endocannabinoid 연구의 아버지"로 칭송받기까지 그가 걸어온 여정은 흔히 볼 수 없는 것이었다.[5] 1930년 불가리아의 명망 높은 유대인 가문에서 태어난 미슐럼은 히틀러 정권이 유럽을 장악하고 유대인을 몰살하던 시기에 성년에 이르렀다. 제2차 세계대전이 발발하자 불가리아는 반유대주의 법을 통과시켰고, 미슐럼 가족은 피난길에 오를 수밖에 없었다. 그들은 발칸 지역으로 이주한 뒤 닥쳐오는 위협을 피해 이 마을에서 저 마을로 떠돌아다녔다.

전쟁이 끝나고 불가리아에 공산주의 정부가 들어선 1944년은 청년 미슐럼이 화학 공학을 공부하기 시작한 때였다. 하지만 불가리아가 유대인에게는 여전히 안전하지 않다고 느낀 그의 가족은 1949년 이스라엘로 피신했다. 토지 측량 일을 잠시 동안 한 뒤 미슐럼은 이스라엘군에 징집돼 연구 부대에 합류했고 주로 살충제와 관련된 일을 했다. 미슐럼은 자신의 소명을 발견한 곳이 바로 군대였다며 이렇게 말한다. "독자적인 연구 활동에 깊이 빠졌습니다. 중독된 것 같다고 느낄 정도였어요. 낫고 싶지 않은 중독이었죠."[6]

1956년 3년간의 군 복무를 마친 미슐럼은 세계 최고 연구소 중의 하나로 손꼽히는 유명한 바이츠만 과학 연구소에서 화학 박사과정을 시작했다.[7] 4년 뒤 바이츠만 연구소는 미슐럼을 화학과 연구 교수로 임명했다. 연구 프로젝트를 찾아 나선 초보 교수 미슐럼은 과학자들이 대마초 성분 중 정신에 작용하는 것과 그렇지 않은 것을 아직까지 알아내지 못했다는 사실을 알고 놀랐다. 아편에서 모르핀 성분을 분리한 지도 150년이 넘었고, 코카나무 잎에서 코카인 성분을 얻은 것도 50여 년 전이었다. 하지만 마리화나에 관한 한 과학자들은 아무 것도 모르는 것이나 다름없었다.[8]

그 이유는 다 달랐다. 대부분 대학교의 연구원들은 보안 규정을 따를 수 없었고, 제약 기업들은 마리화나로 돈을 벌려고 한다는 악평을 받고 싶지 않았다.[9] 대마초의 활성 성분도 완전한 화학적 형태로 얻을 수 없었다. 정제하지 않은 대마초 추출물은 여러 가지가 뒤섞인 혼합체이기 때문에 재생하고 분석하는 연구를 실행하기가 어려웠다. 이와 달리 아편과 코카나무는 쉽게 정제할 수 있다.

그럼에도 미슐럼은 단호했다. 경찰에게서 해시시를 확보한 뒤 광범위한 실험에 착수했다. 1963년 미슐럼은 중요한 돌파구를 찾았다. 바로 마리화나에 들어 있는 활성 화합물의 정확한 화학 구조를 발견한 것이었다. 이들 중 하나인 칸나비디올Cannabidiol, CBD[10]은 기분을 좋게 하거나 정신을 몽롱하게 만들어 '환각' 상태를 유발하지는 않지만, 이 화합물질이 당뇨병에 취약한 실험쥐의 당 수치를 떨어뜨리고 심장으로 향하는 부족한 혈액 공급을 원활하게 만든다는 것을 알아냈다. 현재 뇌전증으로 하루에도 여러 번 발작을 일으키는 어린이 환자들은 칸나비디올로 치료받고 있으며, 의사들은 조현병을 치료하기 위해 이 화학물질을 다량으로 복용하는 처방을 내린다.

미슐럼의 연구는 여기서 그치지 않았다. 1963년 미슐럼 교수는 대마초의 다른 활성 성분을 확인하는데 도움을 줄 동료를 찾아 나섰고, 유기화학 전문가 예히엘 가오니Yehiel Gaoni와 이스라엘 정부 산하 국방 연구 기관인 생물학연구소Biological Research Institute의 약리학 부문 수장 하비브 에더리Habib Edery를 설득하는데 성공했다.[11] 광범위한 실험 끝에 세 교수는 해시시를 활용해 테트라하이드로칸나비놀Tetrahydrocannabinol, THC이 마리화나에 들어 있는 주요 활성 성분이라는 사실을 확인했다. 이 화합물이 바로 마리화나를 그토록 유명하게 만든 환각 작용을 일으키는 성분이다. 세 교수는 다양한 화합물을 분리하는데 사용하는 과학적 방법인 색층 분석 분리 기법을 활용해 THC를 합성할 수 있었으며, 이는 과학자들이 대마초를 연구할 수 있게 만드는 대약진이었다.[12]

같은 해 세 교수는 원숭이를 대상으로 실험했다. 에더리는 자신이 근무하는 실험실의 도움으로 원숭이들에게 접근했다. 과학자들은 붉은털원숭이를 매우 공격적이라고 생각하지만, 미슐럼 연구팀이 이들에게 THC를 주사하자 원숭이들은 차분해졌다.[13]

다음 단계는 인간을 대상으로 한 실험이었다. 원숭이에 대한 실험을 마친 지 얼마 지나지 않아 미슐럼은 자신의 예루살렘 집으로 지인 열 명을 초대해 작은 파티를 열었다. 미슐럼의 아내 달리아는 "정말 맛있는 케이크"를 준비하고 모든 조각에 THC를 넣었다.[14] 예루살렘 히브리대학교 구강병리학 교수 이타이 바브Itai Bab는 "실제로 THC를 사용한 실험이었다."고 기억한다.

첫 실험에서 미슐럼의 아내를 포함한 다섯 명이 THC를 넣은 케이크를 먹었고, 나머지 다섯 명은 대마초 성분을 넣지 않고 구운 것을 먹었다. 미슐럼은 자신은 실험에 참여하지 않았으며 한 번도 대마초를 시도해 본적이 없다고 말하며 이렇게 덧붙인다. "우리 중에 대마초를 피워 본 사람은 아무도 없었습니다. 그런데 각자의 반응 형태가 다 달랐습니다. 내 아내는 꿈을 꾸듯 약간 황홀해졌지만, 그 이후로 마리화나에 손을 대지는 않았습니다. 다른 한 사람은 환각 상태에 빠지지는 않았지만, 말을 멈출 수 없었죠. 또 한 사람은 불안 발작 증세를 보이기도 했습니다." 마치 다른 세계에 있는 것처럼 이상한 기분을 느끼는 사람도 있었고, 그저 편히 쉬고 싶어 하거나 웃음을 멈추지 못하는 이도 있었다.

다르게 표현하면, 그들은 마리화나가 역사에 기록된 이래로 작용했던 것과 똑같은 형태로 영향을 미쳤다는 사실을 알아냈다.

뇌에 손상을 입었을까요?

인간을 대상으로 한 실험 후 얼마 지나지 않아 미슐럼은 미국 국립보건원NIH에 보조금을 신청했는데, 그들은 전혀 반기는 반응이 아니었다. 미슐럼은 NIH 관리가 했던 말을 기억한다. "대마초는 우리에게 중요하지 않습니다. 우리와 관련 있는 일이 있을 때 연락주시기 바랍니다. 마리화나는 미국의 문제가 아닙니다."

미슐럼은 그때 이런 생각을 했다고 기억한다. '이 사람들은 정말 아무 것도 모르는구나!' 당시 대마초를 다루는 미국 연구소는 한 곳도 없었다. 하지만 일 년 뒤, NIH는 미슐럼의 연구에 자금을 지원하기로 결정했다. 미슐럼은 얼마 후 그 이유를 알았다. 국립정신건강연구소National Institute of Mental Health의 약리학 부문 수장인 단 에프론Dan Efron이 미슐럼을 만나러 예루살렘의 실험실을 방문했을 때 미슐럼은 "갑자기 큰 관심을 보이다니 무슨 일이 있었던 거죠?"라고 물었다.[15] "상원의원 정도 되는 중요한 사람의 아들이 NIH에 전화를 해 '대마초에 대해서 아느냐'고 물었습니다. 그의 아들이 대마초를 피다 붙잡혔는데, 아들의 뇌가 손상을 입었는지 알고 싶어 했습니다."[16]

고맙게도 한 이스라엘 교수가 이 식물을 연구하기 위해 보조금을 신청했었다는 사실을 누군가가 기억하고 있었다. 미슐럼은 처음으로 THC를 분리하고 그 구조를 막 알아낸 상태였다. 에프론은 더 많은 연구에 필요한 재정 지원을 약속했고, 그 대가로 미슐럼은 약 10그램에 달하는 합성된 THC 전량을 NIH에 공급하기로 했다. NIH는 미슐럼의 THC 샘플을 활용해 미국에서 처음으로 대마초에 관한 많은 실험을 시행했다. 이에 대해 미슐럼은 "NIH 사람들은 매우 친절했으며, 나는 보조금을 받았고 그 이후로도 계속 받았다."고 말한다.[17]

그 때부터 NIH와 이스라엘 당국은 미슐럼에게 마리화나를 그가 원하는 만큼 무상으로 제공했다.[18] 이처럼 안정적인 공급 덕분에 미슐럼은 통증, 식욕 부진, 메스꺼움 등의 여러 의학적 질병 치료에 광범위하게 영향을 미칠 새로운 과학 분야를 만들어 낼 수 있었다. 노라 볼코우 박사는 이렇게 평가한다. "미슐럼 박사는 미국과 전 세계의 수많은 과학자들과 협력하며 공동 연구를 했습니다. 그의 연구는 많은 젊은 과학자와 그리 젊지 않은 과학자 모두에게 영감을 줬습니다."[19]

환각 물질의 비밀을 밝히다

인류는 수천 년 동안 마리화나를 사용해왔다.[20] 하지만 마리화나가 인간에게 즐거움을 주고 통증을 완화시키는 '이유'를 1980년대까지 어느 누구도 몰랐다. 마리화나를 사용한 최초의 물리적 증거는 예루살렘에서 20마일(약 32km) 정도 떨어진 곳에 있는 4세기경 한 가문의 묘지에서 발견됐다. 이스라엘 고고학자들은 1989년 현대적 도시 벳세메쉬 근교에서 이 묘지를 발굴했다. 완전히 발육한 40주된 태아와 함께 묻힌 14세 소녀의 유해는 이 지역의 건조한 대지 덕분에 손상되지 않은 상태로 남아 있었다. 이스라엘 과학자들은 유골을 분석하는 과정에서 마리화나의 흔적을 발견했다. 그들은 이 소녀가 출산하는 동안 통증을 줄이기 위해 대마초 연기를 흡입한 것이라고 추측했다.[21]

소녀의 유해가 발견됐을 즈음 미국 과학자 앨린 하울렛Allyn Howlett은 인간이 쾌감을 느낄 수 있게 만드는 뇌의 한 부분인 엔도칸나비노이드 시스템을 발견했다. 이 시스템은 모유 수유에서부터 기억 형성에 이르는 모든 신체 기능에서 중요한 생리적 역할을 담당한다.[22] 심지어 이 시스템이 인간의 성격에도 영향을 미친다는 증거도 있다. 하울렛 박사는 자신의 획기적인 발견 이전에 미슐럼의 선행 연구가 없었더라면 자신의 연구는 불가능했을 것이라고 말하며, 대다수 과학자들도 하울

대마초 (사진 출처: 로드 반 데 벨데)

렛 박사의 견해에 공감한다.

이스라엘이 의료용 마리화나를 합법화시킨 1992년, 미슐럼은 하울렛의 연구를 기반으로 또 하나의 중요한 사항을 발견했다. 인체가 마리화나를 흡수하면 두 가지 화합물질, 즉 엔도칸나비노이드 아난다마이드Anandamide와 2-아라키도노일 글리세롤2-Arachidonoyl Glycerol을 생성한다는 것이었다.[23] 두 가지 화학물질 모두, 신나는 소식을 듣거나 10마일(약 16km)을 달렸을 때 기분을 좋게 만든다. 마리화나의 THC 성분이 이 화합물질과 똑같은 역할을 하므로 사람들에게 큰 쾌감을 주는 것이다.[24]

미슐럼은 과학자들이 뇌의 이 부분을 연구함으로써 궁극적으로 신경 변성에 의한 정신질환과 암을 비롯한 많은 질환을 치료하는 비밀을 밝혀낼 것이라고 말한다. "발굴되기만을 기다리고 있는 의학적 보물이 있다면, 그 대표주자는 바로 칸나비노이드일 것입니다."[25]

천국의 향기

오늘날 미슐럼의 연구에 힘입어 전 세계 의사들은 녹내장과 우울증, 외상 후 스트레스 장애 등 다양한 질환에 마리화나를 처방하고 있다. 이제 의료용 대마초는 통증과 메스꺼움을 완화시키며, 암 치료에 따른 화학요법의 부작용으로 식욕 부진을 겪는 환자들이 정상적으로 식사를 할 수 있도록 돕는 것으로 알려져 있다.

미슐럼의 연구 성과는 이스라엘을 의료용 마리화나 실험 분야의 최고 자리에 올려놓았다. CNN 수석 의학전문기자 산제이 굽타Sanjay Gupta는 "이스라엘이 전 세계 마리화나 연구의 수도"라고 말한다. 이스라엘은 여전히 대마초를 위험하고 불법적인 마약으로 간주하지만, 이스라엘 보건부는 의료용 목적으로 사용할 자격이 있는 수천 명의 사람들에게 허가증을 발급하고 있다. 미슐럼은 "대마초를 모든 경우에 적용하지는 않을 것"이라며 이렇게 말한다. "이스라엘은 다양한 질병에 점진적으로 사용을 승인하며 올바른 방향으로 나아가고 있습니다. 극심한 통증에 시달린다고 말하는 사람들이 실제로 그런지 확인하는 것은 불가능합니다. 통증은 주관적이며 측정할 수도 없기 때문입니다. 어느 정도의 남용이 있을 것으로 추정합니다."[26]

이 정도 위험은 감수할 만한 가치가 있다고 미슐럼은 확신한다. 하지만 의료용 마리화나가 전 세계에서 보다 광범위하게 용인되는 것을 막는 주요 걸림돌은 바로 의사들 자신이다. 미슐럼 교수는 의료용 마리화나가 일반적으로 사용되지 못하는 이유는 의사들 대부분이 아직 이 약에 익숙하지 않고, 대다수 의사들이 연기를 흡입하는 방식으로 복용하는 약에 불편함을 느끼기 때문이라고 생각한다. "문제는 오랜 기간 동안 마리화나가 코카인이나 모르핀과 동급으로 취급받았다는 데 있습니다. 이는 공정하지 못합니다. 아스피린부터 신경안정제 발륨Valium까지 모든 약은 부작용이 있습니다. 사용하는 사람이 복용법을 알아야 합니다."[27]

거의 대부분의 의사들은 THC와 칸나비디올이 기적의 약이 될 가능성이 높은데도 미슐럼처럼 생각하기를 주저해 왔다. 마리화나가 불법이기 때문에 과학적 연구에서 매우 중요한 부분인 이중 맹검법Double-Blind Test과 위약 대조 기법Placebo-Controlled Trials을 활용한 의미 있는 인간 대상 연구가 거의 없었다. "그런 형태의 연구가 없으면, 마리화나는 여전히 우리가 기대하는 의약품의 최저 하한 기준에 미치지 못합니다." 후천성면역결핍증HIV/AIDS 환자에 미치는 마리화나의 효능을 연구한 플로리다국제대학교 라울 곤잘레스Raul Gonzalez 교수의 말이다.[28]

제약 기업들도 이 약에 대한 응용 연구에 그렇게 열정적이지 않다. 대마초를 둘러싼 법적 모호함과 아주 오랫동안 계속돼 왔던 대마초 관련 특허 출원의 어려움이 제약 기업의 수익 창출 가능성을 제한하기 때문이다. 암세포에 미치는 대마초의 효능에 관한 연구를 선도하는 세계적인 과학자 중 한 명이자 스페인 마드리드의 컴플루텐스대학교 생화학 및 분자생물학과 교수인 마누엘 구즈먼Manuel Guzman은 이렇게 주장한다. "여전히 대마초는 사람들을 비정상적인 상태로 만들어 미치게 하고, 치료적 가치는 없으며 중독성이 있는 마약으로 널리 알려져 있습니다. 하지만 이 말은 모두 터무니없는 헛소리입니다. 무지에서 나온 말들이죠. 새로운 지식이 사회와 임상 의학계에 흡수되려면 시간이 걸립니다."[29]

칸나비디올CBD과 THC가 이들의 가능성에 합당한 대우를 받기를 바라는 학자들은 점점 더 늘어나고 있다. 의료용 마리화나 옹호 단체인 '안전한 접근을 위한 미국인Americans for Safe Access'에서 과학 부문 수석 고문을 맡고 있는 자한 마르쿠Jahan Marcu는 이렇게 말한다. "CBD는 유망한 화합물이며 이미 많은 사람들에게 도움을 줬을 것으로 생각됩니다."[30] 하지만 다른 사람들은 여전히 회의적이며, 의사와 환자가 이해할 수 있게 정확히 규정된 복용 방법과 이미 알려진 부작용 목록과 함께 이 약이 안전하고 효과적이라는 사실이 증명될 때까지 의심을 거두지 않을 것이다.

그런 측면에서 상당한 진전이 있었다. 미국 연방 정부 차원에서는 대마초를 여전히 불법으로 간주하고 있으며, 이는 THC와 CBD에 관한 진지하고 지속적인 연구를 막는 요인으로 작용한다. 하지만 미국 내 23개 주와 컬럼비아 특별구는 일부 의료용 마리화나 사용을 합법화했으며, 여론조사 자료에 따르면 대다수 미국인들은 이제 오락용 마리화나의 합법화를 지지한다.[31] 세계의 다른 지역들에서는 이 이슈가 보다 큰 탄력을 받고 있다. 이스라엘과 캐나다, 네덜란드는 모두 의료용 마리화나 프로그램을 운영한다. 우루과이는 대마초를 합법화했으며, 포르투갈은 형사 처벌 대상에서 제외했다.

미슐람은 이 모든 상황이 의료용 마리화나 연구의 미래를 낙관적으로 볼 수 있는 이유라고 말하며, 이제는 마리화나가 천식에 미치는 효과를 조사하고 있다.[32] 버스를 타고 해시시를 운반한 지 50여 년이 지난 지금, 이스라엘 과학자 미슐람은 평생에 걸친 연구 업적이 서서히 동료 학자들의 생각을 바꿔 놓고 있다고 확신한다. 구즈먼 교수는 "만약 대마초 연구에 노벨상이 주어진다면, 라파엘 미슐람이 가장 유력한 후보자일 것"이라고 말한다.

16.

문명과 자연의 조화
조류 이동 지도를 그리다

하나님이 가라사대 물들은 생물로 번성케 하라.
땅위 하늘의 궁창에는 새가 날으라 하시고
하나님이 큰 물고기와 물에서 번성하여 움직이는 모든 생물을
그 종류대로, 날개 있는 모든 새를 그 종류대로 창조하시니
하나님이 보시기에 좋았더라.
하나님이 그들에게 복을 주어 가라사대 생육하고 번성하여
여러 바다 물에 충만하라,
새들도 땅에 번성하라 하시니라.

– 〈창세기〉 1:20-22

10톤과 맞먹는 충격

조종사는 뭔가를 곁눈으로 힐끗 보았다. 그러고 나서 큰 폭발음이 들렸고, 곧바로 자신이 조종하던 7백만 달러짜리 스카이호크 전투기의 앞창 유리가 깨져 산산조각이 났다. 그때가 1983년 5월 5일이었으며, 남쪽으로 이동하던 새 한 마리가 전투기에 충돌하며 비상 탈출 장치 손잡이를 쳤다. 이 때문에 조종사 야이르 할리브Yair Harlev는 의식을 잃은 채 차가운 하늘 속으로 튕겨 나갔고, 그 상태에서 자동 낙하산이 펼쳐졌다. 연기에 휩싸인 스카이호크는 시속 400마일(약 650km)에 육박하는 속도로 계속 날아가다 작은 산 중턱으로 추락했다.[1] 몇 분 뒤, 조종사는 웨스트뱅크 지역 헤브론 근처에서 깨어났고, 이후 이스라엘 특수 부대가 목뼈가 부러진 채 피를 흘리며 새 깃털로 뒤덮여 있는 조종사를 발견해 병원으로 이송했다. 그곳에서 법의학 분석을 통해 2파운드(약 900g) 조금 넘는 벌매 한 마리가 10톤과 맞먹는 충격으로 비행기에 충돌했다는 것을 확인했다.[2] 젊은 조종사를 진료한 의사는 조종사가 하마터면 사지 마비 또는 심지어 죽음에 이를 뻔한 매우 위험한 사고였다고 말했다.[3]

할리브는 이동하는 새들 때문에 추락한 첫 번째 조종사가 아니며, 마지막도 아니었다. 지난 35년간 매와 황새, 펠리컨, 독수리 등이 이스라엘 전투기에 충돌하며 비행기 날개와 엔진에 손상을 입히거나 비행기를 완전히 못쓰게 만들어 수억 달러의 손실이 발생했다. 실제로 새들로 인해 이스라엘 비행기가 입은 피해는 아랍 적군들에 의한 피해를 모두 합친 것보다 더 크다.

이스라엘에 이런 문제가 생기는 이유는 10억 마리가 넘는 새들이 이스라엘 영공을 통해 세 대륙을 넘나들기 때문이다.[4] 날씨가 추워지고 먹잇감이 줄어드는 가을이 되면, 새들은 유럽과 서아시아에서 아프리카에 이르는 5~6천 마일(약 8천~9천 6백km)의 여정을 떠나기 시작한다(봄에는 그 반대로 이동한다). 터키에서 모잠비크에 이르는 3,700마일(약 6천km)의 협곡 지형 그레이트 리프트 벨리Great Rift Vally 중 이스라엘에 속한 부분과 이스라엘 연안 평지에서 나타나는 상승온난기류는 가장 짧고 효과적인 이동 경로를 찾는 새들에게 매우 이상적인 조건을 제공한다. 이와 같은 이동 패턴은 세계 최고의 조류 이동 전문가 중 한 사람인 요시 레셈Yossi Leshem이 이름 붙인 "정치가에게는 악몽이며 조류 관찰자에게는 천국"인 상황을 만들어 낸다.[5]

1980년대 초 지역 내에서 최대 규모의 공군을 보유한 이스라엘은 이 문제를 어떻게 해결해야 할지 아이디어가 없었다. 군 지도부는 전투기와 인명의 손실을 어쩔 수 없는 운명으로 받아들였다. 이때 뛰어난 조류학자 레셈이 참신한 아이디어를 제시했다. 바로 새들이 어느 경로로 이동하는지 파악하고 이 경로를 피하는 것이었다.

새에 빠져들다

레셈은 이 문제 해결에 적합한 인물이었다. 1947년 지중해 연안 도시 하이파에서 태어난 레셈은 어릴 때부터 새의 매력에 푹 빠졌다. 그의 어머니는 종종 두 아들을 데리고 카멜 마운틴으로 하이킹을 갔다. 그곳에서 레셈은 처음으로 다양한 종류의 새를 찾아내고 구별하는 방법을 배웠다. 레셈은 "어머니는 당나귀와 새도 구분할 줄 모르셨다."며 "그래도 어머니 덕분에 자연과 사랑에 빠질 수 있었다."고 말한다.

군에 입대하기 직전 레셈은 자신의 평생 진로를 결정하게 만든 엄청난 일을 경험했다. 1963년 당시 열일곱 살이던 레셈은 친구 세 명과 함께 네게브 사막의 스데 보케르 지역으로 하이킹을 갔다. 그곳에서 이들은 얼마 전 총리직에서 물러난 다비드 벤구리온과 마주쳤다. 5명의 남자는 두 시간 동안 함께 얘기를 나누며 하이킹을 즐겼다. 레셈은 당시를 이렇게 기억한다. "나로서는 하느님을 만난 것과 같았죠. 벤구리온 전 총리와 그렇게 터놓고 얘기를 나눌 줄은 상상도 못했습니다." 전 총리는 소년들에게 큰 매력을 느낀 나머지 이들을 자신의 집으로 초대했고, 그의 아내 폴라는 이들에게 차와 케이크를 대접했다. 레셈은 벤구리온 전 총리와 함께 시간을 보내며 중요한 교훈을 얻었다. 바로 자신의 아이디어를 막강한 영향력을 지닌 사람들과 공유할 수 있으며, 그들이 이 아이디어에 귀를 기울여 준다는 사실이었다.[6]

군 복무를 시작했을 때 레셈은 공군 조종사가 되고 싶었다. 하지만 시력이 좋지 않아 꿈을 이룰 수 없었다. 아니면, 자신이 그렇게 생각하고 싶었을지도 모르겠다. 3년간의 군 복무를 마친 뒤 레셈은 예루살렘 히브리대학교에 입학해 동물학과 유전학 공부를 시작했다. 하지만 레셈은 새에 대한 생각을 떨칠 수가 없었고 어머니는 이런 레셈을 탐탁지 않게 여겼다. 레셈은 어머니가 "전형적인 유대인 어머니"였다고 말하며 당시를 이렇게 기억한다. "어머니는 늘 내게 '새를 연구해서 어떻

모터가 장착된 전동 글라이더로 황새의 이동을 따라가는 모습 (사진 출처: 에얄 바르토브, 이스라엘 자연보호협회)

게 먹고 사니?'라고 말씀하시며, 내가 의사나 변호사가 되기를 바랐습니다."

1971년 학교를 졸업한 후 레셈은 야생동물과 자연 그대로의 모습을 간직한 황야 지역의 보호를 주요 임무로 하는 이스라엘 자연보호협회에 취직했다. 레셈은 이 일과 자연 속에 나가 있는 것을 무척 좋아했다. 1972년 봄에는 동료의 요청으로 긴다리말똥가리의 습성을 추적하는 일에 합류했다. 두 사람은 예루살렘 북서쪽에 있는 사마리탄 마운틴으로 향했고, 얼마 후 레셈은 절벽에서 튀어나온 좁은 바위 위에 앉아 말똥가리 새끼 세 마리가 들어 있는 커다란 새 둥지 속으로 몸을 굽히고 있었다. 어미 새가 꽥꽥거리며 둥지 위 상공을 빙빙 도는 동안 레셈은 새끼들을 둥지에서 꺼낸 뒤 가방 속에 넣어 데리고 나왔다.

두 사람은 새끼들의 무게를 재고 크기를 측정한 뒤 다리에 작은 밴드를 채웠다. 그러고 나서 레셈은 둥지로 다시 올라가 새끼들을 집어넣고, 둥지를 떠나기 전 사진 몇 장을 찍으며 엄청난 결심을 했다. 바로 자신의 남은 생을 새를 연구하고 이들을 구하는데 바치겠다는 결심이었다. 레셈은 "새들은 아름답고, 예쁜 목소리로 지저귀며, 자유롭게 날아다니기 때문에 세계와 이스라엘 모두에 중요하다."며 이렇게 덧붙인다. "나는 새들이 우리의 영혼에 매우 큰 영향을 준다고 생각합니다."[7]

"하늘을 공유하는 수밖에"

1980년대 초 레셈은 학교로 돌아가기로 결정하고 텔아비브대학교에서 동물학 박사과정을 밟기 시작했다. 이동하는 조류와 그들이 직면한 위험을 집중적으로 연구하고 싶었다. 매년 이스라엘 상공을 날아가는 새가 얼마나 되는지 정확히 아는 사람은 아무도 없었다. 레셈과 60여 명의 자원봉사자들이 그 수를 세기 시작했다. 하지만 새들이 너무 높이 날아 수를 셀 수 없는 경우가 많다는 사실을 곧바로 깨달았다. 이때, 레셈의 동료이자 이스라엘 공군 헬리콥터 조종사인 란 라피드Ran Rapid는 비행기에서 새의 숫자를 세는 방안을 레셈에게 제안하며, "공군을 찾아가 비행기를 제공해 달라고 요청해 보자."고 했다.

1983년 1월 라피드는 이스라엘 공군에서 비행 안전을 책임지고 있는 슈로모 에고지Shlomo Egozy 대령과 레셈의 만남을 주선했다. 세 사람은 텔아비브 공군 본부에 있는 에고지 대령의 사무실에서 만났다. 레셈은 자신의 연구 제안서를 자세히 설명했지만 대령은 회의적이었다. 군에 별로 도움이 되지 않을 것으로 생각했기 때문이다. 하지만 또 다른 아이디어 하나는 검토해볼 용의가 있었다. 에고지 대령은 레셈이 "정말 때맞춰 잘 찾아왔다."고 말했다. 사실 얼마 전 대령은 1972년부터 1982년까지 비행기에 충돌한 수천 마리의 새에 관한 데이터가 담긴 작은 1급 비밀 파일 하나를 넘겨받았던 터였다. "파일을 보시겠어요?"라는 대령의 물음에 레셈은 고개를 끄덕이며, 대령이 건네준 파일 속에 든 통계 수치와 그래프를 살펴봤다. "이 통계를 눈으로 직접 보고도 믿기 힘들었습니다. 공군은 아무런 대책이 없는 것 같았습니다."[8] 레셈은 당시 느낌을 이렇게 표현했다. 큰 손상을 입힌 충돌이 매년 최소한 4건 발생했으며, 이스라엘 방위군은 지난 10년 동안 비행기 5대를 충돌 사고로 잃었다. 33대의 비행기가 심각한 기체 손상을 입었으며 조종사 한 명이 사망했다. 10년간 이스라엘 공군에 수천만 달러에 이르는 손실이 발생한 것이다.

대령이 문제를 설명하는 동안 레셈은 흥분된 마음으로 그를 바라보며 이렇게 물었다. "이 데이터로 어떻게 하실 작정인가요?"

대령은 몹시 짜증난 얼굴로 레셈을 쳐다보며 "우리가 뭘 할 수 있겠소?"라고 말하며 대답을 이어갔다. "이것도 우리 삶의 일부분입니다. 비행을 하면 하늘을 공유하게 되고, 그에 따라 충돌을 감수하며 살아가는 법을 배우는 수밖에요."

레셈은 할 말을 잃었다. 새들의 비행 패턴이 비행기에 어떤 영향을 미치는지 한 번도 생각해 본 적은 없지만, 이는 엄청난 연구를 실행할 수 있는 기회라는 것을 곧바로 인식했다. 데이터를 얼핏 본 레셈은 새들이 주로 이동 시기에 비행기와 충돌한다는 사실을 알 수 있었다. 새들의 이동 패턴을 더 많이 이해할 수 있으면 이스라엘 공군기의 충돌 횟수를 상당히 줄일 수 있을 것으로 판단했다. 레셈은 에고지 대령에게 이 문제에 관련된 프로젝트에 자금을 지원해달라고 요청하며 이렇게 말했다. "지금 박사학위 주제를 찾고 있습니다. 서로 반반씩 힘을 합치도록 합시다. 대령께서 자금을 대고 나는 연구를 하는 것입니다." 대령은 확답을 주지 않았다.

미팅을 마치기 전 레셈은 봄이 되면 1백만 마리의 벌매가 이스라엘 위를 날아갈 것으로 예상되며, 그중 한 마리가 비행기에 충돌할 가능성도 매우 높다는 말을 덧붙였다.

또 한 대가 추락하다

1983년 5월 5일 자정에 가까운 시각 레셈의 집 전화가 울렸다. 아내가 전화를 받았는데 에고지 대령이었다. 대령은 남편과 통화해야 한다고 했다. 급한 일이었다. 하지만 레셈은 집이 아닌 연구실에 있었다. 집으로 돌아오자마자 곧바로 에고지 대령에게 전화했다. 대령은 "믿기 힘들지만, 당신이 예상한 대로 오늘 아침 헤브론 근처에서 또 한 대의 스카이호크 전투기를 잃었습니다." 바로 다음날, 공군은 레셈의 박사학위 연구에 자금을 지원하기 시작했다.

빠른 시일 내 해결 방안을 찾지 못하면 충돌이 계속될 것이라는 사실을 레셈과 공군 모두 알고 있었다. 6일 전쟁 이후 이스라엘은 남서쪽의 드넓은 사막 지역인 시나이 반도를 점령하며 영토 크기를 네 배로 늘렸다. 하지만 1979년 이집트와 평화 협정을 체결하면서 1982년 시나이에서 철수했다.[9] 이 협정으로 입은 손실 중 하나가 바로 공군의 비행 훈련 공간을 잃은 것이다.

레셈은 새들의 이동 기간 동안 공군이 비행할 수 있는 영역을 제한하는 방안은 불가능하다는 것을 인식했다. 하지만 새들의 비행 패턴을 바꾸는 것 역시 불가능했다. 조종사들이 작은 나라의 영공을 깃털이 달린 친구들과 공유하는 보다 나은 방법을 터득하는 수밖에 없었다.

뒤늦게 이룬 꿈

수백만 마리의 새떼가 날아가는 경로를 추적하는 것은 한 사람이 다루기에는 벅찬 일이었다. 레셈은 도움이 필요했으며, 그것도 큰 도움이 필요했다. 정확한 데이터를 모으기 위해 새를 추적하는 여러 방법을 사용해야 했으나, 그중 어느 것도 자신들만의 힘으로는 충분히 수행할 수 없었다. 레셈의 해결책은 텔아비브대학교와 이스라엘 자연보호협회, 공군, 17개국에서 온 6백여 명의 조류 관찰자들에게 지원을 요청하는 것이었다.

1984년 가을 레셈은 지중해에서 요르단 강에 이르는 이스라엘 북부에 25개의 관측소를 1마일(약 1.6km) 간격으로 설치했다. 각 관측소에는 1명에서 3명의 조류 관찰자가 있으며 이들의 임무는 쌍안경과 망

원경을 활용해 날아가는 새들의 수를 세고 비행 패턴을 기록하는 것이었다. 관측소들은 같은 새가 중복 계산되지 않도록 무전기로 서로 교신하며 주의했다. 이 일은 일출 전부터 일몰을 훌쩍 넘긴 시간까지 계속됐다. 하지만 조류 관찰자들은 너무 어두운 밤에는 수를 셀 수 없었고, 낮 동안에도 새들이 너무 높이 날면 세기 힘들었다.

같은 해 레셈은 벤구리온 공항 레이더 기지에서 파견 나온 사람들에게 도움을 요청했다. "그들은 레이더로 새들을 볼 수는 없다고 말했습니다. 하지만 나는 네덜란드와 스위스에서 전문가 두 명을 데려와 그들이 이미 설치해 둔 장비를 어떻게 사용하는지 보여줬습니다." 레이더는 움직이는 물체를 추적하는데 햇빛이 필요하지 않기 때문에 낮밤 구분 없이 65마일(약 105km) 떨어진 물체의 움직임까지 추적할 수 있다. 유일한 문제점은 레이더가 새 종류를 구별하거나, 무리지어 날아가는 새들의 정확한 숫자를 기록하거나, 새들이 얼마나 높이 날고 있는지 판독할 수 없다는 것이었다. 그래서 이스라엘 군은 새들의 이동이 활발한 시기에는 전담 요원 4명을 배치해 1년 중 6개월간은 하루 24시간 새들을 추적하게 했다.

레셈은 새들과 함께 비행하는 것이 새들을 이해할 수 있는 유일한 방법이라며 일 년 전 라피드가 제시했던 의견을 드디어 실행에 옮기기로 했다. 1984년 말 이스라엘 공군은 레셈에게 단발 엔진 세스나기를 제공했고 레셈은 이를 활용해 다양한 새들의 날아가는 속도와 위치, 고도, 방향에 관한 데이터를 수집했다. 공군에서 거절당하고 나서 20년 후, 레셈은 마침내 자신의 어릴 적 꿈을 이뤘다며 이렇게 말한다.

"한쪽 날개 끝에서 다른 날개 끝까지 수천 마리의 새들에 둘러싸여 비행하는 것은 믿기 힘들 만큼 황홀한 경험입니다."[10]

조류 이동 지도를 만들다

하지만 불행하게도 날개 달린 동물들의 생각은 달랐다. 세스나기 엔진에서 발생한 소음에 놀란 새들은 대부분 멀리 도망갔다. 레셈이 맞닥뜨린 또 다른 문제는 비행기가 한 무리의 새떼와 보조를 맞춰 날아갈 수 있을 만큼 천천히 비행하지 못한다는 데 있었다. 항상 새떼를 앞질러 날아가 새들을 뒤처지게 만들었다.

이에 굴하지 않고 레셈은 다른 종류의 비행체로 시도해봤다. 먼저 행글라이더로 비행했다. 하지만 비행 가능한 시간이 충분하지 못했다. 다음으로 초경량 비행기를 이용했지만, 너무 시끄럽고 강풍에 견디지 못했다. 마지막으로 레셈은 모터가 장착된 하이브리드 전동 글라이더에 올랐고, 이 비행체는 완벽했다. 레셈은 이전에 이런 방식을 시도한 사람은 아무도 없었던 것으로 기억한다.

이 비행체에 잘 적응하는 새들도 있었고 그렇지 못한 새들도 있었다. 하지만 글라이더를 타고 새 무리와 함께 비행하면서 레셈은 눈에 띄는 모든 새들을 셀 수 있었으며, 계기판은 훌륭한 데이터를 제공해 주었다. 유일한 단점은 장시간의 비행으로 조종사가 지치게 된다는 것이었으며, 화장실도 없었기 때문에 조종사들은 특수 주머니를 사용해야 했다. 이후 몇 달 동안 레셈은 전동 글라이더로 새들을 추적하며 1

천 4백 시간 이상을 비행했다.

1987년 이스라엘 방위군은 레셈에게 일반적인 군사 정찰에 사용하는 무인 드론을 제공했다. 원격으로 조종되는 이 시스템은 지상 5천 피트(약 1.5km) 상공을 날며 이스라엘 전역에서 새 무리를 추적할 수 있었다. 단 한 가지 불리한 점은 드론 조종자가 추적 대상을 놓치면 다시 찾기가 어렵다는 것이었다.

이 모든 방법을 활용해 레셈은 매우 정확한 조류 이동 지도를 만들 수 있었고, 처음에 예측한 것보다 네 배나 많은 새들이 이스라엘 하늘을 날아 이동한다는 사실을 발견했다. 또한 새들이 이스라엘을 지나갈 때 세 가지 비행 경로 중 하나를 이용하며, 이들이 선택하는 경로가 크게 바뀌지 않는다는 것도 증명할 수 있었다. 첫 번째 경로를 이용하는 새들은 이스라엘 북동부에서 시작해 국토 중앙을 거쳐 베르 셰바로 내려가 시나이 반도 북부까지 날아갔다. 두 번째 경로를 택한 새들은 이스라엘에 속한 리프트 벨리 지역을 거친 뒤 유대 광야와 네게브 사막을 통해 시나이 반도 중부로 날아 들어갔다. 그리고 세 번째는 요르단 남부에서 에일라트를 거쳐 시나이 반도 남부로 이어지는 경로였다. 새들이 이동하며 선택하는 고도는 날씨 상황에 따라 크게 달랐다.

레셈은 이동 시즌 동안에는 조류가 비행기에 충돌할 가능성이 엄청나게 높아진다는 것을 증명했다. 해결 방안은 분명했다. 조종사들이 자신의 비행 패턴을 바꿔야 했다. 새들이 경로를 바꾸지는 않기 때문이다. 레셈은 새들이 많이 나타나는 지역을 자세히 표시한 지도 두 개를 제작했다. 하나는 가을 이동 시즌을 위한 것이고 다른 하나는 봄

시즌용이었다. 각 지도는 언제 어디서 새떼가 나타날 수 있는지 보여주고, 조종사가 맞닥뜨리기 쉬운 조류의 종류도 알려준다. 레셈은 또 이스라엘을 지나가는 새떼들의 통과 시간도 지도에 포함시켰다.

1980년대 중반 이스라엘 공군은 레셈의 데이터와 지도, 달력을 활용해 조류 이동 기간 동안 새들이 많이 나타나는 지역에 비행을 금지하는 일정표를 만들었다. 전 이스라엘 공군 사령관 아비후 벤-눈Avihu Ben-Nun에 따르면, 이스라엘 방위군은 조종사가 새떼를 피하고 훈련 프로그램에 최소한의 변화만 주도록 바람직한 경로와 피해야 할 기동 훈련 경로를 지도에 표시했다.[11]

전 이스라엘 공군 사령관 이도 네후슈탄Ido Nehushtan의 말에 따르면, 이와 같은 금지 규정은 조류 충돌 횟수를 76퍼센트나 줄였으며 조종사와 새들 모두의 생명을 구하고, 약 13억 달러에 이르는 비용을 절감했다.[12] 피탄고 벤처 캐피털Pitango Venture Capital의 공동 창업자이자 이스라엘 공군 조종사였으며 작고한 시몬 페레스 대통령의 아들이기도 한 느헤미아 케미 페레스Nehemia Chemi Peres는 이렇게 말한다. "요시 레셈은 고도로 발전했지만 환경을 경시하는 문명 사회와 자연 사이에 평화를 조성한 1인 군대로 기억될 것입니다."

매년 공군 조종사들은 조류 전문가가 직접 촬영한 사진과 최고 모범 사례들을 공유하는 강의에 참석한다. 모든 비행 중대 본부에는 특별 지도가 벽면에 펼쳐져 있다. 레셈은 이렇게 말한다. "우리가 하늘을 공유해야 한다는 사실을 조종사들이 깊이 인식하도록 만들었다고 생각합니다."[13]

레셈 교수의 연구 업적은 전 세계에도 미처 생각지 못한 영향을 미쳤다. 암만 평화 및 개발 센터Amman Center for Peace and Development 의장인 만수르 아부 라쉬드 장군General Mansour Abu Rashid은 레셈의 연구 성과가 "새들이 비행기에 충돌하는 것을 막을 수 있는 국제적 최적 표준"이 된다고 말한다. 하지만 레셈의 비전은 이에 그치지 않고 "이스라엘인과 요르단인, 팔레스타인 주민들이 평화를 추구하는 과정에 한데 뭉치게 했다."고 그는 덧붙였다.[14]

이스라엘 전 대통령이자 공군 조종사였던 에제르 바이츠만Ezer Weizman도 이 말에 동의한다. "레셈의 연구 성과 덕분에 전투기와 이동하는 새들의 충돌 횟수가 급격히 줄었으며, 이 프로젝트는 서방국가 공군들의 모델이 됐습니다."[15]

이번만은 레셈의 유대인 어머니가 틀렸던 것이다.

17.

멸종 식물의 약용 가치

대추야자나무를 부활시키다

고대 항아리 안에 2000여 년간 담겨 있던 대추야자나무의
씨앗 하나가 발아되어 다시 자라고 있다. 이 얼마나 놀라운 일인가?
므드셀라라는 별명을 얻은 이 대추야자나무는
과거를 들여다보는 현재의 살아있는 창이다.
과거 대추야자나무가 중동 지역에서 무성한 숲을 이루던 시절,
대추야자나무가 경제의 중요한 부분이었던 그 시절 말이다.

– 제인 구달 박사, 개인 서신

멸종된 식물 되살리기

서기 72년 마사다에서 로마군에 완전히 포위당한 유대인 저항군은 집단 자살을 감행하며 로마의 노예가 되는 대신 죽음을 택했다. 그로부터 2천여 년이 지난 1963년 11월 14일, 군사 전략가로 이스라엘군 참모총장을 역임했던 이가엘 야딘Yigael Yadin은 사상 처음으로 연구자와 자원봉사자 팀을 이끌고 발굴 현장으로 향했다. 그곳은 바로 유대 지역을 통치한 로마 왕 헤롯 대제가 절벽 위에 세운 고대 요새였다.[1]

야딘 발굴팀은 무엇을 발견할지 몰랐다. 하지만 돌무더기를 파헤쳐 나가면서 산산조각 난 프레스코 벽화와 새까맣게 탄 기둥, 금화, 청동 화살, 찢어진 옷가지 등 대규모 파괴의 흔적을 발견했다. 이후, 야딘이 나무로 만든 임시 계단을 따라 무너진 궁의 아래층으로 내려가고 있을 때, 몇몇 발굴자들이 야딘을 불러 작은 수영장 안에서 발견한 핏자국처럼 보이는 짙은 얼룩을 보여줬다. 야딘 팀은 주변을 계속 세밀하게 발굴해 나가던 중, 여기저기 흩어져 있는 젊은 여성의 뼈를 우연히 발견했고, 일부 팀원들은 이를 집단 자살의 근거로 간주했다. 이 여성의 길게 땋은 갈색 머리가 2천 년 넘게 보존될 수 있었던 것은 이 지역의 건조한 기후 덕분이었다.

기후 덕분에 보존됐던 것은 여성의 머리카락만이 아니었다. 야딘과 동료들은 산꼭대기에 있는 34번째 발굴 층에서 고대 로마 항아리 속에 든 아주 오래된 씨앗 몇 개를 발견했다. 이후 과학자들은 이 씨앗들이 약 2천 년 전에 멸종된 식물 품종인 고대 유대의 대추야자나무 씨앗이라고 판정했다.[2]

발굴 후 야딘은 씨앗들을 이스라엘 고대 유물 관리 당국에 전달했고, 당국은 바일란대학교에 보관했다. 그러고 나서 수십 년 동안 어느 누구도 씨앗에 주목하지 않았다. 하지만 2004년 영국 출신 과학자 사라 살론Sarah Sallon이 바일란대학교의 종자 수집품을 알아보기 위해 이 대학을 접촉했다. 식물학과 생태학 전문가인 살론 박사는 식물의 질병 치유 가능성을 연구할 목적으로 중동 약용 식물 프로젝트를 10년 전에 시작했었다. 이스라엘에서 진행되는 대부분의 고고학적 발굴에 식물 수집도 포함된다는 사실을 알고 있었던 살론은 이렇게 수집된 식물들의 약용 가치를 조사하기 위해 이 고대 씨앗 일부를 다시 발아시킬 수 있는 방법은 없는지 생각해보기 시작했다.[3]

이스라엘 곳곳의 고고학자들과 대화를 나눈 살론은 이스라엘의 저명한 고고학자 중 한 명인 에후두 네쩌Ehud Netzer 교수가 마사다 발굴 과정에서 발견된 씨앗을 보관하고 있다는 것을 알았다. 게다가 운 좋게도 자신의 어머니와 네쩌 교수의 어머니가 서로 아는 사이여서, 살론은 가족의 친분 관계를 이용해 대화를 시작할 수 있었다.

하지만 대화는 순조롭지 못했다. 적어도 처음에는 그랬다.

"당신 완전히 미쳤군요. 왜 그런 일을 하려는 거죠?" 네쩌 교수가 말했다.

"아니, 왜 안 되죠?"

살론 박사는 자신의 예감에 과학적 근거가 있다는 사실을 증명할 수 있다고 네쩌 교수에게 말했고, 결국 네쩌 교수는 살론의 아이디어를 받아들이겠다고 했다. 지난 몇 십 년간 과학자들이 고대 씨앗을 발

고대 유대 동전에 새겨진 대추야자나무 (사진 출처: Zegomo)

아시킬 수 있다고 주장하는 사례들은 있었다. 살론은 이 사례 중 대다수가 근거 없는 얘기라는 것을 알았다. 하지만 몇몇 사례는 사실이었다. 이를테면, 1995년 UCLA대학의 제인 센-밀러Jane Shen-Miller 교수를 중심으로 한 국제 식물학자 팀은 밀러 교수가 중국 북부지역의 마른 호수바닥에서 발견한 1천 3백년 된 연꽃 씨앗을 발아시키는데 성공했다.[4] 하지만 멸종된 식물을 되살린 사람은 아무도 없었다.

6개월 동안 연구를 시행한 후 살론은 네쩌 교수에게 자신이 발견한 내용을 제시했다. 네쩌 교수는 너무나 깊은 인상을 받았고, 그 결과 살론이 바일란대학교 식물학 및 고고식물학 교수인 모데카이 키슬렙Modechai Kislev 교수에게서 씨앗을 얻을 수 있도록 주선하기에 이르렀다. 2005년 11월 키슬렙 교수는 예루살렘의 오래된 마을 중 하나인 예민 모쉐에 있는 살론 박사의 자택을 방문했다. 그의 손에는 꼼꼼하게 라벨을 붙인 플라스틱 용기들이 들려 있었다. 살론은 키스렙 교수에게 차를 대접했고 두 사람은 거실에 앉아 씨앗에 관한 얘기를 나눴다. 처음으로 씨앗을 본 살론은 묘한 흥분감에 휩싸였다. 살론은 당시의 기분을 이렇게 표현한다. "어쩌면 천 년 동안 인간의 손에 쥐어지지 않았을지도 모를 무언가를… 누구보다도 먼저 손에 올려놓을 때 느끼는 전율, 새로운 발견의 기쁨이란, 말로 형용할 수가 없답니다."

유대 역사에 대한 궁금증으로 시작했던 일이, 오래 전에 멸종된 식물의 부활을 추구하고 인간이 이해하는 멸종의 의미를 바꿔놓는 일로 전환되는 순간이었다.

젖과 꿀이 흐르는 땅의 무모한 과학자들

비타민과 미네랄, 영양소, 섬유질이 풍부한 유대 대추야자나무 열매는 고대 지중해 연안의 가장 중요한 음식 중 하나로 여겨진다. 역사 학자들은 수천 년 전 대추야자나무숲이 갈릴리 바다에서 사해에 이르는 성지 전체를 뒤덮었다고 말한다. 대추야자나무와 그 열매는 이 지역 사람들의 필요를 충족시켰다.[5] 어떤 사람들은 대추야자의 즙을 발효시켜 와인을 만들었고, 나무 몸통을 건설용 목재로 사용하는 이들도 있었다. 이스라엘을 "젖과 꿀이 흐르는 땅"으로 표현한 성경 구절은 실제로는 꿀벌이 아니라 대추야자를 언급한 것이다. 구약성서 〈레위기〉를 보면, 고대 히브리인들은 초막절Feast of Tabernacles(유대의 가을 추수감사제로 수코트Sukkot라고도 한다)에 대추야자나무 가지를 들고 다녔다.[6]

서기 1세기와 2세기에 로마가 유대인들을 고국에서 쫓아냈을 때, 이들은 나무와 씨앗을 가지고 나왔다. 하지만 유대인이 추방당하고 얼마 지나지 않아 유대 대추야자나무는 멸종됐다. 전문가들은 아직도 정확한 이유를 모른다. 하지만 전문가들이 알고 있는 것은 시온주의 선구자들이 19세기 말 이스라엘 땅에 되돌아왔을 때 이들이 함께 가져온 대추야자나무는 이라크와 모로코, 이집트에서(캘리포니아주를 거치기도 한다) 왔다는 사실이다.

살론은 이스라엘 고유의 대추야자나무를 이스라엘 전체에 심고 싶었다. 이를 위한 첫 번째 움직임 중 하나는 이스라엘의 지속가능한 농업 분야 최고 전문가 중 한 명인 일레인 솔로위Elaine Solowey 박사에게 자문을 구하는 것이었다. 솔로위 박사도 대추야자나무에 푹 빠져 자신과 동일한 연구를 하고 있다는 사실 따위는 문제가 되지 않았다.

살론이 전화로 접촉했을 때, 솔로위 박사의 첫 반응은 불신을 내비치는 것이었다. "당신이 내게 원하는 게 뭐라고요?"

살론이 대답했다. "자, 보세요. 이건 불가능한 일이 아닙니다. 그냥 가능성이 낮을 뿐이죠."

살론은 솔로위 박사에게 아주 오래된 고대 씨앗들을 되살리는데 성공한 역사적 사례들을 들려줬다. 바로 셴 밀러가 연꽃 씨앗을 발아시킨 사례와, 아메리카 원주민이 박 속에 저장해 놓았던 씨앗을 고고학자들이 발견한 뒤 천 년 된 이 씨앗을 되살린 사례였다. 솔로위 박사는 확신이 생겼다. "나는 항상 미친 짓을 하는걸요." 솔로위 박사의 말이다.[7]

솔로위 박사는 3개월에 걸쳐 대추야자 씨앗을 휴면 상태에서 깨어나게 할 과정을 계획했다. 이 계획을 보면, 먼저 씨앗을 따뜻한 물에 담가 껍질을 부드럽게 한다. 그러고 나서 씨앗을 호르몬이 풍부한 산성 혼합물로 처리한 뒤, 효소와 영양분이 많이 포함된 비료를 공급한다.[8] 그리고는 흙이 가득 담긴 화분에 심고 씨앗이 수분을 충분히 머금을 수 있도록 점적 관수 시스템을 설치한다. 그 다음에는 "그냥 잊어버리고" 기다리는 것이 그녀의 계획이었다. 솔로위 박사는 자신의 실험이 성공할지 전혀 알 수 없었다. 하지만 "행운을 비는 의미로" 유대인의 나무 축제일인 2005년 1월 19일에 씨앗을 심었다.[9] 이 날은 전통적으로 나무가 동면에서 깨어나는 날이었다. 약 6주 뒤 솔로위 박사는 놀랍게도 씨앗 하나가 싹을 틔우기 시작하는 모습을 목격했다. "미친 듯이 흥분했죠. 사흘에 한 번씩 들여다보던 화분을 30분마다 한 번씩 봤습니다."[10]

첫 번째로 나온 잎 두 개는 거의 흰색을 띠며 모양도 이상했고, 생기가 없고 납작했다. 하지만 세 번째 잎과 뒤이어 나온 잎들은 정상적인 대추야자 싹처럼 보였다. 다른 씨들은 발아하지 않았지만 6월이 되자 솔로위 박사는 대추야자나무가 되살아날 것이라고 확신했다. "마치 기적이 일어난 것과 같았습니다."

암나무의 발아를 기다리며

살론과 살로위의 동료들 중 많은 이들은 두 사람이 무엇에 매달려 있는지 알았을 때 회의적인 반응을 보였다. 일부는 그들이 제정신이 아니라고 생각했고, 씨앗이 두 사람의 주장만큼 정말 오래됐을까 의심하는 사람들도 있었다. 동료들의 생각이 틀렸다는 것을 증명하기 위해 두 과학자는 씨앗의 작은 조각을 스위스로 보내 DNA 검사를 받았다. 검사 결과는 앞뒤로 50년 정도의 오차 범위를 두고 1천 90년 된 씨앗이라는 것을 증명했다. 이는 솔로위 박사가 심은 씨앗이 기원전 35년에서 로마가 공격하기 바로 전인 서기 65년 사이에 그 기원을 두고 있으며, 지금껏 발아에 성공한 씨앗 중 가장 오래된 것이라는 뜻이다.[11]

솔로위 박사는 발아하고 나서 첫 2년 동안 이 나무를 현대 병충해로부터 보호하기 위해 자신의 종묘장에 격리시켰다. 그러고 나서 종묘장 밖 현재의 위치로 옮겨 펜스와 동작 감지기로 보호했다. 살론 박사와 솔로위 박사는 성경에 가장 나이 많은 인물로 등장하며, 969세까지 살았다고 기록된 구약 시대 족장의 이름을 따 이 나무를 므드셀라Methuselah로 불렀다. 솔로위 박사의 남편 마이클 솔로위는 현재 10피트(약 3m) 높이까지 자라고 긴 초록색 잎을 지닌 이 나무가 인기가 많아 "실제로 관광 자원이 됐을 정도"라고 말한다.

한 가지 문제는 므드셀라는 대추야자 수나무로, 꽃가루만 만들어낼 수 있다는 것이다. 열매를 생산하려면 수나무와 한 쌍을 이루는 암나무가 필요하다. 살론은 "대추야자 산업에서 수나무는 남아도는 존재로 취급받는다."고 말한다. 희망적인 소식은 솔로위가 현장에서 발굴한 다른 식물들의 씨앗과 함께 대추야자 씨앗 6개를 추가로 발아시키는데 성공했다는 것이다. 앞으로 몇 년 뒤면 솔로위 박사는 므드셀라의 수분受粉에 필요한 대추야자 암나무를 양육하는데 성공했는지 알 수 있을 것이다. 그녀는 "암나무를 얻을 수 있는 여섯 번의 기회가 있다."

고 말한다.

전문가들은 수나무가 꽃가루를 만들기 때문에 므드셀라가 수나무인 것이 다행이라고 말한다. 대추야자나무 전문가이자 사우디아라비아 리야드의 킹사우드대학교 교수를 역임한 폴라나 비드야사가르Polana Vidyasagar는 고대 유대의 대추야자나무가 재탄생한 사실에 크게 고무돼 있다. "생육 가능한 씨앗이 2천 년 뒤에 되살아 난 것은 처음 있는 일입니다. 이는 매우 참신한 아이디어이며, 다른 관련 기술들이 뒤를 이을 수 있도록 문을 열어 놓은 것과 같습니다."[12] 비드야사가르 교수는 아랍권 전체, 특히 아랍에미리트에서 어떤 조합이 가장 좋은 대추야자를 생산하는지 알아보기 위해 므드셀라의 꽃가루를 기존 수종에 교배시키는데 많은 관심을 보일 것으로 확신하기도 한다.

만약 살론 박사와 솔로위 박사가 암나무를 발아하는데 성공하면, 또 다른 중요한 질문에 답해야 할 것이다. 바로 '암나무에서 나온 대추야자를 뭐라고 불러야 하나?'라는 질문이다. 이를 두고 솔로위 박사는 이렇게 말한다. "사람들은 '예수 대추야자나무로 불러야 한다.'고 말하죠. 나는 잘 모르겠어요. 그런데 헤롯 대추야자나무라고 이름을 짓는다면, 사람들이 그 열매를 먹고 싶어 할 것 같진 않군요."

성서에 등장하는 약

고대 유대 대추야자나무를 되살린 이후 살론 박사와 솔로위 박사는 비슷한 기법을 멸종됐거나 멸종 위기에 놓인 다른 식물들에 적용했다.

살론은 세 대륙의 고고학자와 유전학자, 방사성탄소 연대 측정 전문가들로 구성된 대규모 팀이 고대 씨앗으로 실험한 활동을 자세히 설명한다. 이 팀은 유향목과 길레아드 발삼나무, 미르 등 고대 히브리인들과 초기 그리스도교도들이 사용한 방향유 작물들을 복원하는데 성공했다. 성경에 등장하는 인물들은 이 세 가지 나무 또는 관목에서 나온 수지樹脂 부산물의 매혹적인 향기와 치유 특성을 높이 평가했다. 솔로위 박사는 이렇게 말한다. "성경에 기록된 시대에는 이 세 가지 식물로 향을 만들었습니다. 하지만 이 식물들은 특히 항염증제를 비롯한 현대 의약품에 매우 유용하게 쓰일 수 있는 특성을 분명히 지니고 있습니다."

이 세 식물은 역사적으로 그리스도인과 유대인에게 매우 중요했다. 〈마태복음〉을 보면 서기 1세기에 세 명의 현인(동방박사)이 동쪽 하늘의 밝은 별을 따라 베들레헴으로 들어가는 장면이 나온다. 아기 예수를 발견한 세 사람은 무릎을 꿇고 "아기 예수에게 금과 유향, 몰약을 선물"했다.[13] 일부 학자들은 여기서 말하는 "금"이 바로 동방박사들이 마리아와 예수를 치료하기 위해 가져온 세 가지 식물이라고 믿는다. 이 식물들은 또한 제사장이 솔로몬 신전의 향을 만들어 내는데 사용한 열한 가지 성분에 포함되며, 이 향을 만드는 방식은 사제들이 비밀로 취급하여 문서가 아닌 말로 후세에 전달했다.[14]

이와 같은 사제들의 비밀은 의사들이 새로운 형태의 의약품을 만드는데도 도움을 줄 수 있을 것이다. 살론은 과거 식물들의 게놈 구조가 치명적인 질병의 치료 방법을 찾는데 실마리를 제공할 가능성이 있다고 확신한다. 모세 5경■과 신약 성서, 이슬람 경전 코란, 시편, 예언서에는 지역 내에 있는 수백 종의 식물과 관목, 나무들이 등장한다. 지역 거주민들은 이런 자생 식물 대다수를 음식과 제사, 민간요법에 활용했다. 지난 20년간 살론 팀은 마이모니데스, 플리니우스, 이븐 시나(원래 이름은 '아부 알리 알-후사인 이븐 압둘라 이븐 시나'이다) 등 아픈 자를 치료하기 위해 식물들에 의존했던 고대 의사들의 성과를 연구했다. 이런 식물들 중 많은 수가 지금은 멸종됐거나 멸종 위기에 놓여있다. 현재 살론 박사와 솔로위 박사는 이 식물들을 일반적인 의약품에 포함시키고 이스라엘에서 멸종된 수종을 부활시키기 위한 노력의 일환으로 이들을 연구하고 있다.

그들은 유대 대추야자나무에 어떤 의약적 특성이 있는지 추측만 할 수 있다. 하지만 DNA 검사 결과를 보면 식물의 유전자 표지 중 약 절반만 다른 종류의 대추야자나무와 동일하다.[15] 유대 대추야자나무의 의약적 특성이 이 유전자형에만 나타나는 독특한 것이라서 다른 형태에는 없을 가능성이 있다. 이스라엘 과학자들이 대추야자 암나무를 아직 발아시키지 못했기 때문에 그들의 발견이 어디로 이어질지는 불분명하다. 하지만 전문가들은 식물을 기반으로 한 고대의 치료약들이 현대 의약품에 중요한 영향을 미쳤을 수도 있다고 말한다. 최근 수십 년간 일부 바이러스와 박테리아는 약물에 대한 내성이 강해 스테로이드제와 항생제를 앞지르기 시작했다. 그런데 사막 식물에는 혹독한

■ 모세 5경은 구약 성서 맨 앞에 있는 〈창세기〉, 〈출애굽기〉, 〈레위기〉, 〈민수기〉, 〈신명기〉를 말한다.

기후를 견딜 수 있는 독특한 화학적 성질이 있기 때문에, 일부 학자들은 이런 성질을 통해 의사들이 질병에 맞서는 또 다른 방법을 찾아낼 수도 있다고 말한다. 벤구리온대학교의 암, 유전학, 줄기세포 전문가인 리브카 오피르Rivka Ofir 박사는 이렇게 평가한다. "이는 신약이 나아가야 할 미래 연구 방향 중 하나입니다."[16]

멸종 위기에 놓인 식물을 멸종에서 보호하는 일은 인류의 미래에 매우 중요하다. 인간은 역사를 통틀어 모든 형태의 질병을 치료하는데 식물을 사용해왔다. 실제로 우리가 쓰는 처방약의 40퍼센트 이상이 식물 추출물 또는 합성된 식물 혼합물에서 나온 것이다.[17] 식물들이 멸종에 직면하면, 새로운 발견과 과학적 발전을 향한 인류의 선택권은 위협을 받는다. 예루살렘식물원Jerusalem Botanical Gardens의 수석 과학자 오리 프라그만 사피르Ori Fragman-Sapir 박사는 유대 대추야자나무가 수백 년 동안 멸종돼 있다가 "타임머신을 타고 다시 나타났다."며 이렇게 덧붙인다. "이 식물은 이스라엘 땅에서 지금껏 발굴되지 않았지만 어서 발굴해 달라고 유혹의 손짓을 보내고 있는 고고학적, 과학적 보물을 상징합니다."[18] 〈뉴욕타임스〉 예루살렘 지국장을 역임한 스티븐 얼랭어Steven Erlanger는 이렇게 평가한다. "이스라엘은 농업 과학과 연구 분야에서 명성이 높습니다. 특히 사막 환경에서 물을 거의 쓰지 않고 작물을 재배하는 방법에서는 더욱 그렇습니다. 유대 대추야자나무는 이런 형태의 독창성과 끈질김을 보여주는 아주 훌륭한 사례입니다."[19]

솔로위 박사도 이 말에 동의한다. "멸종 위기에 처한 수종들이 절대 사라지지 않도록 확실하게 보호하고 싶습니다. 나중에 두 손을 꼭 쥐고 '안 돼, 멸종돼버렸어.'라며 한탄하는 것보다 지금 보호하는 것이 훨씬 쉽기 때문입니다. 멸종 위기에 놓인 수종들을 위해 뭔가를 할 수 있다면, 무척 행복할 것입니다."

살론 박사도 그럴 것이라고 말한다. "죽은 것을 되살리는 일은 정말 어렵습니다. 멸종되기 전에 미리 보호해야 합니다."[20]

18.

좋은 사람이 되라

과업을 완성할 의무는 없지만, 중단할 자유도 없다.

- 〈선조의 윤리학〉 2:21

작은 빛이 큰 어둠을 물리친다.

- 랍비 슈느르 잘만(1745-1812)

세상을 보다 나은 곳으로 만들다

몇 년 전 어느 봄날 저녁 워싱턴 DC에서 내 아내가 저녁 식사를 마친 세 아이를 혼자서 데리고 들어올 때, 다섯 살이었던 큰 아들 아이든이 누더기 옷을 입고 비닐 봉투에 담은 짐을 주섬주섬 챙기고 있던 노숙자를 보며 "아저씨는 나쁜 사람이에요."라고 말했다. 깜짝 놀란 아내는 아이에게 사과하라고 했고, 아이는 건성으로 사과를 했다.

얼마 후 내가 집에 도착했을 때 아이들은 여느 때처럼 잠옷을 입고 있었지만, 아내의 표정은 뭔가 잘못됐다는 것을 말하고 있었다. 아내에게서 그날 있었던 일을 듣고, 나는 아이든에게 신발을 신고 잠옷 위에 가벼운 코트를 걸치라고 했다.

"우리 어디 가는 거예요?" 아이는 약간 당황한 눈빛으로 물었다.

"할 일이 있어." 내가 대답했다.

반 블록 정도 걸어갔을 때, 나는 아이의 눈높이만큼 무릎을 꿇고 아이에게 물었다.

"왜 그 아저씨를 왜 나쁜 사람이라고 했니? 아저씨한테 냄새가 나서? 아니면 낡은 옷을 입고 있어서?"

아들은 이유를 몰랐다.

반 블록 정도를 더 걸어간 뒤, 나는 다시 멈춰 섰다. 이번에는 도로 연석에 앉았고 아이에게도 앉으라고 했다. 어둠이 재빠르게 내려앉는 차도 위로 자동차들이 쌩쌩 지나갔다.

"우리 집에 걸어놓은 다섯 가지 규칙이 뭐지?"

아이는 잠시 생각하더니 신이 나서 규칙들을 줄줄 외웠다.

"좋은 사람이 되라. 세상을 보다 나은 곳으로 만들어라. 최선을 다하라. 절대 포기하지 마라. 행복한 시간을 보내라."

나는 맞았다는 뜻으로 고개를 끄덕였다.

아이는 명예와 정직함을 갖춘 사람처럼 행동하지 못했다는 것을 인정하며 이렇게 말했다. "내 말이 좋은 사람답지 못했다는 걸 알겠어요." 아이는 그 노숙자를 찾아 '체다카Tzedakah'를 베풀자고 제안했다. 이 히브리어 단어는 막연히 '자선'으로 번역되지만, 실제 의미는 '정의'다.

우리가 그 사내를 발견했을 때는 어두운 밤이었다. 지나가는 차들은 거의 없었고 어둠 속에서 울어대는 귀뚜라미 소리만 들렸다. 그는 다 찢어진 옷을 입은 다른 두 명과 함께 길모퉁이에 옹기종기 모여 앉아 조용히 얘기를 나누고 있었다. 오줌 냄새가 공기를 타고 퍼져 나왔다. 나는 아이에게 돈 몇 푼을 건네줬고, 내 심장 박동은 빨라졌다. 나는 이 사람들이 누군지 모르며, 뭔가 잘못될 수도 있다는 걱정에 휩싸였다. 이 사람들이 술에 취한 건 아닐까? 폭력적이지는 않을까? 내 아들에게 화가 났다면? 나는 그런 생각들을 떨쳐 내고 아들과 함께 그들에게 다가서서 말했다. "저, 잠시 저희와 이야기 좀 나눌 수 있을까요? 감사합니다. 제 아들이 여러분께 하고 싶은 말이 있다고 하네요."

그들은 다소 당황한 기색을 보이며 나를 쳐다봤다. 아이든은 자신이 모욕했던 노숙자에게 다가가 돈을 건넸다. 그리고 정중히 사과하며 이렇게 말했다. "하느님이 아저씨랑 함께하시길 바라요." 그러고 나서 손을 뻗어 악수를 청했다.

사내는 아이를 돌아보고 미소를 지으며 아이든과 악수했다. 옆에 있던 친구들의 얼굴에도 웃음이 가득했다. 이후 몇 분 동안 세 사람은 아이든을 천사라 부르며 한바탕 칭찬을 쏟아냈다. 잠시 뒤 작별 인사를 하고 아이든과 나는 온 길을 되돌아 걷기 시작했다.

집에서 얼마 떨어지지 않은 곳에 이르렀을 때 나는 다시 한 번 무릎을 꿇고 아이든과 눈을 맞췄다.

"방금 무슨 일이 있었지?"

"아빠, 내가 세상을 보다 좋은 곳으로 만들었어요. 정말 기분이 좋아요." 아이는 자부심 가득한 목소리로 대답했다.

이 책을 쓴 이유

경이로운 혁신가 15명을 소개하는 이 책에서 나 자신에 대해 얘기하는 것이 무례하다는 느낌이 든다. 하지만 내가 왜 이 책을 썼는지, 그리고 이 책이 내게 어떤 의미인지를 독자들이 이해하도록 하려면 내 이야기를 할 필요도 있을 것 같다.

나는 홀로코스트 생존자 가정에서 태어나 주로 뉴욕시에서 자랐다. 하지만 우리 가족과 이스라엘의 문화적, 역사적, 종교적 연대감 덕분에 어린 시절부터 십대를 거쳐 어른이 될 때까지 오랜 기간을 이스라엘에서도 살았다. 내가 기억하는 한, 이스라엘의 잘못과 도덕적 오점은 누가 봐도 명백했다. 하지만 이스라엘이 기적과 같은 미래 전망과 놀랄 만한 업적을 세운 것도 명백한 사실이었다.

아주 어릴 적 기억 중 하나는 네 번째 생일을 몇 달 앞둔 1979년 3

안와르 사다트 이집트 대통령과 이집트-이스라엘 평화협정이 체결되고 며칠 후인 1979년 3월 어느 날. 이스라엘 총리 메나햄 베긴을 만난 저자 가족들의 모습. 베긴 총리의 무릎에 앉아 있는 어린이가 저자이다(앞줄 왼쪽). (사진 출처: AP)

월 28일에 있었던 일이었다. 그날로부터 이틀 전 메나햄 베긴Menachem Begin 이스라엘 총리와 안와르 사다트Anwar Sadat 이집트 대통령이 백악관 잔디밭에서 역사적인 평화협정에 서명했다. 우리 가족은 뉴욕시에 있는 월도프 아스토리아 호텔로 초대를 받았다. 그곳에서 유대교 예배 의식 알리야Aliyah를 올릴 예정이었으며, 베긴 총리는 예배에 참석할 몇몇 가족을 만나기로 돼 있었다. 우리는 총리가 머무는 널찍한 스위트룸에 들어갔고 굵은 테 안경을 쓰고 할아버지처럼 온화한 모습을 지닌 베긴 총리는 우리를 환영하며 앉기를 권했다. 그는 내게 조그만 피타빵 하나를 군것질거리로 건넸고, 나는 그의 무릎 위로 뛰어올랐다. 총리는 내게 히브리어를 할 줄 아느냐고 물었고 나는 알고 있던 유일한 단어 '샬롬Shalom'을 말했다. 총리는 흡족해 하며 나를 꼭 껴안고는 이스라엘에서 사는 것이 국가의 장래를 위해 중요하다는 말을 했다. 내 여동생도 총리의 무릎 위로 올라왔고 사진사가 사진을 몇 장 찍었다. 당시 나눈 대화와 이스라엘과 이집트 사이에 시작된 평화 시대는 깊은 인상으로 남았고 내 인생의 여정에도 큰 영향을 미쳤다.

그 다음날 이스라엘로 들어갈 때의 흥분과 기쁨, 두려움을 아직도 기억한다. 도착 후 우리는 곧바로 텔아비브의 유대인 이민자 흡수 센터로 향했고, 그곳에서는 모든 대륙에서 온 유대인들이 신원 확인을 받았다. 나는 내가 이민자라는 사실을 알았지만, 마침내 집으로 돌아왔다는 느낌도 들었다.

그로부터 몇 년 뒤 우리 가족은 다시 미국으로 돌아왔고, 나는 뉴욕 주 북부의 빙엄턴에 있는 대학에 진학했다. 하지만 석사학위 취득을 위해 다시 예루살렘으로 돌아와 히브리대학교를 다녔다. 그곳에서 활동 범위를 넓혀 아랍권을 탐구하기 시작했고, 마침내 이집트로 갈 수 있는 길을 찾아 카이로에 머물며 아메리칸대학교와 이슬람 수니파에 속한 명문대학인 알-아즈하르대학교에서 공부했다. 2001년 워싱턴으로 이주해 공공정책 부문에서 일하며 급진적 이슬람과 테러리즘, 불법 자금 문제를 집중적으로 다뤘다. 내 직업 경력은 유명한 싱크 탱크인 워싱턴 근동■ 정책연구소Washinton Institute of Near East Policy에서 시작됐으며, 흔히 있는 일이지만 나는 정책 연구소와 정부를 오가며 일하기 시작했다. 운 좋게도 미국 국방부와 재무부에서 일할 기회를 얻었기 때문이었다.

■ 북동 아프리카, 서남아시아, 발칸 반도를 포함한 지중해 동쪽 연안 지역을 가리키는 말로 서양에 좀 더 가까운 동양 지역Near East을 뜻한다.

워싱턴에서 생활한지 거의 15년이 지난 2014년 여름(이 책을 처음으로 구상하기 시작한 때이기도 하다)까지, 나는 네 권의 책을 썼으며, 그중 두 권은 이스라엘과 홀로코스트에서 크게 영향 받은 것이었다. 첫 책 『증오의 무선 신호: 헤즈볼라의 알 마나르 텔레비전Beacon of Hatred: Inside Hezbollah's al-Manar Television』(2004)은 헤즈볼라의 알 마나르 TV와 테러리스트의 지원을 받는 미디어가 미치는 영향에 초점을 맞췄다. 이 책은 주로 헤즈볼라 멤버들과 진행한 인터뷰와 수천 시간 동안 시청한 '시온주의자 적들을 향한 심리전'을 바탕으로 썼다. 이 책을 쓰다가 공포에 휩싸인 적도 있었다. 헤즈볼라의 고위 관리는 방송국의 목표 중 하나는 무엇보다도 "서방에서 자살 특공 임무라고 부르는" 행동을 장려하는 것이라고 내게 말했다. 알 마나르 방송 프로그램은 교묘하게도 뉴스와 토크쇼, 테러리즘과 증오, 극단주의를 전파하기 위한 선동용 뮤직 비디오를 모두 갖추고 있다. 한때 알 마나르 방송은 유대인들이 세계를 정복하려는 음모를 꾸미고 있다고 주장하는 악명 높은 반유대주의 위조 문서인 「시온 장로의 의정서Protocol of the Elders of Zion」에 바탕을 둔 29부작 시리즈를 방영한 적이 있다. 이 시리즈에는 신앙심 깊은 한 유대인이 기독교도 어린이를 지하실로 끌고 가서 목을 베고 그 피로 유대교의 유월절 의례에 먹는 맞짜Matzah를 만드는 모습을 생생하게 묘사한 장면도 나온다.

가만히 있을 수 없었던 나는 알 마나르의 위성방송 사업을 막기 위해 나의 첫 번째 지지자 그룹을 조직해 활동하기로 결심했다. 이에 따라 같은 뜻을 지닌 비영리단체 연합을 결성하고 유럽과 미국의 당국자들이 알 마나르 방송을 테러 지원 단체로 지정하도록 설득했다. 우리는 또 세계 곳곳의 14개 위성방송 사업자가 알 마나르를 자신들의 프로그램 공급 체계에서 제외시키고 코카콜라와 펩시, 웨스턴 유니언, 프록터 앤 갬블을 포함한 약 20개 기업이 이 방송국에 대한 후원을 중단하도록 설득했다. 마침내 2016년 시청자 수로 가장 규모가 큰 두 위성방송 사업자인 사우디아라비아의 아랍셋과 이집트의 나일셋도 알 마나르를 프로그램 공급자에서 제외시켰고, 이는 실질적으로 알 마나르가 전 세계에 증오로 가득한 메시지를 내보낼 수 없게 만드는 조치였다.

내가 쓴 네 번째 책 『이란의 추악한 금융Iran's Dirty Banking』(2004)은 이란이 핵무기를 확보하고 범죄와 테러에 관여하기 위해 전 세계에서 자금을 이동시키며 악용한 테헤란의 금융 부문과 국제 은행들의 실태를 상세히 폭로한 내용을 담고 있다. 이 책을 쓰기 위해 조사하는 과정에서 나는 일본 스미토모 미쓰이, 독일 도이치 뱅크, 네덜란드 ING, 프랑스 소시에테 제네랄 등 이란과 외환결제 협정을 맺은 전 세계 59개 제휴 은행을 찾아냈다. 또한 이란이 사용한 계좌 번호, 은행 식별부호, 거래에 사용된 통화도 밝혀냈다. 미국 재부무에 근무했던 경험을 활용해 나는 이란이 핵무기 개발을 시도하는 한 국제 자금 거래를 못하게 막는 전략의 밑그림을 그렸다.

책이 출간된 후 나는 세계 곳곳에서 회의를 하며 은행들이 이란과 재무 관계를 단절하도록 설득하는데 힘을 쏟았다. 일부는 내 제의를 수용했으며, 그렇지 않은 은행들도 있었다. 하지만 이런 과정을 거치는 내내 나의 조부모들을 떠올리고 얼마나 많은 나의 가족과 인척들이 홀로코스트로 죽음을 맞이했는지 생각했다. 만약 누군가가 1936년에 나치 정권의 금융 정보를 공개했더라면, 전 세계 강대국들이 나치의 금융 활동을 봉쇄하고 더 많은 사람들을 살릴 수 있지 않았을까? 나는 워싱턴 DC의 독일 대사관에서 독일의 경제 및 제재 분야의 주요 전문가 한 명과 함께했던 회의를 기억한다. 현재 진행 중인 이란에 대한 국제적 제재를 설명한 후 나는 독일이 전 세계 유대인들에게 특별한 책임이 있다는 사실을 독일인 동료들에게 상기시키며 70년 전 그들의 선조가 나의 가문과 직계 가족들을 상대로 저질렀던 인류 역사상 가장 잔혹한 행위를 언급했다. 그리고 독일은 이제 고의든 아니든, 이란이 또 다른 유대인 6백만 명의 목숨을 위협하는 걸 거들고 있다고 말했다. 나는 곧바로 회의실을 나가달라는 요청을 받았다.

몇 달 뒤, 모든 독일 은행이 이란 은행들과 거래 관계를 단절할 것이라는 소식을 듣고 무척 기뻤다. 불법 행위를 하는 은행으로 내가 지목했던 유럽과 아시아의 은행 대부분도 같은 조치를 취했다. 나는 2010년 포괄적 이란 제재 법안Comprehensive Iran Sanctions Accountability and Divestment Act의 통과를 위해 미국 의회 의원들과 긴밀히 협력했다. 이 법안과 뒤이어 제정될 법들이 이란과 이란의 금융 파트너들을 강력히 압박해 결국 이란이 미국과 그 동맹국들과의 핵협상에 나서게 만들었다는 주장은 논쟁의 여지는 있지만 거의 틀림없는 사실이다.

이란 은행들의 자금 거래를 막는 활동을 마친 후, 나는 큰 만족감을 느꼈다. 집필과 강연을 계속하고 싶었지만, 정책 관련 업무를 뛰어

넘는 일을 하고 싶었다. 나는 늘 내 사업을 하고 싶었고, 몇 년 뒤 첫 아이가 태어난 후 나는 은행 거래 규정 준수를 위한 소프트웨어와 제재 시행에 초점을 맞춘 스타트업을 시작했다. 파트너들과 나는 자본을 조달하고 전 세계 주요 금융 기관들을 상대로 홍보에 나섰다. 사업은 별 성과가 없었지만 계속 노력해야 한다는 것을 알았으며, 결국에는 IMS라는 기업을 설립했다. IMS는 사업자들이 자신들의 신용카드 수수료 구조를 낮추고 카드회사 규정을 확실히 준수하도록 도와주는 업무에 중점을 두는 기업인 대상 서비스 회사이다.

나는 종종 신용카드 관련 사업으로, 중동 이슈에 관심을 두고 이스라엘의 미래와 직면한 도전 과제들에 관한 글을 쓰거나 강연하는 값비싼 '중동 취미 활동' 비용을 조달한다고 농담을 하기도 한다. 나는 이스라엘과 이스라엘의 미래, 그리고 이 국가의 성공과 문제점들(일부는 이스라엘 자신이 초래한 것이기도 하다)에 관해 계속 글을 쓰고 강연을 해왔다. 하지만 한 국가를 위대하게 만드는 것은 국가의 이상과 그에 따라 살아가려는 노력이다.

기하급수적으로 성장하는 나라

역사상 많은 시점에서 이스라엘은 건국 지사들의 이상과 국가의 존립을 위협하는 위험 사이에서 균형을 잡기 위해 힘든 싸움을 해왔다. 그런 맥락에서 나는 종종 체스 게임이 발명된 과정에 관한 전설과, 체스가 현대 이스라엘 국가의 스토리와 어떤 연관이 있는지 생각하곤 했다. 3세기 인도 시람 왕의 궁전은 밝은 빛으로 환했다. 고위 각료인 시샤 이븐 다히르는 초조했다. 시람 왕에게 새로운 게임, 체스를 곧 소개할 예정이기 때문이었다. 다히르는 왕이 국민들에게 잘해줘야 한다는 것을 왕에게 증명하는 일을 시작했고, 이 과정에서 자신의 목이 달아나지 않기만을 바랐다. 체크무늬가 그려진 판에서 하는 게임을 마친 후 시람 왕은 너무나 만족스러워 인도의 모든 사원에 이 게임을 비치해 두라고 명령했다. 또한 전쟁에 대비하는 장군들을 훈련시키는 가장 좋은 방법으로 천명하며, 체스를 이 세상에 주어진 선물로 생각했다. 왕은 다히르에게 "원하는 상을 말하라."고 했다. 기쁨에 찬 표정으로 다히르는 왕에게 체스 판의 사각형 칸마다 하루에 한 번씩 밀알을 놓되, 첫 번째 칸에 밀알 한 개, 두 번째 칸에는 두 개, 세 번째 칸에는 네 개, 네 번째 칸에는 여덟 개를 놓는 식으로, 체스 판에 있는 64칸을 전부 채울 때까지 다음 칸에 놓는 밀알의 수를 두 배씩 늘려달라고 요청했다.

너무나 소박한 요청이라고 생각한 왕은 흔쾌히 응하며 이렇게 생각했다. '그리 보잘 것 없는 상을 요구하다니 정말 멍청한 자로구나. 내가 훨씬 더 큰 상을 내릴 수 있는데도 말이야.' 왕은 신하들에게 체스 판을 가지고 와 첫 번째 밀알을 놓으라고 명령했다. 이 일이 한 달간 이어지고 32일째 되던 날, 하인들은 밀알 40억 개를 가져와야 했고 그 무게만 해도 1백 톤이 넘었다. 시샤 이븐 다히르는 이제 더 이상 멍청해 보이지 않았고, 왕은 자신의 약속을 지키며 밀알을 계속 선물로 하사했다. 하지만 왕은 이 일을 계속할 수 없다는 사실을 깨달았다. 상으로 주는 밀알의 양이 너무나 많았다. 왕이 상을 계속 줬더라면, 왕국은 파산에 이르렀을 것이다.

미래 학자들은 이 전설을 인용해 기하급수적인 성장의 놀라운 위력을 설명한다. 지난 70년간 이룬 이스라엘의 발전이 이와 흡사하며, 이스라엘의 기개와 결의, 대담함을 나타내는 증거다. 직면했던 모든 도전에도 불구하고 유대인 국가 이스라엘은 1948년 이후 희박한 천연자원의 개발뿐만 아니라 자국민과 전 세계인들에게 혜택을 준 혁신에서 엄청난 진전을 이뤄냈다. 전체 산업계와 국가들이 자신들의 도전과제 해결에 도움을 얻기 위해 이스라엘에 의존한다. 이스라엘에는 애플과 아마존, 페이스북, 구글, 인텔, 마이크로소프트 등 다양한 분야의 다국적기업 소유 연구개발 센터가 300개 이상 자리 잡고 있다. 중국과 인도, 미국은 이제 심각해지는 물 부족 문제를 해결하기 위해 이스라엘을 바라본다. 전 세계 대학들은 엔지니어링, 생물학, 물리학, 화학 등의 분야에서 협업하기 위해 이스라엘 최고의 연구 기관들과 강력한 협력 관계와 공동 혁신센터를 구축하고 있다. 병원과 제약 기업, 농업 벤처들은 아픈 사람을 치료하고 가난한 사람들을 먹여 살리기 위해 이스라엘에 도움의 손길을 요청한다. 이스라엘은 지역과 전 세계의 도전과제 해결에 나설 준비가 돼있다.

혁신 문화를 조성하거나 기존의 혁신 분위기를 크게 끌어올릴 지침을 얻기 위해 이스라엘에 의존하는 국가들은 이런 형태의 통찰을 제공하는 유대인 문화를 눈여겨봐야 한다. 기원전 586년에서 서기 70년에 이르는 제2성전 시대의 어느 시점에 살았던 의로운 제사장 시몬

Shimon the Righteous은 이렇게 말했다. "세상은 율법, 노동, 친절한 행동, 이 세 가지에 그 근거를 두고 있다."[1] 다르게 표현하면, 혁신을 이루기 위해서는 국가가 평생학습 문화와 학교 시스템에 투자해야 한다는 뜻이다. 수천 년 동안 유대인들은 '책(율법서)의 사람들People of the Book'로 불려왔다. 이스라엘 문화의 이 부분이 이스라엘의 성공에 절대적으로 중요한 요소였다.

하지만 좋은 교육 시스템만으로는 충분하지 않다. 전 미국 대통령 캘빈 쿨리지Calvin Coolidge는 열심히 일하는 것의 중요성을 이렇게 요약했다고 한다. "이 세상에서 끈기를 대신할 수 있는 것은 없습니다. 재능도 대신할 수는 없지요. 재능을 지닌 사람이 성공하지 못하는 경우는 정말 많습니다. 천재성도 끈기를 대신하지 못합니다. '보상받지 못한 천재'라는 말은 속담만큼이나 흔한 이야기죠. 교육도 대신할 수 없습니다. 세상에는 교육받은 낙오자들이 넘쳐 납니다. 끈기와 결의만이 무엇이든 할 수 있는 힘입니다."

강력한 교육 시스템과 근면성, 자비롭고 자발적인 행동이 결합된 문화가 조성되면, 뭔가를 달성할 수 있는 인간의 힘은 무한하다. 과학자들은 MRI 기술을 활용해, 유대인 율법 전체의 토대는 "네 이웃 사랑하기를 네 자신과 같이 사랑하라"는 〈레위기〉 19장 18절의 가르침에 있다고 믿었던 위대한 랍비 힐렐Hillel의 지혜를 증명했다. 즉 누군가가 자선을 베풀 때, 그 사람의 열망과 즐거움을 담당하는 뇌 영역이 밝게 빛난다는 사실을 밝혀낸 것이다. 달리 말하면, 좋은 일을 하는 행동은 실제로 인간을 더 행복하게 만든다는 것이다.[2]

훌륭한 아이디어와 적절한 실행 방식이 이스라엘에만 있는 것은 아니다. 모든 국가가 자신들이 수세기 동안 뛰어나게 잘해왔던 산업과 업종에 자신들이 깨달은 교훈을 적용시키기 위해 각국의 고유문화를 활용함으로써 이득을 얻을 수 있다. 그렇다 하더라도, 이스라엘이 인류를 위해 달성한 업적은 글로벌 공동체에서 마땅히 축하하고 본받을 만한 것들이다.

나는 이스라엘이 체스 경기의 후반전에 들어서면서 전 세계에 미치는 이 나라의 긍정적 영향이 앞으로도 계속되기를 기대한다. 무엇보다도 이 책에 소개된 혁신가들은 끊임없이 앞으로 전진하며 국가와 전 세계를 보다 나은 곳으로 만들기 위해 자신들의 역할을 다할 것이다.

나는 유대인들이 역사적인 고국으로 돌아온 시대에 살고 있다는 것이 감사하다. 벤구리온 이스라엘 전 총리는 이런 유명한 말을 남겼다. "이스라엘에서 사실주의자가 되려면 기적을 믿어야 합니다." 이스라엘은 기적이 실제로 일어난다는 확실한 증거다.

내 부모님이 그랬던 것처럼 나도 이제 내 아이들을 이스라엘로 데리고 가 그들이 이 국가의 복잡한 현실을 해결하려 애쓰는 모습을 바라보면서, 이 책의 다음 장은 죽음보다 생명을, 압제보다 자유를, 전쟁보다 번영을 소중히 여기는 모든 이들의 손에 맡겨야 한다는 것을 분명히 깨닫는다. 내게 희망을 주는 이는 바로 그들이다.

■ 에필로그 ■

세상을 개선할 힘을 가진 모든 이들에게

운 좋게도 나는 이스라엘의 혁신과 생태계, 이스라엘이 전 세계 수십 억 명의 삶의 질을 개선하는데 미친 영향에 대해 설명해 주는 동료와 친구들을 주위에 둘 수 있었다. 이 책은 수많은 사람들의 관대함과 통찰 덕분에 나올 수 있었다. 이 책을 쓰기 위해 1백 명이 넘는 인물들과 인터뷰를 하는 엄청난 즐거움을 누렸으며, 이들 중 한 번 이상 인터뷰를 한 사람도 많았다.

인터뷰 대상자로는 혁신가와 CEO, 정책 입안자, 군 관계자, NGO 임원, 엔지니어, 컴퓨터 프로그래머, 은행가, 벤처 투자가, 싱크 탱크 멤버 등이 있었다. 이들 모두는 이스라엘의 혁신 역량과 인류의 삶을 보다 좋게 만드는 일에 관한 자신들의 역할에 크게 만족했다.

아비브와 에이나 에즈라는 내가 집필을 처음 구상한 그 순간부터 이 책의 가장 큰 지지자였다. 책을 써 나가는 각 단계마다 매우 유용한 정보원 역할을 하며 끊임없이 지원해줬다. 또한 수없이 많은 사람과의 만남을 용이하게 했으며, 다른 무엇보다도 이런 프로젝트에 으레 따르는 여러 가지 어려움을 극복할 수 있게 도움을 줬다. 늘 곁에서 나를 지지해 준 이들에게 정말 고맙다는 말을 전한다.

미국·이스라엘 공공문제위원회AIPAC의 전략 구상 디렉터인 조나단 케슬러는 자신의 힘만으로 엄청난 경지에 오른 사람이다. 그는 내게 선생님, 동료, 친구가 돼주었다. 우리는 몇 주마다 한 번씩 워싱턴 DC에 있는 중국 식당에서 점심 식사를 했고, 두 번에 걸쳐 함께 이스라엘을 여행하며 즐거운 시간을 보내기도 했다. 그러는 동안 케슬러는 자신이 통찰한 내용을 내게 들려주며, 내가 생각의 폭을 더 넓히고 감정적으로도 보다 깊이 파고들어 궁극적으로 이 책을 구성할 본질에 도달할 수 있게 해주었다.

법무법인 스타인 미첼의 운영 파트너인 조나단 미스너만큼 자신의 시간과 커넥션을 아낌없이 내어준 사람은 없었다. 미스너는 수백 건에 달하는 이메일과 문자 메시지, 전화 통화를 통해 다른 대륙에 속한 가장 흥미로운 사람들을 향한 문을 여는데 도움을 줬다.

로스 슈나이더만은 이 책을 만드는 여정에서 편집장과 지적 동반자의 역할을 했다. 내게 스토리텔링 기법을 가르치고, 이야기를 풀어갈 다음 질문을 하며 아직 알려지지 않은 흥미진진한 사실들을 찾아내는 일에 최선을 다했다.

내게 영감을 준 원천은 바로 혁신가들이었다. 인터뷰를 하는 동안, 말 그대로 나의 유전자 구성이 바뀌는 듯한 느낌이 들었다. 즉 세상을 완전히 새로운 눈으로 보는 법을 배웠다. 나는 텔아비브에 있는 그의 자택과 나사렛의 키너넷 컨퍼런스와 햄튼에서 요시 바르디와 함께 했던 시간을 마음속에 소중히 간직하고 있다. 엘리 비어와 도브 마이셀은 여러 장소 중, 특히 유나이티드 핫잘라 지휘본부에서 수차례에 걸친 인터뷰를 허락했을 뿐만 아니라 내 아이들에게 생명을 구하는 일의 중요성과 훌륭한 사람이 되는 것의 의미를 고취시키려고 최선을 다했다. 알파 오메가의 이마드 유니스와 림 유니스 부부, 그리고 그 자녀들은 자신들의 집과 마음을 우리 가족에게 활짝 열었고, 나는 그들이 전해준 우정이라는 선물을 매우 고맙게 생각한다. '버드 맨'으로 불리기도 하는 요시 레셈과 리워크를 설립한 아밋 고퍼는 둘 다 절대로 포기하지 않는 끈기의 중요성을 완벽하게 보여줬다. 동향의 유대인 버나드 바 나탄도 마찬가지였다.

이스라엘 경제산업부 산하 이스라엘 뉴텍 앤 에코 시스템의 디렉터로 지칠 줄 모르는 끈기를 지닌 오데드 디스텔은 이스라엘 생태계와 관련된 적절한 인사들을 내게 연결해 주기 위해 모든 노력을 다하며, 정부 계획을 순조롭게 진행시키는데 필요한 헌신적인 행동을 내가 깊이 공감할 수 있도록 도와줬다. 사울 싱어와 웬디 싱어는 댄 세노르와 함께 그 이상 자애로울 수 없을 정도로 많은 격려를 아끼지 않았으며, 저서 『창업 국가』와 뒤이어 탄생한 조직 '스타트업 네이션 센트럴Start-Up Nation Central'로 이어진 이들의 성과는 내게 끊임없이 영감을 주는 원천이었다. 나는 『혁신국가』를 집필하는 여정의 첫 머리에 랍비 어윈 쿨라를 만났고, 책을 쓰는 동안 종종 그의 존재와 가능한 한 꿈을 크게 가지라는 온화한 격려를 느꼈다.

레드 닷 캐피털의 운영 파트너이며 이스라엘 8200 정보부대 장교로 근무했던 야니브 스턴은 이 책의 아이디어를 내가 처음으로 얘기했던 사람들 중 한 명이다. 내가 인식한 이스라엘의 모든 혁신이 세상을 더 나은 곳으로 만들었다는 사실을 그에게 얘기하며 바라봤던 뉴멕시코주 앨버커키의 거대한 하늘을 생생히 기억한다. 수많은 왓츠앱 메시지와 워싱턴 DC, 뉴욕, 텔아비브에서 진한 아랍 커피를 놓고 나눴던 대화에서 보여준 야니브의 열정과 유머감각은 내가 이 작업을 계속하는데 큰 힘이 됐다.

조지타운대학교 법학 교수 브래드 스나이더의 도움이 없었다면 나는 출판 세계에서 일어나는 롤러코스터와 같은 상황에서 살아남지 못했을 것이다. 브래드와 나는 아침에 아이들을 학교에 데려다 준 뒤 학교 마당에서 종종 만났다. 그리고 두 가족이 함께 하는 식사와 피크닉, 할로윈 행사 등에서 어울릴 때마다 나는 그에게 현재 원고가 다루는 내용과 인터뷰한 사람들, 내가 해야 할 여러 일들의 상황을 알려주곤 했다. 올곧은 그의 태도는 말할 것도 없고, 내게 보여준 우정과 훌륭한 성품을 무엇보다도 고맙게 생각한다.

유대 도서협의회Jewish Book Council의 캐롤린 스타맨 헤셀은 내게 알맞은 저작권 대리인과 출판사를 찾는 길을 알려주며 나를 보호해줬다. 그녀는 우리가 만날 수 있도록 정기적으로 내게 전화하고 스케줄을 체크하며, 내가 언제 뉴욕에 오는지 늘 확인했다. 저작권 대리인 데보라 해리스도 내가 출판 세계에서 올바른 길을 찾아 나가는데 중요한 역할을 했다. 그녀는 더할 나위 없이 진실하고 너그러웠으며, 이 책이 세상의 빛을 보기까지 빛나는 통찰력으로 절대적인 역할을 했다. 결국 현재의 출판사와 일할 수 있게 만든 사람도 데보라 해리스였다.

이 책을 출판한 게펜 퍼블리싱 하우스Gefen Publishing House와 나의 관계보다 더 좋은 관계는 없을 것이다. 내가 게펜의 소유주인 일란 그린필드에게 처음 전화를 걸어 이 책과 소개할 혁신가들, 그리고 『혁신국가』의 기본 명제를 설명했을 때를 지금도 생생히 기억한다. 우리는 바로 다음날 예루살렘 센트럴 버스 터미널 근처에 있는 그의 사무실에서 만나기로 했고, 그린필드는 내가 달성하려는 목표를 곧바로 이해했다. 그리고는 이 책을 가능한 한 빨리 출간하고 싶어 했으며, 이 책이 전하는 메시지가 주류 사상에 편입될 수 있도록 자신이 할 수 있는 모든 일을 했다. 게펜출판사의 프로젝트 매니저인 에밀리 윈드는 출판 과정을 훌륭하게 이끌어 나갔다. 그리고 케지아 라파엘 프라이드의 예리한 시각과 뛰어난 편집 기술은 함께 일하는 분위기를 더욱 즐겁게 만들었다. 또한 놀랄 만큼 멋진 표지를 디자인해 준 리사 멘더로우와 댄 코한에게 큰 감사를 표한다.

원고를 완성해 가는 여러 단계에서 원고를 읽고 매우 유용한 조언을 해준 사람들도 있었다. 특히 내가 선임 연구원으로 있는 미국외교정책센터American Foreign Policy Center 부원장인 일란 버만을 무척 고맙게 여긴다. 일란은 오랜 기간 동안 후원자이자 친구로서 항상 나를 지지해줬다. 원고를 읽고 도움을 준 또 다른 사람들로는 훌륭한 친구이며 뛰어난 과학자인 앨런 뇌연구소Allen Institute for Brain Research의 게이브 머피와 현재 대학생들의 세계관과 이스라엘에 관련된 자유주의적 사고방식을 공유하려 최선을 다해준 샌프란시스코대학교 아론 타퍼 교수, 딱 들어맞는 통찰을 보여줬던 브로워드 칼리지의 말린 카지르 부교수, 매우 중요한 추가 사항들을 알려주며 오랫동안 선물과 같은 우정을 과시했던 미 해군 예비역 대령 매튜 샤프, 원고의 틀을 구성하는데 중요한 기여를 한 주디 하이블럼이 있다.

이 프로젝트를 시작하는데 도움을 준 훌륭한 연구 조교들도 있었다. 이 책의 출간을 실현하기 위해 끊임없이 노력해 준 아담 바스시아노보다 더 나은 연구원과 동료를 찾을 수 없었다. 또한 케일라 울드와 알렉산드라 지먼, 로라 애드킨의 기여에도 감사를 표한다.

〈예루살렘 포스트〉의 편집장이자 『무기 마법사: 이스라엘은 어떻게 첨단 군대를 보유할 수 있었나』(세인트 마틴 출판, 2017)의 저자인 야코브 카츠에게 진심으로 고맙다는 말을 전한다. 나는 주로 바카에 있는 칼루 카페에서 종종 그와 만났고, 그는 내게 이스라엘 시스템의 구석구석을 누비고 다닐 수 있는 방법을 알려줬으며, 그의 유머감각 덕분에 하루가 더 즐겁곤 했다. 이와 비슷하게 『물 부족 세계를 위한 이스라엘의 해법』(세인트 마틴 출판, 2015)의 저자 세스 시겔에게서도 기대 이상으로 많은 도움을 받았다. 나는 이 책을 쓰고 있다는 사실을 AIPAC의 한 정책 컨퍼런스에서 만난 세스 시겔에게 은연 중에 처음으로 말했다. 그는 자신이 쓴 책을 성공시킨 방법을 담은 플레이북을 공유하며, 자신을 본보기로 삼으라고 격려했다. 그의 독창성은 진정한 동기 부여가 됐으며, 나는 이를 통해 무엇을 할 수 있는지 알 수 있었다.

예루살렘의 같은 마을에서 이웃으로 지내는 랍비 데이비드 로젠은 발코니에서 가장 아름답고 영원히 변치 않을 것 같은 모습으로 나를 내려다보며 항상 자신의 통찰과 인맥과 쿠키를 아낌없이 나눠줬다. 그와 인터뷰를 하거나 그의 가족들과 안식일 저녁 식사를 함께 한 뒤에는 늘 재충전된 느낌으로 걸어 나왔다.

AIPAC의 국제 문제 디렉터로 재직하며 자신의 국제 네트워크를 활용할 수 있도록 지원을 아끼지 않은 스티븐 슈나이더에게 특별히 감사하다. 그는 또 이 책이 담고 있는 메시지의 훌륭한 옹호자이기도 했다.

여러 번에 걸쳐 이스라엘을 방문할 때마다 늘 자신의 집을 개방하고 마음을 열며, 내가 이스라엘 전국을 돌아다니는 극히 힘든 스케줄을 소화할 수 있도록 사랑과 지원을 아끼지 않았던 네 사람이 있었다. 멋진 나무와 세계 곳곳의 열대 과일로 가득한 아름다운 정원을 지닌 슬로밋 슈샨과, 북부지역에 훌륭한 안식처를 소유한 이릿 러너, 너무나 온화한 가족과 마치 이탈리아 토스카나 지방이라고 착각할 만큼 멋진 전망을 자랑하는 저택의 소유자 아비 리흐터, 그 어느 형제자매에게서도 찾아볼 수 없는 자상함으로 나를 보살펴 준 나의 누이 시모네 핀스키가 바로 그들이다.

나는 웨스트뱅크 지역 거주민과 아랍권 곳곳의 사람들과 인터뷰를 했다. 그들은 이름을 밝히지 않으려 했고, 물론 나는 그들의 요구를 존중했다. 이스라엘을 긍정적으로 평가하는 말은 그들과 가족을 위험에 빠지게 할 수도 있기 때문이다. 나는 다가올 미래에는 혁신이 이스라엘과 그 주변국들 사이에 평화와 화합을 이루는 가교 역할을 하기를 희망한다.

특별한 대화와 유용한 소개로 많은 도움을 준 다음 사람들에게 진심으로 감사의 말을 전한다. AIPAC의 중서부 지역 디렉터로 일했던 브라이언 아브라함, 에너지아 글로벌 캐피털의 CEO 요세프 아브라모위츠, 이스라엘 외무부의 혁신과 사이버기술 부문을 이끄는 요아브 아들러, 힐러리 클린턴 대통령 선거운동 본부에서 유대인 지원 담당 디렉터로 활동했던 사라 바드, AIPAC의 정치부문 디렉터 롭 바신, 후버연구소 선임 연구원 피터 버코위츠, 이스라엘 정부의 수석 과학자였으며 현재 델 EMC 부사장인 오나 베리, 이스라엘 프로젝트의 CEO 겸 회장인 조시 블락, 팔로 알토 JCC의 CEO 잭 보드너, 페이스북 이스라엘 지사의 정책 및 커뮤니케이션 부문 본부장인 죠다나 커틀러, 인텔 이스라엘의 총괄 본부장을 역임한 물리 이든, 허드슨연구소 국가안보전략센터의 선임 연구원이자 디렉터인 더그 페이스와 그의 아내 파멜라 아우어바흐, 월드 체크 설립자 아리 파인스타인, AIPAC의 정책 및 국정 부문 디렉터 마빈 퓨어, 엠마 프리드만, 아마존의 크리스 길레, 소프트웨어 기업 피보탈의 법무담당 자문역인 수지 길픽스, 세계경제포럼의 정보 기술 산업 부문 수장인 조안나 고든, AIPAC의 정책 및 국정 부문 부디렉터를 역임한 조나단 콜트 해리스, 중동 민주화 프로젝트에서 연구 부문 부원장을 맡고 있는 에이미 호손, 미국 주요 유대인 단체 회장단 총회의 선임 부의장 말콤 호엔라인, 로이트연구소 설립자 지디 그린스타인, 걸자 후세인, 주미 이스라엘 대사관 무역 사절단 단장 아나트 카츠, 이스라엘 공공 외교 담당 부장관 마이클 오렌의 선임 고문인 네타 코린, 나이키 상표권 전문 선임 사내 변호사로 재직했던 켄 크워틀러, 존스 홉킨스 국제관계대학원 명예교수 마이클 만델바움과 그의 아내 앤 만델바움, 그로브 벤처의 전문 이사 도브 모란, 자선가이며 사업가로 이스라엘계 미국인위원회를 설립한 아담 밀스타인, BILT의 사장 겸 COO인 아메드 큐레쉬, 제시카 라인, 중동평화를 위한 학자 공동체에서 상임 이사로 활동하는 아사프 로머로우스키, 벤처 투자가이며 AIPAC 의장을 역임한 리 로젠버그, 미국 중동지역 특별 조정관을 지낸 데니스 로스, 마이크로오피스를 창업한 데이비드 로트바드, 노련한 기업가이자 CEO인 아밋 샤프리르, 민주주의수호재단의 연구부문 부단장 조나단 샨저, 빙엄턴대학교 차바드 유대인 학생 지원센터 교육 디렉터인 리브카 슬로님, 프리젠텐스 이스라엘의 CEO 가이 스피겔맨, 사회적 기업가 니르 주크, 미국 교육연구원 원장이자 AIPAC 전 의장인 데이비드 빅터, 전 〈뉴욕타임스〉 베이루트 지국장 로버트 워스, 비전센스 설립자 아비 야론. 이들 모두가 내게 도움을 주기 위해 많은 노력을 기울여 준 것에 대해 깊은 감사의 말을 전한다.

IMS에서 파트너로 함께 일하는 래리 글릭은 하늘에서 주신 선물이었다. 그의 현명한 조언과 든든한 지원, 친근한 성품은 값을 매길 수 없을 만큼 소중한 자산이었다. 이 책을 향한 나의 열정을 잘 알고 있던 글릭은 처음부터 끝까지 지원을 아끼지 않았다.

마지막으로 내 가족과 인척들, 특히 아내 엘리아나의 격려가 없었더라면 이 책을 쓰지 못했을 것이다. 지난 3년간 나는 아내와 나의 세 아이들, 아이든, 오렌, 야니브에게 인류를 향한 사랑을 실현한 이스라엘의 혁신을 끊임없이 들려줬다. 아내와 아이들은 나의 가장 강력한 후원자이자 영감의 근원이었다.

이 프로젝트를 지지하고 지원해 준 전 세계의 훌륭한 친구들과 동료들, 가족들을 생각할 때, 우리 각자에게 기발한 재능을 활용해 세상을 개선해 나갈 힘이 있다는 사실을 어떻게 믿지 않을 수 있겠는가?

2018년 1월, 워싱턴 DC에서

아비 조리쉬

부록

『혁신국가』에 쏟아진 찬사들

세상을 이롭게 한 이스라엘의 위대한 혁신 50선

미 주

『혁신국가』에 쏟아진 찬사들

『혁신국가』는 고대로부터 내려온 이스라엘 혁신 정신의 뿌리와 세상을 보다 나은 곳으로 만들려는 의지가 전 세계를 상대로 끊임없이 펼쳐진 과정을 밝힌 고무적인 스토리들로 가득하다. 이 책은 기업가, 비즈니스 리더를 비롯해 혁신이 어디에서 비롯되며 어떻게 이룰 수 있는지 이해하고 싶은 모든 사람들에게 훌륭한 읽을거리가 될 것이다.

– 댄 세노르·사울 싱어(『창업 국가』 저자들)

산적한 현대 사회 문제들을 해결하는 데 리더십을 발휘하고 있는 국가 이스라엘을 이해하려면 반드시 읽어야 할 책이다.

– 세스 시겔(『물 부족 세계를 위한 이스라엘의 해법』 저자)

『혁신국가』는 전 세계가 주목해야 할 책이다. 아비 조리쉬는 풍부하고 활기찬 묘사로 이스라엘이 어떻게 혁신을 통해 세상을 보다 나은 곳으로 만들어 나가는지, 그리고 다른 국가와 사람들이 어떻게 이 예를 따라갈 수 있는지 그 로드맵을 보여준다.

– 야코브 카츠(〈예루살렘 포스트〉 편집장)

참으로 고무적인 책이다! 저자 아비 조리쉬는 이스라엘이 인간의 기발한 독창성으로 깨지고 갈라진 세상을 어떻게 치유하고 있는지 보여준다. 삶의 질을 한층 더 높여주는 아주 멋진 책이다.

– 조나단 색스 경(전 영국 최고 지도자 랍비)

이스라엘 혁신의 비밀은 리더십과 결단력, 그리고 무엇보다 다른 사람들이 실패로 여기는 곳에서 기회를 찾는 능력에 있다. 『혁신국가』는 독자들에게 이스라엘의 혁신과 기업가 정신, 리더십에 관한 소중한 통찰을 제공한다.

– 마이어 브랜드(구글 이스라엘 CEO)

모든 독자에게 희망을 불어넣으며 이스라엘을 다른 시각으로 보게 만드는 책이다.

– 데니스 로스(전 미국 중동 특별 조정자)

아비 조리쉬는 작은 국가 이스라엘이 기술을 활용해 전 세계 수십억이 더 나은 삶을 영위할 수 있도록 만든 스토리를 전하며, 이스라엘의 혁신 역량을 뒷받침하는 비결을 밝혀냈다. 깊은 통찰과 희망으로 가득한 이 책은 이스라엘의 정신과 영혼을 밝게 비춘다.

– 요시 바르디(창업 멘토이자 비공식 이스라엘 기술 대사)

『혁신국가』는 이 시대의 진실을 정확히 보여주는 책이다. 혁신은 고귀한 과업이며 기술은 이 세상을 개선하는 신성한 수단이다. 고무적이고 영감을 불러일으키는 이 책은 우리 세대에 선물로 주어진 전례 없는 능력을 인류를 위해 발휘해야 한다는 도덕적 책임감을 불러일으킬 것이다.

– 어윈 쿨라(랍비/유대 교육 및 리더십 센터 회장)

『혁신국가』는 이스라엘의 기술이 이스라엘인뿐만 아니라 전 세계에 도움을 준 놀라운 스토리들을 들려준다. 건국한지 70년 만에 이처럼 크게 인류에 기여한 국가는 역사상 처음이다.

– 앨런 더쇼비츠(하버드법대 명예교수)

『혁신국가』는 독자들에게 이스라엘의 소중한 '천연자원'인 이스라엘 국민을 살펴볼 수 있는 참신한 경험을 제공한다. 이스라엘인이 열방을 비추는 빛이 될 것이라는 고대 히브리 선지자 이사야의 예언은 우연히 나온 말이 아니었다.

– 수잔 마이클(예루살렘 국제기독대사관 미국 디렉터)

이 책을 읽고 고대 성지에서 탄생한 수많은 현대적 혁신을 경외할 수밖에 없었다. 빼놓을 수 없는 필독서!

– 마이클 리틀(미국 종교방송협회 회장)

세계 곳곳의 수억 명에 달하는 사람들은 인간에게 가장 기본적인 생필품과 의료 서비스도 제대로 누리지 못하고 있다. 놀랍게도 조그만 나라 이스라엘이 능력을 발휘해 이들을 도왔다. 아비 조리쉬의 『혁신국가』는 행복감을 줄 뿐만 아니라 이스라엘이 신생국가에서 열방에 빛을 비추는 성숙한 국가로 급부상한 스토리를 들려준다.

– 시반 야아리('이노베이션 아프리카' 창업자이자 CEO)

이 책은 우리 토고처럼 젊은 국가 이스라엘이 그렇게 짧은 기간에 거대한 발전을 이뤘다는 사실을 깨닫게 해준다. 독자들은 이 책을 읽고 엄청난 희망을 품는 동시에, 인류의 현실을 개선한 이스라엘의 놀라운 기술적 기여에 감탄하게 되리라.

– 로버트 두시(토고 외무부 장관)

세상을 이롭게 한 이스라엘의 위대한 혁신 50선

자기방어 무술(1948년) 이마이 리흐텐펠드Imre Lichtenfeld는 히브리어로 '근접 격투'를 뜻하는 크라브 마가Krav Maga를 창시했다. 이 자기방어 시스템은 아이키도(합기도)와 유도, 복싱, 레슬링을 혼합한 형태다.

태양열 온수 집열기(1955년) 해리 즈비 타보르Harry Zvi Tabor 박사는 태양 에너지를 모아 온수를 만드는 기계 장치로 연결하는 검게 연마된 금속 집열판을 개발했다. 히브리어로 두드 셔메시Dud Shemesh라고도 하는 이 새로운 형태의 태양열 온수기는 기존 터빈 형식보다 더 많은 온수와 전기를 만들 수 있다.

동작을 통한 자각(1955년) 모세 펠든크라이스Moshe Feldenkrais는 보다 나은 신체 자세를 유지하기 위한 전체적 치유 프로그램, 펠든크라이스 요법Feldenkrais Method을 고안했다.

춤의 언어 창조(1958년) 노아 에쉬콜Noah Eshkol과 아브라함 와쉬만Abraham Wachman은 모든 사람이 보편적으로 이해하고 따라할 수 있는 방식으로 동작을 기록할 수 있는 획기적인 표기 시스템을 만들어 냈다. 동작을 위한 언어를 활용해 전문가들은 춤과 물리 치료 동작, 동물들의 행동을 기록할 수 있다.

지열발전용 터빈(1961년) 해리 즈비 타보르 박사와 루시엔 예후다 브로닉키 Lucien Yehuda Bronicki 박사는 태양 에너지로 작동하며, 태양광이 강하지 않을 때는 대체 가능한 액체로 전기 발전기를 돌릴 수 있는 터빈을 처음으로 만들어 냈다. 브로닉키 박사와 그의 아내 디타 Dita는 자신들의 글로벌 지열발전 기업 오마트 Ormat를 통해 이 혁신 제품을 지열 에너지에 접목해 크게 성공했다.

마리화나의 화학 구조(1963년) 라파엘 미슐럼 Raphael Mechoulam은 칸나비디올 Cannabidiol, CBD과 테트라하이드로칸나비놀 Tetrahydrocannabinol, THC을 포함해 마리화나에 들어 있는 활성 화합물의 화학 구조를 발견했으며, 이후 이 성분은 여러 형태의 장애, 특히 발작장애를 치료하는데 활용됐다.

현대식 점적 관수(1965년) 심카 블라스 Simcha Blass와 하체림 Hatzerim 키부츠는 네타핌을 창업하고 농업인과 협동조합, 정부가 물을 더 많이 절약하는데 도움을 주는 세계 최초의 현대식 점적 관수 장치를 대량 생산하는 계약을 체결했다.

다발성 경화증 치료제(1967년) 미카엘 셀라 Michael Sela, 루스 아논 Ruth Arnon, 드보라 테이텔바움 Dvora Teitelbaum은 다발성 경화증에 관련된 증상을 완화하기 위한 합성 물질을 실험하기 시작했다. 그로부터 거의 30년 후,

미국 식품의약국FDA은 이 세 사람이 이스라엘 제약 기업 테바Teva와 함께 개발한 치료제 코팍손Copaxone을 승인했다.

침입 불가능한 도어와 자물쇠(1973년) 아브라함 바크리Avraham Bachri와 모세 돌레브Moshe Delev는 자물쇠 실린더가 문틀 전체에 연결되는 기하학적 문 잠금장치, 라브 바리아치Rav Bariach를 발명했다. 4년 뒤 두 사람은 이 잠금장치를 장착한 철제 보안 도어인 플레이더리트Pladelet를 개발했다.

천연 모기 방충제(1976년) 요엘 마갈리트Yoel Margalith 박사는 모기와 검은 파리와 같은 곤충에 치명적인 천연 미생물제Bacillus Thuringiensis Israelensis, BTI를 발견했다. 이 천연 방충제는 화학 살충제보다 저렴하며 효과는 비슷하고, 환경에 해를 끼치지 않는다.

도서관들과 도서를 연결하는 시스템(1976년) 히브리대학교 소속 사서들과 시스템 분석가, 컴퓨터 프로그래머로 구성된 팀은 알레프Aleph로 알려진 세계 최초의 도서관 자동화 시스템을 개발하는 일에 착수했다.

슈퍼컴퓨터 칩(1979년) 인텔 하이파Intel Haifa는 최초의 PC용 마이크로프로세서인 인텔 8088을 생산했다.

다발성 경화증 치료제(1979년) 미셸 레벨Michel Revel은 음경 포피를 활용한 실험을 통해 다발성 경화증을 치료하는 기발한 방법을 발견했다. 그는 다발성 경화증의 주요 치료제 중 하나인 레비프Rebif를 개발했다.

방울토마토(1980년) 하임 라비노비치Chaim Rabinovitch와 나훔 카이더Nahum Keidar는 토마토 유전자를 변형해 토마토의 축소판인 방울토마토를 생산했다.

악성 전염병 퇴치(1983년) 마리오 모세 레비Mario Moshe Levi와 야코브 나카쉬Yaakov Nakash는 꿀벌과 말벌, 진드기를 길러 병충해 방제와 자연적 수분을 실현하고, 이 과정에서 곤충들이 환경을 지배하거나 유해한 부작용을 일으키기 않게 하는 해충방제 전문기업 바이오-비 바이오로지컬 시스템Bio-Bee Biological System을 설립했다.

곡물 저장용 포대(1985년) 슈로모 나바로Schlomo Navarro 박사는 쌀을 비롯한 곡물과 향신료, 콩류 식물 등을 저장하고, 살충제가 필요 없는 완전 밀폐형 포대 그레인 코쿤Grain Cocoon을 개발했다.

조류와 비행기의 충돌 방지(1987년) 요시 레셈Yossi Leshem은 레이더와 동력 글라이더, 드론, 조류 관찰자 네트워크를 활용해 매년 이스라엘 상공을 날아가는 조류 10억 마리의 이동 경로를 표시한 정밀 지도를 만들어 냈다. 그의 연구 결과 덕분에 조류와 비행기의 충돌 확률이 76퍼센트 감소하며 수억 달러에 달하는 비용을 절감했다.

플래시 드라이브(1989년) 도브 모란Dov Moran 박사는 디스크온키DiskOnKey로 불리는 세계 최초의 플래시 드라이브를 개발했다. 이 기기는 플로피 디스크나 CD보다 작고, 빠르며, 데이터 저장 용량이 훨씬 더 크다.

이머전시 밴디지(1990년) 버나드 바 나탄Bernard Bar-Natan은 대량 출혈을 곧 바로 멈추게 하고 외상으로 인한 감염을 막아 주는 응급처치용 붕대 이머전시 밴디지Emergency Bandage를 개발했다.

유아 호흡 관찰 모니터(1991년) 하임 슈탈리드Haim Shtalryd는 유아용 침대 아래에 부착한 센서 패드를 이용해 유아의 호흡을 관찰하는 모니터를 최초로 개발했다.

인터넷 방화벽(1993년) 길 슈웨드Gil Shwed와 슈로모 크라머Schlomo Kramer, 마리우스 나흐트Marius Nacht는 온라인상에서 기업과 개인의 데이터를 보호하는 최초의 방화벽을 개발했다.

뇌수술용 GPS(1993년) 이마드 유니스Imad Younis와 림 유니스Reem Younis 부부는 이스라엘에서 가장 규모가 큰 아랍계 첨단기술 기업을 설립했다. 이 기업은 수전증과 파킨슨병을 포함한 신경계 장애를 치료하는데 사용되는 뇌심부자극술 시술 과정에서 뇌 속의 GPS로 역할하는 기기의 산업 표준을 만들어 냈다.

난소암 치료약(1995년) 예체즈켈 바렌홀즈Yechezkel Barenholz와 알레르토 가비존Alberto Gabizon 박사는 미국 식품의약국이 승인한 최초의 나노약물Nanodrug인 독실Doxil을 개발했다. 혼합물로 주입할 경우, 독실은 차상위 난소암 치료법보다 수명을 25에서 33퍼센트 연장할 수 있다.

인스턴트 채팅(1996년) 야이르 골드핑거Yair Goldfinger, 세피 바이기저Sefi Vigiser, 암논 아미르Amnon Amir, 아릭 바르디Arik Vardi, 요시 바르디Yossi Vardi는 최초의 온라인 인스턴트 메신저 프로그램인 ICQ(영어로 발음하면 "아이 시 큐I Seek You", 즉 '너를 찾는다'라는 뜻이다)를 개발한 기업, 미라빌리스Mirabilis를 설립했다.

파킨슨병 치료약(1996년) 무사 유딤Moussa Youdim은 로자길린Rosagiline 화합물이 파킨슨병을 치료하는데 중요한 역할을 할 수 있다고 주장하는 논문을 발표했다. 3년 뒤, 제약기업 테바는 이 성분이 포함된 아질렉트Azilect를 개발하고 미국과 유럽에서 마케팅을 시작했다.

생태 친화적 양어장(1997년) 얍 반 리언Jaap van Rijn은 양어장 폐수 재활용에 사용하는 독특한 무배출 시스템에 대한 자신의 두 번째 특허를 출원했다. 특별한 형태로 개발한 박테리아와 생물학적 여과기를 사용해 환경을 해치지 않고 극히 제한된 물만으로 어디서나 물고기를 번식시킬 수 있는 방법이다.

필캠(1998년) 가브리엘 이단Gavriel Iddan은 위장관을 따라 이동하며 신체 내부의 사진을 찍는 삼킬 수 있는 카메라와 무선 송신기를 개발했다. 필캠PillCam은 의사들에게 외과적 수술 없이도 소화기 계통 질병을 검사하고 진단하며 치료할 수 있는 효과적인 도구를 제공한다.

치주염 치료(1998년) 미국 식품의약국은 성인 치주염 완화를 위한 최초의 생분해성 약물 전달 시스템인 페리오칩PerioChip 판매를 허용했다. 마이클 프리드만Michael Friedman과 마이클 셀라Michael Sela, 도론 스타인버그Doron Steinberg, 오브리 소스콜니Aubrey Soskolny가 개발한 페리오칩은 잇몸 내 치주 포켓에 직접 삽입한다.

모빌아이(1999년) 암논 샤슈아Amnon Shashua와 지브 아비람Ziv Aviram은 운전자에게 위험한 상황을 경고하며 사고를 방지하는 시스템인 모빌아이를 발명했다. 이 기기는 앞선 차량과 너무 가까워지거나 운전자가 안전하지 않은 방식으로 갑자기 차선을 벗어나면 경고음을 내보낸다.

로봇 척추 수술(2001년) 마조 로보틱스Mazor Robotics를 설립한 모셰 쇼햄Moshe Shoham과 엘리 제하비Eli Zehavi는 척추 수술 절차를 보다 과학적으로 전환시키는 유도 시스템을 만들어 냈다. 마조 로보틱스의 획기적인 기술을 활용해 의사들은 수술 전에 CT 영상을 검토하며 척추의 3차원 청사진을 만들 수 있다. 이를 통해 의료진은 매우 정밀한 수술 계획을 수립할 수 있다.

병원용 스마트 베드(2004년) 대니 랭Danny Lange 박사와 요시 그로스Yossi Gross, 가이 샤이너Guy Shinar 박사, 애브너 핼페린Avner Halperin은 병원 침대 매트리스를 스마트 침대로 바꿔놓는 센서 판을 개발했다. 아이패드 크기의 이 기기는 환자의 심장 박동과 호흡률, 수면 단계, 움직임 등을 측정하며 그 수치를 스마트폰 애플리케이션에 무선으로 송신한다.

외골격 형태의 보행 기구(2004년) 아밋 고퍼Amit Goffer 박사는 하반신 마비 환자들을 다시 걸을 수 있게 만드는 외골격 형태의 보행 기구 리워크ReWalk를 개발했다.

멸종 식물 복원(2005년) 사라 살론Sarah Sallon 박사와 일레인 솔로위Elaine Solowey 박사는 1960년대 초 마사다에서 발견된 고대 씨앗을 사용해 거의 2천 년 전에 사라진 것을 되살리는 방법을 찾아냈다. 바로 고대 지중해 연안에 거주하는 사람들에게 매우 중요한 식물 중 하나였던 유대 대추야자나무이다.

치매 치료약(2006년) 마르타 와인스탁 로진Marta Weinstock-Rosin과 마이클 초레브Michael Chorev, 지브 타 슈마Zeev Ta-Shma 박사는 파킨슨병으로 인한 경도에서 중등도 사이의 치매를 치료하는 약으로 최초로 승인받은 엑셀론Exelon을 개발했다.

긴급 구조원의 지리적 위치 식별 시스템과 앰뷰사이클(2006년) 엘리 비어Eli Beer는 자발적으로 참여한 응급구조사 그룹인 유나이티드 핫잘라United Hatzalah를 설립했다. 여기에 속한 모든 응급구조사들은 사고 현장에서 가장 가까운 곳에 있는 응급구조사 5명에게 곧바로 출동을 지시하는 표준화된 애플리케이션을 자신의 스마트폰에 설치했다. 이 응급구조사들은 주로 모터사이클을 미니 앰뷸런스처럼 개조해 교통 체증을 신속히 헤치고 나아갈 수 있는 앰뷰사이클Ambucycle로 이동한다.

나노 성서(2007년) 유리 시반Uri Sivan과 오하드 조하르Ohad Zohar는 보통 몇 년씩 걸리는 일을 집속 이온 레이저 광선Focused Ion Laser Beam을 활용해 90분 만에 끝냈다. 바로 120만 자로 구성된 히브리 성서(구약성서) 전체를 기록하는 일이다. 유일한 차이점은 이렇게 기록한 성서 버전이 나노Nano 사이즈라는 데 있다.

시각장애인들의 시력 회복(2007년) 아미르 아메디Amir Amedi 박사는 시각장애인들이 자신의 다른 감각을 활용해 일상품뿐만 아니라 색상까지 인식할 수 있는 아이뮤직EyeMusic이라는 방법을 고안했다. 사용자들은 주위에 있는 물건들을 스캔해 이를 특정 음악 코드로 전환해 주는 카메라가 달린 특수 안경으로 물건들을 인식한다.

웨이즈 애플리케이션(2008년) 유리 러바인Uri Levine과 에후드 샤타이Ehud Shabtai, 아미르 시날Amir Shinar은 세계에서 교통 내비게이션 앱으로 가장 널리 사용되는 웨이즈Waze를 만들었다. 이 시스템은 실시간으로 업데이트되는 도로 상황을 활용해 운전자들이 통근 시간과 자동차 연료 사용량을 줄일 수 있게 해준다.

누수 방지 소프트웨어(2008년) 아미르 펠렉Amir Peleg은 빅데이터와 클라우드를 결합해 물 공급망을 모니터링하는 소프트웨어 플랫폼을 출시했다. 펠렉이 개발한 시스템 타카두Takadu는 도시와 지방차치 단체, 국가에 물 공급 인프라를 점검하며 누수와 송수관 파열을 찾아내 수백 만 갤런의 물을 절약할 수 있게 한다.

획기적인 변기(2008년) 오데드 쇼세요브Oded Shoseyov와 오데드 할페린Oded Halperin은 물이나 전기를 사용하지 않고도 배설물을 완전히 처리할 수 있는 변기 애쉬푸피AshPoopie를 개발했다.

AIDS 억제(2009년) AIDS 바이러스 감염을 줄이기 위해 오렌 푸어스트Oren Fuerst와 이도 킬렘닉Ido Kilemnick, 샤울 쇼햇Shaul Shohat이 개발한 비외과적 포경 수술 기구 프리펙스Prepex는 마취가 필요 없고 전혀 위험하지 않으며 출혈이 없고 통증도 거의 없다.

파이프 내에 설치된 수차水車**(2010년)** 대니 펠렉Danny Peleg은 클린 에너지의 영구적 원천인 전류를 생산하기 위해 송수 파이프 내에서 회전하는 소형 회전 휠, 하이드로스핀Hydrospin을 개발했다.

사막형 감자 품종 개발(2010년) 데이비드 레비David Levy는 덥고 건조하며 물이 부족한 환경에서도 잘 자랄 수 있는 감자 품종을 개발했다.

자연분해되는 식품 포장(2010년) 다프나 니센바움Daphna Nissenbaum과 탈 뉴만Tal Newman은 일반 플라스틱과 기계적 성질이 동일하면서도 자연분해될 수 있는 식품 포장 기술을 개발했다.

아이언 돔 미사일 시스템(2011년) 대니 골드Danny Gold 준장과 차노크 레빈Chanoch Levine은 가자 지구에서 발사된 하마스의 로켓탄을 획기적인 아이언 돔Iron Dome 요격 시스템으로 격추하는데 성공했다. 첨단 레이더와 소프트웨어를 활용하는 이 장치는 로켓탄의 궤적을 예측해 공중에서 격추시킨다.

핸즈프리 스마트폰(2011년) 오데드 벤 도브Oded Ben-Dov와 지오라 리브니Giora Livne는 손을 사용하는 것이 불편한 사람들을 위한 세계 최초의 스마트폰인 세사미 폰Sesame Phone을 개발했다.

효율적인 바이오가스 기기(2011년) 야이르 텔러Yair Teller와 오식 에프라티Oshik Efrati는 부엌과 정원에서 나오는 유기성 폐기물과 반려동물의 배설물을 한데 모아 재생 가스를 만들어 내는 매우 효율적이고 설치하기 쉬운 홈바이오가스HomeBioGas를 최초로 개발했다.

부상자 이송 도구(2012년) 엘리 아이작슨Elie Isaacson과 이차크 오펜하임Itzhak Oppenheim은 소방관들이 사용한 기존 이송 방식을 대체하는 실용적인 부상자 이송 도구를 개발했다. 백팩과 기능이 비슷한 이 도구를 사용하면 몸을 제대로 가누지 못하는 환자를 손을 쓰지 않고도 이송하거나 대피시킬 수 있다.

호흡 속 냄새를 이용한 암 진단(2015년) 호삼 하익Hossam Haick은 일반적인 인간의 후각 기관으로는 인식하지 못하는 화합물을 감지할 수 있는 기술을 활용해 폐암을 진단하는 호흡 분석 테스트 기기, 나-노즈NA-Nose(나노 스케일 인공 코)를 개발했다.

안정적이고 생체흡수 가능한 붕대(2016년) 이스라엘의 의료산업 기업 코어 사이언티픽 크리에이션Core Scientific Creations은 많은 양의 출혈을 흡수한 뒤 인체 내로 용해되어 사라지는 붕대, 운드 클롯Wound Clot을 판매하기 시작했다.

선외가작

티쿤 올람 메이커스(2014년) 아이디어를 가진 자와 엔지니어, 디자이너, 프로젝트 매니저들을 한데 모아 불리한 조건에 놓인 공동체의 충족되지 못한 사회적 과제를 해결하는 최초의 플랫폼을 구성하고 시험 모델을 디자인하며 만드는 첫 메이커톤Make-a-thon■ 대회가 나사렛에서 열렸다. 현재 세계 곳곳에서 열리는 이런 기술 마라톤 대회는 장애인들의 필요에 맞춘 모델과 프로토타입을 제작한다. 여기서 찾아낸 솔루션은 온라인상에 공개하며 무료로 사용할 수 있다.

■ 메이커Maker와 마라톤Marathon의 합성어로 한 주제를 놓고 여러 단계의 창작자들이 모여 혁신적인 제품을 만들어 나가는 이벤트를 뜻한다.

미 주

프롤로그 더 나은 세상을 꿈꾸는 혁신가들

1 G. K. Chesterton, *What I Saw in America*(New York, 1922), 12.

1. 이스라엘의 혁신 DNA

1 2016년 4월 16일 나사렛에서 아비 야론과 인터뷰

2 2016년 9월 13일 워싱턴 DC에서 림 유니스와 인터뷰

3 Jill Jacobs, "The History of Tikkun Olam," *Zeek*, June 2007.

4 2016년 7월 21일 예루살렘에서 랍비 다비드 로젠과 인터뷰

5 2017년 7월 3일 뉴욕주 햄프턴에서 요시 바르디와 인터뷰

6 "Declaration of the Establishment of the State of Israel," May 14, 1948.

7 Theodor Herzl, "Excerpts from *The Jewish State*," February 1896.

8 Theodor Herzl, "Quotes on Judaism and Israel," *Jewish Virtual Library*.

9 "Tikkun Olam," Israel Ministry of Education[in Hebrew]; "Herzl's Better Society," Israel Ministry of Education [in Hebrew]; Charles Ward, "Protestant Work Ethic That Took Root in Faith Is Now Ingrained in Our Culture," *Houston Chronicle*, September 1, 2007.

2. 무관심할 수 없는 유대인들

1 Jake Wallis, "Saving Their Sworn Enemy," *Daily Mail*, December 8, 2015.

2 "IDF Medical Units Treat Wounded Syrians," *The Tower*, August 9, 2016.

3 2016년 12월 28일, 유진 칸델과 전자 서면 인터뷰

4 Batsheva Sobelman, "One Country That Won't Be Taking Syrian Refugees: Israel," *Los Angeles Times*, September 6, 2015.

5 Golda Meir, *My Life*(New York: G. P. Putnam's Sons, 1975), 317–37; D. Ben- Gurion, "Trends in State Education"[in Hebrew], lecture at Nineteenth National Pedagogical Conference of the Teacher's Union, October 17, 1954.

6 Ehud Avriel, "Some Minute Circumstances," *Jerusalem Quarterly*(winter 1980): 28, quoted in Aliza Belman Inbal and Shachar Zahavi, *The Rise and Fall of Israel's Bilateral Aid Budget, 1958–2008* (Tel Aviv: Tel Aviv University Hartog School for Government and Policy with

the Pears Foundation, 2009), 27.

7 Inbal and Zahavi, *The Rise and Fall of Israel's Bilateral Aid Budget, 1958–2008*, 16.

8 Joel Peters, *Israel and Africa: The Problematic Friendship* (London: British Academic Press, 1992), 15, quoted in Inbal and Zahavi, *The Rise and Fall of Israel's Bilateral Aid Budget, 1958–2008*, 27.

9 Mordechai E. Kreinin, *Israel and Africa: A Study in Technical Cooperation* (New York: Frederick A. Praeger, 1964), 11, quoted in Inbal and Zahavi, *The Rise and Fall of Israel's Bilateral Aid Budget, 1958–2008*, 30.

10 하지만 국제협력센터 마샤브MASHAV는 비용을 감당할 수 있는 범위 내에서 아프리카인들에 대한 훈련을 계속했다. 약 50명의 이스라엘인들이 UN과 다른 여러 다국적 조직의 후원으로 훈련을 이어 나갔다.

11 Judy Siegel- Itzkovich, "Is This Where Charity Ends?" *Jerusalem Post*, October 24, 2004.

12 "Map of IDF Delegations around the World," IDF 블로그, www.idfblog.com/blog/2013/11/27/idfwithoutborders- map- idf- aid- delegations- around- world/. And for a detailed map of IDF aid missions around the world, please google #IDFWithoutBorders.

13 Avi Mayer, "Another Side of Israel: The Impact of Tikkun Olam," Jewish Policy Center, spring 2013.

14 2016년 9월 1일 도브 마이셀과 인터뷰

15 Ruth Eglash, "A Light among the Nations," *Jerusalem Post*, May 7, 2008.

16 2016년 9월 10일 댄 엥겔하드와 전화 인터뷰

17 "A Drop of Hope in a Sea of Despair," CSPAN, January 13, 2014.

18 Viva Sarah Press, "WHO Ranks IDF Field Hospital as World's Best," Israel21c, November 14, 2016.

19 "Bill Clinton Hails Israel Relief Mission to Haiti," *Haaretz*, January 28, 2010.

20 Judah Ari Gross, "UN Ranks IDF Emergency Medical Team as 'No. 1 in the World,'" *Times of Israel*, November 13, 2016.

21 Judah Ari Gross, "Masters of Disaster, IDF Field Hospital May Be Recognized as World's Best," *Times of Israel*, October 18, 2016.

22 "Israeli Humanitarian Relief: MASHAV- Israel's Agency for International Development Cooperation," Israel Ministry of Foreign Affairs; "Israel's Agency for International Development Cooperation," Embassy of Israel in China.

23 CSPAN, "A Drop of Hope in a Sea of Despair"

3. 자원봉사자들이 일으킨 혁명: '앰뷰사이클'의 탄생

1 2016년 3월 20일 워싱턴 DC에서 엘리 비어와 인터뷰

2 TEDMED, “The Fastest Ambulance? A Motorcycle,” April 2013; Allison Josephs, “The Orthodox Man Who Saved a Life with His Yarmulke,” Jew in the City, May 29, 2014; “Behind Israel’s Fast Response to Medical Emergencies,” *San Diego Jewish World*, April 6, 2014; “Bus Bomb Toll: Six Dead, 19 Injured,” Jewish Telegraphic Agency, June 5, 1978; “Scattered Saviors,” *Economist*, January 28, 2012.

3 TEDMED, “The Fastest Ambulance?”; United Hatzalah, “Ambucycle Zooms into AIPAC 2015 Conference,” March 1, 2015.

4 United Hatzalah, “Ambucycle Zooms”; Josephs, “The Orthodox Man”

5 “Behind Israel’s Fast Response to Medical Emergencies,” *San Diego Jewish World*.

6 2016년 3월 20일 워싱턴 DC에서 엘리 비어와 인터뷰

7 TEDMED, “The Fastest Ambulance?”

8 Greer Fay Cashman, “Rivlin Salutes First Responders as the ‘Light in the Darkness’” *Jerusalem Post*, December 8, 2015.

9 “Six Minutes to Save a Life,” *Harvard Health Publications*, January 2004.

10 TEDMED, “The Fastest Ambulance?”

11 United Hatzalah, “Ambucycle Zooms”; Josephs, “The Orthodox Man”

12 TEDMED, “The Fastest Ambulance?”; Josephs, “The Orthodox Man”

13 United Hatzalah, “Ambucycle Zooms”

14 TEDMED, “The Fastest Ambulance?”; United Hatzalah, “Ambucycle Zooms”

15 United Hatzalah, “Ambucycle Zooms”

16 Judy Siegel- Itzkovich, “Capital’s Light Rail Survives First Simulated Terror Attack,” *Jerusalem Post*, July 26, 2012.

17 2016년 5월 31일 엘리 비어와 전화 인터뷰

18 “Ministry of Health: United Hatzalah Authorized to Train Ambulance Drivers,” United Hatzalah.

19 Judy Siegel- Itzkovich, “Ambucycle Zooms into AIPAC Conference,” *Jerusalem Post*, March 3, 2015; Judy Siegel- Itzkovich, “Opening Their Eyes,” *Jerusalem Post*, December 20, 2015.

20 TEDMED, “The Fastest Ambulance?”

21 Eitan Arom and Erica Schachne, “Just an Ambucycle Ride Away,” *Jerusalem Post*, January 2, 2015.

22 2016년 6월 1일 도브 마이셀과 전화 인터뷰

23 2016년 5월 23일 피터 블룸과 전화 인터뷰

24 2016년 6월 1일 도브 마이셀과 전화 인터뷰

25 이 GPS 시스템은 나우포스NowForce가 개발한 라이프 콤파스 시스템Life Compass System을 말한다. 2008년에 설립된 나우포스는 이스라엘에 본사를 둔 기업이다.

26 Arom and Schachne, "Just an Ambucycle Ride Away"

27 Roland Huguenin, "Courage under Fire," *Magazine of the International Red Cross and Red Crescent Movement*; A. Harpaz, "United Hatzalah: Thirty Arab Volunteers from East Jerusalem Join the Organization with the Encouragement of the Organization's Senior Executives," *Actuality*[in Hebrew], October 24, 2009; Tovah Lazaroff, "Int'l Red Cross Slams MDA for Operating in East Jerusalem, West Bank," *Jerusalem Post*, July 5, 2013.

28 Sam Sokol, "Fighting Together to Save Lives," *Jerusalem Post*, December 12, 2012.

29 Ghitis, *Jerusalem* SOS.

30 2016년 5월 25일 무함마드 아슬리와 전화 인터뷰

31 Abigail Klein Leichman, "Peace Prize for Jewish and Muslim Leaders of United Hatzalah," Israel21c, July 24, 2014; "United Hatzalah Leaders Receive Prize for Peace in the Mid East," *Jerusalem Post*, June 25, 2013.

32 Leichman, "Peace Prize"; Sokol, "Fighting Together"

33 2016년 5월 25일 무함마드 아슬리와 전화 인터뷰

34 TEDMED, "The Fastest Ambulance?"

35 2016년 5월 25일 무함마드 아슬리와 전화 인터뷰

36 Siegel- Itzkovich, "Opening Their Eyes"

37 2016년 5월 25일 무함마드 아슬리와 전화 인터뷰

38 United Hatzalah, "Eli Beer and Murad Alian Win Victor Goldberg Prize for Peace," July 2, 2013; United Hatzalah, "IBA News in Arabic from Jerusalem," June 27, 2013.

39 2016년 6월 1일 도브 마이셀과 전화 인터뷰, 2017년 1월 3일 전자 서면 인터뷰

40 Judy Siegel- Itzkovich, "30 E. J'Lem Arabs Become Hatzalah Emergency Medics," *Jerusalem Post*, October 16, 2009.

41 TEDMED, "The Fastest Ambulance?"

42 Judy Siegel- Itzkovich, "Before the Ambulance Comes," *Jerusalem Post*, September 13, 2009.

43 TEDMED, "The Fastest Ambulance?"

44 United Hatzalah, "Eli Beer and Murad Alian Win Victor Goldberg Prize for Peace."

45 2016년 10월 27일 뉴욕에서 마크 거슨과 인터뷰

46 Siegel- Itzkovich, "Ambucycle Zooms"; Siegel- Itzkovich, "Opening Their Eyes"; "Eli Beer," Schwab Foundation for Social Entrepreneurship.

47 2016년 11월 19일 알란 더쇼비츠와 전자 서면 인터뷰

48 "When Seconds Count," United Hatzalah

49 Siegel- Itzkovich, "Before the Ambulance Comes"

50 이스라엘 모델과 거의 비슷하게 운영하는 곳은 미국 뉴저지 주 저지시티Jersey City와 파나마의

파나마시티Panama City 두 군데 뿐이다. 이제 막 이스라엘 모델과 비슷한 진용을 갖추기 시작한 곳은 호주와 아르헨티나, 브라질, 방글라데시, 두바이, 에티오피아, 가나, 인도, 리투아니아, 멕시코, 르완다, 영국, 우크라이나 등이다. 때로는 이들 조직을 유나이티드 레스큐United Rescue로 부르기도 한다.

51 2016년 5월 31일 엘리 비어와 전화 인터뷰

52 TEDMED, "The Fastest Ambulance?"

4. 한 방울의 기적: 점적 관수 개발

1 "A Drip Revolution around the World," *Jerusalem Post*, April 22, 2015.

2 2015년 7월 5일 하체림 키부츠에서 나티 바라크 인터뷰

3 "Inventors: Simcha Blass," Netafim.com

4 Alastair Bland, "Hiding in the Shallows," *Comstock's*, September 15, 2015.

5 David Tidhar, *Encyclopedia of the Founders and Builders of Israel*[in Hebrew], vol. 7 (1956), 2945,

6 Maureen Gilmer, "Dry Land Thrives with Drip Irrigation: Systems Traced to Discovery in Arid Israel in 1960s," *Dayton Daily News*, May 7, 2015.

7 Alon Tal, *Pollution in a Promised Land: An Environmental History of Israel* (Berkeley: University of California Press, 2002), p. 228.

8 Seth M. Siegel, *Let There Be Water*(New York: St. Martin's Press, 2015), 56.

9 Siegel, *Let There Be Water*, 58.

10 Gilmer, "Dry Land Thrives"

11 Yael Freund Avraham, "A Drop of Respect: Who Really Invented Drip Irrigation?" *Makor Rishon*[in Hebrew], June 7, 2015.

12 Dr. V. Praveen Rao, "History of Irrigation," Netafim Legacy.

13 네타핌에 따르면, 점적 관수는 담수 방식에 비해 30퍼센트 더 효율적이며, 점적 관수와 비료 공급을 혼합한 방식, 즉 관수에 비료를 섞어 동시에 공급하는 방식(관비灌肥법이라고도 한다)은 생산량을 최대 200퍼센트 증가시킨다.

14 Udasin, "A Drip Revolution"

15 "CEOs: Uri Werber," Netafim.com, www.netafimlegacy.com/people

16 2015년 7월 5일 하체림 키부츠에서 나티 바라크 인터뷰

17 Siegel, *Let There Be Water*, 60.

18 "CEOs: Uri Werber," Netafim.com

19 2015년 7월 5일 하체림 키부츠에서 나티 바라크 인터뷰

20 Netafim, "The Evolving Story of Netafim and Drip Irrigation," May 27, 2012.

21 "Timeline: 1966," Netafim Legacy, www.netafimlegacy.com/timeline

22 David Shamah, "What Israeli Drips Did for the World," *Jerusalem Post*, August 20, 2013.

23 "Founders: Oded Winkler," Netafim.com, www.netafimlegacy.com/people

24 블라스는 1966년 12월 22일 특허 신청을 했고, 1969년 1월 7일에 특허를 받았다.

25 "CEOs: Avinoam("Abie") Ron," Netafim.com, www.netafimlegacy.com/people

26 Siegel, *Let There Be Water*, 62.

27 "CEOs: Uri Werber," Netafim.com

28 Siegel, *Let There Be Water*, 63.

29 Diana Bkhor Nir, "Flowing," *Calcalist*[in Hebrew], March 19, 2015.

30 Bkhor Nir, "Flowing."

31 Udasin, "A Drip Revolution"

32 "Inventors: Rafi Mehoudar," Netafim.com

33 UN 식량농업기구FAO에 따르면, 세계 인구는 현재 69억 명에서 2050년 91억 명으로 늘어날 것으로 예상된다. "The State of the World's Land and Water Resources," Food and Agriculture Organization of the United Nations, 2011.

34 Lain Stewart, "How Can Our Blue Planet Be Running out of Fresh Water," BBC.

35 2017년 미국 국제개발처USAID 소속으로 전 세계의 극심한 식량 공급 불안정 상황을 추적하는 기구인 기근조기경보시스템 네트워크Famine Early Warning System Network는 2017년 식량 원조가 필요한 최대 인구수를 7천만 명에서 8천 1백만 명으로 수정했다. 새로운 추정치는 식량 지원이 필요할 것으로 예상한 2016년 수치보다 20퍼센트, 2015년 수치보다는 70퍼센트 높다. 이처럼 심각한 수치 증가는 전 세계 공동체가 지금까지 긴급 식량 안보 지원에 22억 달러를 투입했는데도 불구하고 일어난 현상이다.

36 2016년 10월 29일 세스 시겔과 전자 서면 인터뷰

37 Arin Kerstein, "The Impact of Drip Irrigation: 'More Crop per Drop,'" *Borgen Magazine*, July 20, 2015; Associated Press, "Farms Waste Much of World's Water," March 19, 2006; Netafim, "Netafim Corporate Image Video," December 19, 2012.

38 2016년 11월 16일 오데드 디스텔과 전자 서면 인터뷰

39 2015년 7월 5일 하체림 키부츠에서 나티 바라크 인터뷰

40 David Shamah, "Israel's Drip Irrigation Pioneer Says His Tech Feeds a Billion People," *Times of Israel*, April 21, 2015.

5. 진짜 아이언맨이 나타나다: 미사일 방어체계 '아이언 돔'

1 Aharon Lapidot, "The Gray Matter behind the Iron Dome," *Israel Hayom*, February 23, 2012; Charles Levinson and Adam Entous, "Israel's Iron Dome Defense Battled to Get off

Ground," *Wall Street Journal*, November 26, 2012.

2 Lapidot, "The Gray Matter"

3 Levinson and Entous, "Israel's Iron Dome Defense." See also Bill Robertson, "Israel's Iconic Iron Dome: General Danny Gold, Father," *Huffington Post*, December 4, 2015.

4 Abigail Klein Leichman, "The Maverick Thinker behind Iron Dome," Israel21c, August 3, 2014.

5 Uzi Rubin, "Hezbollah's Rocket Campaign against Northern Israel: A Preliminary Report," *Jerusalem Center for Public Affairs* 6, no. 10 (August 31, 2006).

6 2016년 5월 27일 워싱턴 DC에서 차노크 레빈과 인터뷰

7 "Middle East Crisis: Facts and Figures," BBC, August 31, 2006.

8 "Recovery and Reconstruction Facts," Presidency of the Council of Ministers – Higher Relief Council, https://web.archive.org/web/20071227165718/

9 2016년 5월 27일 워싱턴 DC에서 차노크 레빈과 인터뷰

10 다른 기업들은 레이저 시스템 개발을 제안했다.

11 Levinson and Entous, "Israel's Iron Dome Defense"

12 2016년 6월 27일 차노크 레빈과 전자 서면 인터뷰

13 Lapidot, "The Gray Matter"

14 Stewart Ain, "Iron Dome Ready for Future," *Jewish Week*, February 9, 2015.

15 "Dedication, Zionism, and a Few Pieces from Toys R Us: An Interview with the Team That Oversees the Iron Dome, All the Members of Which Are Graduates of the Technion, and the Secret of the Project's Success," *Hayadan*[in Hebrew], July 9, 2014.

16 2016년 5월 27일 워싱턴 DC에서 차노크 레빈과 인터뷰

17 *Hayadan*, "Dedication, Zionism, and a Few Pieces from Toys R Us."

18 "치코 대령"이 여전히 군 소속인 터라, 레빈은 그의 성을 밝히지 않는 것이 좋겠다고 생각했다.

19 Yael Livnat, "One Year after the First Iron Dome Interception: Success, Thanks to the Warriors"[in Hebrew], Israel Defense Forces, April 5, 2012, accessed September 3, 2016.

20 *Hayadan*, "Dedication, Zionism, and a Few Pieces from Toys R Us"

21 Levinson and Entous, "Israel's Iron Dome Defense"

22 2016년 5월 27일 워싱턴 DC에서 차노크 레빈과 인터뷰

23 2016년 6월 27일 차노크 레빈과 전자 서면 인터뷰

24 2016년 5월 27일 워싱턴 DC에서 차노크 레빈과 인터뷰

25 린덴스트라우스 감사관은 "골드 준장이 2005년 8월 대 미사일 방어 시스템인 아이언 돔을 개발하기로 결정할 때, 국방부 지시 20.02와 다르게 개발 시간표를 설정하며 프로젝트 촉진을 앞당기라는 명령을 내렸다"고 비난했다. 그의 말에 따르면, "무기 및 기술적 인프라 개발 행정부서 관할이 아닌 이 과정들은 당시 프로젝트의 경우 이스라엘 방위군 참모총장과 국방부 장관, 이스라엘

정부 관할"이었다.

26 Ben Hartman, "Iron Dome Doesn't Answer Threats," *Jerusalem Post*, May 9, 2010.

27 많은 사람들이 제1차 걸프 전쟁 당시 사담 후세인의 스커드 미사일에 대응하는데 대대적으로 사용된 미국 군수 기업 레이시온의 패트리어트 미사일 시스템과 아이언 돔을 비교했다. 하지만 두 시스템의 임무는 동일한 반면, 중요한 차이점들이 있다. 무엇보다도, 패트리어트 미사일 1기의 가격은 2백만 달러가 넘는 것으로 알려져 있지만, 타미르 미사일은 약 7만 5천 달러에 불과하다.

28 2011 회계 연도 이후 미국이 아이언 돔 생산에 투자한 총금액은 10억 달러가 넘었다. Reuters, "Obama Seeks $205 Million for Israel Rocket Shield," May 14, 2010, "Department of Defense Appropriations Bill, 2015," United States Senate, July 17.

29 2016년 7월 5일 아비브 아즈라와 전자 서면 인터뷰

30 Leichman, "The Maverick Thinker"; Lapidot, "The Gray Matter"

31 최초 요격 후 3일 동안 이스라엘은 하마스 로켓포 8기를 공중에서 추가로 격추하는데 성공했다. Lazar Berman, "Israel's Iron Dome: Why America Is Investing Hundreds of Millions of Dollars," American Enterprise Institute, September 24, 2012.

32 2016년 3월 2일 야이르 라마티와 전화 인터뷰

33 Dusco25, "Iron Dome Intercepts Rockets from Gaza during Wedding 11-14-2012," November 15, 2015.

34 2017년 1월 8일 마이클 오렌과 전화 인터뷰

35 2017년 1월 6일 워싱턴 DC에서 데니스 로스와 인터뷰

36 Ain, "Iron Dome Ready for Future"

37 "Iron Dome Developers Named as Israel Defense Prize Recipients," Israel Defense Forces, June 25, 2012.

38 Leichman, "The Maverick Thinker"

6. 현대판 요셉의 등장: 저가 곡물 포대 '그레인 코쿤'

1 2015년 12월 24-26일 슈로모 나바로와 전자 서면 인터뷰

2 2015년 10월 29일 로렌스 시몬과 전화 인터뷰

3 "Montreal Protocol on Substances That Deplete the Ozone Layer," United Nations Environment Programme, January 1, 1989; 2015년 10월 29일 로렌스 시몬과 전화 인터뷰

4 Caspar van Vark, "No More Rotten Crops: Six Smart Inventions to Prevent Harvest Loss," *Guardian*(UK), October 27, 2014.

5 2015년 12월 24-26일 슈로모 나바로와 전자 서면 인터뷰, 2015년 6월 25일 인터뷰

6 2015년 10월 29일 로렌스 시몬과 전화 인터뷰

7 "2015 World Hunger and Poverty Facts and Statistics," World Hunger Education Service.

8 "Save Food: Global Initiative on Food Loss and Waste Reduction," Food and Agriculture Organization of the United Nations.

9 "E! 3747 IPM- RICE," Eureka Network, March 16, 2011.

10 나바로는 이스라엘 정부 공무원이었기 때문에 그레인프로에서 소량의 주식을 받고 컨설턴트 역할만 수행했다. 한편 사이몬은 이사회 의장직에 올랐고, 농업 연구 기구인 볼캐니 센터Volcani Center가 그레인프로의 특허에 대한 로열티를 전부 받았다.

11 "GrainPro: About the Company," GrainPro.com

12 "Israeli Agro Expert Offers Farmers Bug- Free Solutions," Xinhua News Agency, November 29, 2011.

13 2015년 11월 17일 마틴 거머트와 전화 인터뷰

14 2015년 12월 16-17일 슈로모 나바로와 전화 인터뷰, Shlomo Navarro, *Seventieth Birthday Book*, 2010, 미출간 원고

15 2015년 10월 29일 로렌스 시몬과 전화 인터뷰

16 "Studies on the effect of alterations in pressure and composition of atmospheric gases on the tropical warehouse moth, Ephestia cautella(Wlk.), as a model for stored- product insect pests," PhD thesis submitted to the Senate of Hebrew University, Jerusalem(1974).

17 2015년 12월 16-17일 슈로모 나바로와 전화 인터뷰

18 이스라엘은 이처럼 대형 도랑을 이용하는 방식으로 20년 동안 30~60톤의 곡물을 저장했으며, 공급과 수요, 강우량에 따라 시장에 내다 팔았다. 하지만 2000년도부터 전략적 곡물 저장을 중단하기로 결정했다(미국도 2008년 비슷한 결정을 내렸다). 매년 1.5톤에 이르는 이스라엘 국내 곡물 소비량 중 대부분은 외국에서 수입된다. 이스라엘 곡물 산업이 경영 합리화를 목적으로 민영화된 이후에는 원가를 낮추기 위해 잉여 곡물을 장기간 보관하는 일은 없어졌다. 시장에 필요한 양만큼만 구매해 단기간 보관한다. 이와 같은 이스라엘의 저장 방식을 호주와, 아르헨티나, 브라질, 사이프러스, 요르단, 터키, 미국이 성공적으로 활용했다는 사실도 주목할 만한 가치가 있다. Frederick Kaufman, "How to Fight a Food Crisis," *Los Angeles Times*, September 21, 2012; Francisco Cayol, "Argentine Bunker Silo Dry Storage Grain," January 23, 2011; P. Villers, S. Navarro, and T. de Bruin, "New Applications of Hermetic Storage for Grain Storage and Transport," GrainPro, June 2010.

19 2015년 10월 29일, 12월 16일 로렌스 시몬과 전화 인터뷰

20 그레인프로가 전액 출자한 필리핀 자회사의 CEO인 톰 데 브루인Tom de Bruin에 따르면, 그레인프로는 이제 세 부문의 시장에 집중하고 있다. 첫째는 저장 부문이다. 정부 기관, 특히 아프리카에 있는 기관들은 기근을 피하고 식량 안보를 확보하며 극심한 가격 변동을 막기 위해 코쿤을 구매한다. 그레인프로는 150파운드까지 저장할 수 있는 소형 제품 슈퍼그레인 포대를 사용해 커피와 코코아 콩을 보관하는 부문에도 역점을 두고 있다. 이 제품은 대형 코쿤이 필요하지 않고, 또 대형 코쿤에 자금을 쓰고 싶지 않은 소규모 개인 농장주들에게 인기가 많다. 그레인프로가 집중하는 셋째 부문은 유기농 시장이다. Bella English, "For Phil Villers, Helping Feed the World Is in the Bag," *Boston Globe*, December 17, 2013.

21 "GrainPro: Order Form," GrainPro.com, http://shop.grainpro.com

22 2016년 1월 7일 마리아 오틸리아 카르발호와 전화 인터뷰

23 국제미작연구소 International Rice Research Institute의 수석 과학자 마틴 거머트는 그레인프로의 포대를 이용하는 시스템이 개발도상국에서 선호하는 사일로 방식보다 훨씬 더 많은 시간과 노력이 필요하다고 말한다. 2015년 11월 17일 저자와 인터뷰

24 Stephen Daniels, "US Organic Food Market to Grow 14% from 2013-2018," *Food Navigator*, January 3, 2014.

25 2015년 12월 24-26일 Shlomo Navarro와 전자 서면 인터뷰. 2015년 10월 29일, 12월 16일 로렌스 시몬과 전화 인터뷰

26 대다수 개발도상국들과 점점 더 많은 농가들이 밀폐 저장 기술에 의존하고 있다는 것은 분명한 사실이다. 예를 들어 르완다에서는 2013년 옥수수와 쌀의 추수 이후 손실률이 각각 32퍼센트에서 9.2퍼센트, 25퍼센트에서 15.2퍼센트로 떨어졌다. 르완다 카바로레 Kabarore 지역 농민들은 곡물을 최소한 4개월 이상 저장할 수 있었던 덕분에 수익이 40퍼센트 증가했다. 보다 많은 농민들이 이 저장 기술을 채택하면서 이들의 추수 후 손실은 줄어들고 순수익은 늘어날 것이다. "Post Harvest Handeling and Storage Task Force," Rwandan Ministry of Agriculture and Animal Resources; "Hermetic Storage a Viable Option," *New Agriculturist*, January 2008.

27 2016년 12월 7일 가디 로벤스타인과 전화 인터뷰

7. 태양을 멈추게 하는 방법: 태양열 집열기 '두드 셔메시'

1 "Solar Energy Water Heating System Monitoring," Adventech.com, September 2013

2 "A Thriving Green Economy," *Ynet*[in Hebrew], December 15, 2015.

3 Harry Zvi Tabor, "Answers to a Journalist's Questions," Zvi Tabor Private Collection, January 1996.

4 Harry Zvi Tabor, *Selected Reprints of Papers by Harry Zvi Tabor, Solar Energy Pioneer*(Rehovot: Balaban Publishers and International Solar Energy Society, 1999), ix.

5 샘버스키 교수는 1945년부터 1948년까지 이 직책을 수행했다.

6 Ehud Zion Waldoks, "Bright Ideas," *Jerusalem Post*, October 1, 2008.

7 Waldoks, "Bright Ideas"

8 Ynet, "A Thriving Green Economy"

9 Harry Zvi Tabor, "Answers to a Journalist's Questions," Zvi Tabor Private Collection, January 1996; Abigail Klein Leichman, "A Lifetime in Solar Energy," Israel21c, May 5, 2009.

10 Paul Sánchez Keighley, "96- Year- Old Solar Energy Genius Harry Zvi Tabor Talks to NoCamels about Pioneering Solar Power," NoCamels, August 13, 2006; "A Center of Exactness Has Been Established in the Israeli Physics Lab," *Mishmar*[in Hebrew], January 4, 1953.

11 Leichman, "A Lifetime in Solar Energy"; John Perlin, *Let It Shine: The 6000 Year Story of Solar Energy*(2013).

12 Perlin, *Let It Shine*.

13 John Perlin, "Solar Thermal," California Solar Center.

14 "A Brief History of the American Solar Water Heating Industry," Contractorsinstitute.com

15 Cutler J. Cleveland, *Concise Encyclopedia of the History of Energy*(San Diego: Elsevier, 2009), 270.

16 "Weizmann Prize Winners for 1956," *Davar*[in Hebrew], July 20, 1956.

17 "Black Brings Light," *Davar*[in Hebrew], July 26, 1961.

18 2015년 6월 16일 예루살렘에서 해리 즈비 타보르와 인터뷰

19 "Why Do Users of the Dud Shemesh Get Special Electric Meters?" *Ma'ariv*[in Hebrew], January 1, 1960.

20 "The Opposition to Installing the Dud Shemesh in the Workers Housing Union's Apartments," *Davar*[in Hebrew], May 27, 1971.

21 Rhonda Winter, "Israel's Special Relationship with the Solar Water Heater," Reuters, March 18, 2011.

22 2017년 1월 11일 아밋 샤프리르와 전자 서면 인터뷰

23 Dr. Yaniv Ronen, "The Possibility of Installing the Dud Shemesh in Tall Buildings above Nine Floors"[in Hebrew], The Knesset's Research and Information Center, November 29, 2012.

24 2016년 6월 27일 아브라함 크라이버스와 인터뷰

25 *Ynet*, "A Thriving Green Economy"

26 Waldoks, "Bright Ideas"; Merav Ankori, "Solar Power unto the Nations," *Globes*, October 28, 2007.

27 Tabor, *Selected Reprints*, iii.

28 2016년 6월 27일 아브라함 크라이버스와 전화 인터뷰

29 Sharon Udasin, "Zvi Tabor, Solar Pioneer, Dies at 98," *Jerusalem Post*, December 17, 2015.

30 Shimon Peres, Facebook, December 15, 2015.

8. 걷지 못하는 자의 기적: 외골격 슈트 '리워크'

1 Ari Libsker, "An Invention with Legs"(Hebrew), *Calcalist*(Israel), August 5, 2010.

2 Issie Lapowsky, "This Computerized Exoskeleton Could Help Millions of People Walk Again," *Wired*, July 22, 2014.

3 Libsker, "An Invention with Legs"
4 2015년 6월 5일 요크니암에서 아밋 고퍼와 인터뷰
5 Lapowsky, "This Computerized Exoskeleton"
6 2015년 6월 5일 아밋 고퍼와 인터뷰
7 Christina Symanski, "Shitty Day," *Life; Paralyzed*, March 8, 2011.
8 Lapowsky, "This Computerized Exoskeleton"
9 2015년 6월 5일 아밋 고퍼와 인터뷰
10 2015년 6월 5일 아밋 고퍼와 인터뷰
11 Dr. Bonita Sawatzky, "Wheeling in a New Millennium: The History of the Wheelchair and the Driving Force of the Wheelchair Design of Today"
12 흥미로운 사실은 딘 카멘이 발명을 이어나가다 결국 세그웨이Segway를 개발했다는 것이다. Bill Sobel, "Segway Inventor Dean Kamen: Science Isn't a Spectator Sport," *CMS Wire*, January 6, 2015.
13 Lauri Wantanbe, "Independence Technology Discontinues the iBOT," *Mobility Management*, February 1, 2009.
14 고퍼는 테크니온 공대에서 학사 학위를 받았으며 텔아비브대학교에서 석사 학위를, 미국 드렉셀대학교에서 박사 학위를 받았다.
15 Adam Robinson, "The History of Robotics in Manufacturing," *Cerasis*, October 6, 2014.
16 2015년 6월 5일 아밋 고퍼와 인터뷰
17 2015년 6월 5일 아밋 고퍼와 인터뷰
18 2015년 11월 10일 앤 스펀젠 박사와 인터뷰
19 Nilufer Atik, "Claire Lomas' Inspiring Story: My Life Has Been Amazing since I Was Paralyzed," *Mirror*(UK), May 10, 2013; Bianca London, "Paralyzed Marathon Heroine Claire Lomas: 'Things Go Wrong in Life but You Have to Fight Back," *Daily Mail*(UK), May 16, 2013.
20 "'Bionic' Claire Lomas Trained for London Marathon in East Yorkshire," *Hull Daily Mail*(UK), May 10, 2012.
21 Chris Wickham, "'Bionic Woman' Claire Lomas Is First Woman to Take Robotic Suit Home," *Independent*(UK), September 4, 2012.
22 *Hull Daily Mail*, "'Bionic' Claire Lomas."
23 "IPO Preview," Seeking Alpha, September 12, 2014.
24 Wickham, "'Bionic Woman' Claire Lomas"
25 Ted Greenwald, "Ekso's Exoskeletons Let Paraplegics Walk, Will Anyone Actually Wear One?" *Fast Company*, March 19, 2012.
26 2015년 11월 10일 앤 스펀젠 박사와 인터뷰

27 2015년 10월 15일 아룬 자야라만 박사와 전화 인터뷰

28 Adario Strange, "FDA Approved First Robotic Exoskeleton for Paralyzed Users," June 30, 2014.

29 Shane McGlaun, "ReWalk Robotic Exoskeletons Let Paraplegics Walk Again," Technabob, May 3, 2012.

30 2015년 10월 4일 제브 라이머 박사와 전화 인터뷰

31 "What Is Rewalk?" Einstein Health Care Network

32 A. Esquenazi, M. Talaty, A. Packel, and M. Saulino, "The ReWalk Powered Exoskeleton to Restore Ambulatory Function to Individuals with Thoracic- Level Motor- Complete Spinal Cord Injury," National Center for Biotechnology Information, November 2012.

33 Hiawatha Bray, "ReWalk Exoskeleton Puts the Disabled Back on Their Feet," *Boston Globe*, July 7, 2014.

34 2015년 10월 15일 아룬 자야라만 박사와 전화 인터뷰

35 Danny Deutch, "The Israeli Innovation That Has Changed the Lives of the Disabled" [in Hebrew], Arutz2(Israel), March 15, 2013.

36 The 700 Club, "Made in Israel – Medicine," September 5, 2013.

37 David Shamah, "ReWalk's Benefits Go beyond Ambulation, Company Says," *Times of Israel*, May 20, 2015.

38 Jennifer L. Schenker, "Driven to Success: Amit Goffer's Quest to Hold His Head High," Informilo, September 7, 2015.

9. 뇌 속의 GPS: 첨단 의료기기 기업 '알파 오메가'

1 "Evergreen Is Changing Lives with Expert Deep Brain Stimulation Programming," Macmillan, May 26, 2010.

2 "Clinical Programs," University of California San Francisco.

3 TAUVOD, "Alpha Omega – The Journey," December 4, 2011.

4 미국 식품의약국 FDA은 뇌심부자극술 DBS을 1997년 본태성 떨림(수전증), 2002년 파킨슨병, 2003년 근육긴장이상, 2009년 강박신경증 OCD에 대한 치료방법으로 승인했다.

5 2016년 1월 1일 하가이 버그만 전화 인터뷰

6 Vittorio A. Sironi, "Origin and Evolution of Deep Brain Stimulation," *Front Integrated Neuroscience* 5, no. 42 (2011).

7 2015년 6월 23일 나사렛에서 이마드 유니스와 인터뷰; Tani Goldstein, "Arab High ech Blooming in Galilee," *Ynet*, April 21, 2011.

8 2016년 2월 29일 워싱턴 DC에서 림 유니스와 인터뷰

9 2015년 6월 23일 나사렛에서 이마드 유니스와 인터뷰

10 2016년 2월 29일 워싱턴 DC에서 림 유니스와 인터뷰, Avigayil Kadesh, "Unique Neuroscience Tools Developed in Nazareth," Israel Ministry of Foreign Affairs, January 12, 2014; Drake Bennett, "What It's Like to Be an Arab Entrepreneur in a Divided Israel," Bloomberg, November 26, 2014.

11 TAUVOD, "Alpha Omega - The Journey"

12 2016년 1월 1일 하가이 버그만과 전화 인터뷰

13 2015년 6월 23일 나사렛에서 이마드 유니스와 인터뷰, 2015년 7월 17일 림 유니스와 인터뷰

14 H. Bergman, T. Wichmann, and M. R. DeLong, "Reversal of Experimental Parkinsonism by Lesions of the Subthalamic Nucleus," *Science* 249(1990): 1436–1438.

15 Israel, "Alpha Omega: The Largest Arab Israeli Hi Tech Company," October 29, 2013.

16 2016년 1월 12일 앨림 루이 베나비드와 전화 인터뷰, "History of Deep Brain Stimulation," The Parkinson's Appeal.

17 Abigail Klein Leichman, "GPS for Brain Surgeons," Israel21c, January 7, 2013.

18 Orr Hirschauge, "Israeli Tech Needs to Be More Inclusive, Says Yossi Vardi," *Wall Street Journal*, September 11, 2014.

19 Ken Shuttleworth, "Biblical Nazareth Goes High-Tech Thanks to Arab Push," *USA Today*, February 20, 2015.

20 "The Unit," *Forbes*, February 8, 2007.

21 유니스 부부가 참여한 단체에는 테크니온, 이스라엘 고용 서비스, ORT 브로드 공과대학ORT Braude College of Engineering, 이스라엘의 아랍계 시민들이 첨단 산업에 흡수될 수 있도록 노력하는 비영리단체 소펜Tsofen, 뉴 이스라엘 펀드New Israel Fund, 팔레스타인과 이스라엘의 갈등을 양국의 해결 방안을 통해 평화적으로 해결하는데 헌신하는 팔레스타인과 이스라엘의 저명한 사업가, 시민 사회가 멤버로 활동하는 교착 상태 타파 조직BTI, 아랍계 고등학생의 엔지니어링 전공을 장려하고 아랍계 대학 졸업생의 첨단 기업 취업에 도움을 주는 카브 마쉬브Kav Mashve 등이 포함돼 있다.

22 Judith Sudilovsky, "Arabs Make Gains in Joining Israel's High-Growth, High-Tech Industries," Catholic News Service, January 7, 2013.

23 Goldstein, "Arab High-Tech Blooming"

24 2017년 1월 1일 레우벤 리블린 대통령과 전자 서면 인터뷰

25 "Alpha Omega: The Largest Arab Israeli Hi Tech Company," October 29, 2013.

26 Leichman, "GPS for Brain Surgeons"

27 Israel Brain Technologies, "A Spotlight on the Israeli NeuroTech Industry," November 7, 2013.

10. 황금 방화벽을 세우다: 사이버 보안 기업 '체크포인트'

1 "Rocket Kitten: A Campaign with 9 Lives," *Check Point Blog*, November 9, 2015; David Sanger and Nicole Perlroth, "Iranian Hackers Attack State Department via Social Media Accounts," *New York Times*, November 24, 2015.

2 David Shamah, "Bumbling Iran Hackers Target Israelis, Saudis. . . Badly, Report Shows," *Times of Israel*, November 10, 2015; "Iran Said to Hack Former Israeli Army Chief- of- Staff, Access His Entire Computer," *Times of Israel*, February 9, 2016; "Israeli Generals Said among 1,600 Global Targets of Iran Cyber- Attack," *Times of Israel*, January 28, 2016; Reuters, "Iran 'Rocket Kitten' Cyber Group Hit in European Raids after Targeting Israeli Scientists," November 9, 2015.

3 Treadstone 71, "Wool3NH4T – Rocket Kitten – Raw Videos," January 16, 2016; Jeff Bardin, "What It's Like to Be a Hacker in Iran," *Business Insider*, February 23, 2016.

4 "Hi-Tech: Gil Shwed," *Ynet*[in Hebrew], www.ynet.co.il/Ext/App/Ency/Items/Cd aAppEncyEconomyPerson/0,8925,L- 3836,00.html/

5 "Checking in with Check Point's Gil Shwed," Israel21c, June 3, 2003, www.israel21c.org/checking- in- with- check- points- gil- shwed-

6 *Ynet*, "Hi-Tech: Gil Shwed"; Rupert Steiner, "Army Fired an Enthusiasm to Wage War on Hackers," *Sunday Times*(London), July 13, 1997.

7 Israel21c, "Checking in with Check Point's Gil Shwed"; "A Fortune in Firewalls" *Forbes*, March 18, 2002.

8 Steiner, "Army Fired an Enthusiasm"; Donna Howell, "Check Point Copes with Competition," Investor's Business Daily, May 13, 2002.

9 *Forbes*, "A Fortune in Firewalls"

10 현재 기업명은 오르보텍Orbotech이다.

11 "Number 73: Marius Nacht," *Forbes Israel*[in Hebrew], April 14, 2014.

12 Hagai Golan, "I Work for the Interest and the Challenge," *Globes*(Israel), June 6, 2013.

13 Reinhardt Krause, "Check Point's Gil Shwed: He Joined Interest and Opportunity to Fill a Computer Niche," *Investor's Business Daily*, September 12, 2000.

14 David Neiger, "Getting to the Point on Security Software," *The Age*(Australia), October 21, 2003.

15 "Computer Niche," *Investor's Business Daily*, September 12, 2000.

16 IP 주소는 컴퓨터나 다른 디지털 기기가 인터넷을 통해 통신을 할 수 있게 해준다. 편지를 보낼 때 사용하는 주소와 비슷하게 IP 주소는 인터넷에 연결된 수십억 개에 달하는 디지털 기기의 정확한 위치를 찾아내 각 기기를 구분할 수 있게 한다.

17 Stacy Perman, *Spies, Inc.: Business Innovation from Israel's Masters of Espionage*(Upper Saddle River, NJ: Pearson, 2005), 174.

18 Avi Machlis, "Firm Building a 'Firewall' against Competitors," *Financial Post*, March 7,

1998.

19 "Check Point FireWall- 1 Continues to Garner Top Industry Honors," *PR Newswire*, April 25, 1997.

20 Jared Sandberg, "Even '60 Minutes' Couldn't Turn Computer Crime into High Drama," Associated Press News Archive, February 24, 1995.

21 "These Cybercrime Statistics Will Make You Think Twice about your Password: Where's the CSI Cyber Team When You Need Them?" CBS, March 3, 2015.

22 Jose Pagliery, "Half of American Adults Hacked this Year," *CNN Tech*, May 28, 2014.

23 Elizabeth Weise, "43% of Companies Had a Data Breach This Past Year," *USA Today*, September 24, 2014.

24 "Net Losses: Estimating the Global Cost of Cybercrime," McAfee, June 2014.

25 2016년 4월 18일 요아브 아들러와 전화 인터뷰

26 "Customer Stories," Check Point, checkpoint.com/testimonials

27 체크포인트의 시가 총액은 주가에 총 발행 주식 수를 곱해서 산출했다. Shiri Habib- Valdhorn, "Check Point Launches Malware Protection Solution," *Globes*(Israel), March 10, 2015; Neal Ungerleider, "How Check Point Became the Fortune ybersecurity Favorite," *Fast Company*, June 4, 2013.

28 2016년 12월 22일 오나 베리와 전화 인터뷰

29 David Rosenberg, "BRM Bets Big on the Internet," *Jerusalem Post*, March 5, 2000.

11. 카메라를 삼키다: 캡슐 내시경 '필캠'

1 Avishai Ovadia, "The Long and Winding Road," *Globes*(Hebrew), August 7, 2003.

2 내시경 검사는 모든 형태의 내시경을 뜻하는 일반 용어이며, 이를 세분하면 소장내시경, 결장내시경, 위와 식도를 검사하는 위내시경 등으로 나뉠 수 있다.

3 Charles W. L. Hill, Melissa A. Schilling, and Gareth R. Jones, *Strategic Management: An Integrated Approach*(Boston: Cengage Learning, 2016); Ovadia, "The Long and Winding Road"

4 Colm McCaffrey, Olivier Chevalerias, Clan O'Mathuna, and Karen Twomey, "Swallowable-Capsule Technology," *IEEE Pervasive Computing* 7, no.1(January– March 2008).

5 Rachel Sarah, "New Israeli Export an Easy Pill for Patients to Swallow," *Jewish News of Northern California*, November 4, 2005; "Going Live to the Small Intestine," *Hayadan*[in Hebrew], July 6, 2000.

6 이런 방식의 시술은 또한 치명적인 진정제 알레르기 반응과, 드물기는 하지만 결장 내시경에서 발생하는 소장 천공을 일으킬 확률을 낮춘다. Deborah Kotz, "Swallowable Imaging Capsules Not Widely Used," *Boston Globe*, August 19, 2013.

7 Gavriel J. Iddan and Paul Swain, "History and Development of Capsule Endoscopy," *Gastrointestinal Endoscopy Clinics of North America* 14 (2004).

8 Donna Rosenthal, *The Israelis: Ordinary People in an Extraordinary Land*(New York: Free Press, 2003), 84–87.

9 "Inventor Makes New Strides in Medical Diagnostics Technology," European Patent Office, 2011.

10 Iddan and Swain, "History and Development of Capsule Endoscopy"; Miri Eder, "Live from the Small Intestine," *Ma'ariv*[in Hebrew], May 6, 2012. In this article Gavriel Meron has described Iddan's position as "senior scientist at Rafael . . . who contributed greatly to Israel's national security."

11 Hill, Schilling, and Jones, *Strategic Management*, 75–83.

12 Rosenthal, The Israelis, 84–87.

13 Hill, Schilling, and Jones, *Strategic Management*, 75–83; Rosenthal, *The Israelis*, 84–87; *Hayadan*, "Going Live to the Small Intestine"

14 Hill, Schilling, and Jones, *Strategic Management*, 75–83.

15 메론에 따르면, 기업명 "기븐 이미징"에서 기븐Given은 세 영어 단어의 머리글자를 딴 약자다. 즉, GI는 위장gastrointestinal, v는 비디오video, en은 내시경 검사endoscopy를 뜻한다. Ovadia, "The Long and Winding Road"; Avishai Ovadia, "Taro and Given Imaging Set to Raise a Quarter of a Billion Dollars on the Nasdaq This Week," *Globes*[in Hebrew], September 30, 2001.

16 Hill, Schilling, and Jones, *Strategic Management*, 75–83.

17 Rosenthal, *The Israelis*, 84–87; "Camera-in-a-Pill Gives a Closer Look," Israel21c, November 1, 2001.

18 Ovadia, "The Long and Winding Road"; Netta Ya'akovi, "Given Imaging Is Planning Another Giant Public Offering–Mostly Selling Shares of Interested Parties," *The Marker*[in Hebrew], January 28, 2001.

19 Rosenthal, *The Israelis*, 84–87.

20 Joseph Walker, "New Ways to Screen for Colon Cancer," *Wall Street Journal*, June 8, 2014.

21 2016년 12월 29일 에릭 골드버그와 전화 인터뷰

22 환자는 5만~6만 장의 영상을 기록하는 센서 벨트를 허리에 차고 있으며, 이 영상들은 담당 의사에게 직접 송부된다. 대부분의 사람들은 필캠이 위장관을 통과하는 동안 어떤 형태의 느낌도 받지 않는다. 일부 환자는 일반적으로 배터리 수명 10시간이 끝나기 전에 몸 밖으로 배출되는 필캠이 실제로 대변을 통해 몸 밖으로 빠져나갔는지 확인하기 위해 엑스레이 촬영을 고집하기도 했다. Robin Eisner, "An Ingestible 'Missile' Helps Target Disease," *Forward*, November 14, 2003; Yoram Gabizon, "Given Imaging–22 Million Insured within 10 Months," *Haaretz*[in Hebrew], July 3, 2002; Linda Bren, "Incredible Journey through the Digestive System," *U. S. Food and Drug Administration Consumer Magazine*, March–April 2005.

23 의사와 병원은 이 시술에 필요한 단말기 한 대당 1만 7500달러, 기록 장치 하나에 5,450달러를

지출한다. "Colonoscopy," *Consumer Health Reports*, 2012; Lily Hay Newman, "You Might Be Able to Avoid Colonoscopies Now That the PillCam Is FDA Approved," *Slate*, February 6, 2014.

24 Jeanne Whalen, "Tiny Cameras to See in the Intestines," *Wall Street Journal*, February 29, 2016.

25 "Inventor Makes New Strides in Medical Diagnostics Technology," European Patent Office; David Shamah, "Pillcam's Inventor Regrets Sale of 'Biblical' Tech Firm to Foreign Firm," *Times of Israel*, April 23, 2015.

26 Kevin Flanders, "A Focus on Innovation – PillCam Colon Offers Some Unique Perspective on the Future," *Health Care News*, February 2015.

27 2014년 아일랜드에 본사를 둔 의료기기 기업 코빙턴Covington은 기븐 이미징을 약 86만 달러에 인수했다. 그로부터 1년 뒤, 미국의 메드트로닉Medtronic은 코빙턴을 499억 달러에 인수했다. 이제 기븐 이미징은 2020년 38억 3천만 달러에 이를 것으로 예상되는 위장 관련 시장을 장악하며 전환시킬 자원과 판매 능력을 갖추고 있다. 현재 이단은 뇌 연구, 나노 기술, 생명 공학 등의 분야에서 이스라엘이 계속 만들어 낼 미래의 위대한 혁신에 더욱 더 주목하고 있다. 그는 이스라엘인들이 끊임없이 혁신하며 세상을 보다 나은 곳으로 만들 것으로 예상하며 이렇게 말한다. "새로운 치료 방법이 우리가 지금껏 상상조차 해 본적 없는 해결 방안을 만들어 낼 것입니다." "3.8 Billion Smart Pills," *Business Wire*, February 12, 2016; Mor Shimoni, "Inspirers: Who Are the Researchers Lighting the Torch This Year?" *Walla*[in Hebrew], March 8, 2015.

12. 척추를 보는 눈: 로봇수술의 새 장을 연 '마조 로보틱스'

1 Mazor Robotics, "Standing Taller with Renaissance," May 3, 2013.

2 Avi Shauli, "Another Bonanza? The Innovator behind the Mazor Robot, Worth Today 1.3 Billion Shekels, Tells BizPortal about His Next Innovation," Bizportal [in Hebrew], October 16, 2013.

3 Atiya Zar, "Professor Moshe Shoham, Who Heads the Technion Robotics Lab, Believes That Everyone in the Future Will Have a Personal Robot," *Arutz Sheva*, July 15, 2010.

4 "Moshe Shoham," Technion-Israel Institute of Technology

5 2016년 5월 11일 모셰 쇼햄과 전화 인터뷰, Zar, "Professor Moshe Shoham"

6 "Report from Israel: SpineAssist Is First Miniature Robotic to Receive FDA OK," *Medical Device Daily*, June 11, 2004.

7 2016년 5월 25일 엘리 제하비와 전화 인터뷰

8 덴엑스는 2002년 7월 호주 금융 그룹 헬름Helm Corp.과 합병하며 이스라엘 기업으로서는 최초로 호주 주식시장에 상장됐다. Neal Sandler, "Israeli Startup Finds Funding Down Under," *Daily Deal*, July 26, 2002.

9 "Report from Israel: SpineAssist Is First Miniature Robotic to Receive FDA OK"; Eli

Shimoni, "Mazor's Robot for Back Surgery Raises 10 Million Dollars," *Ynet*[in Hebrew], May 4, 2005.

10 "Mazor: Section 7 – Summary of Safety and Effectiveness," U. S. Food and Drug Administration, January 7, 2004.

11 Judy Siegel-Itzkovich, "Robots Back Breakthrough Surgery," *Jerusalem Post*, March 6, 2011.

12 Charlie Patton, "Woman Gets Back Relief with Unique Surgery: Robot Has Key Role to Help Surgeon in Two- Part Procedure," *Florida Times-Union*, February 16, 2014.

13 Hagi Amit, "Meet Mazor's Medical Robot That Multiplied Its Worth by Six Times in a Year," *The Marker*[in Hebrew], June 13, 2013.

14 "Mazor Robotics: An Interesting Company to Put on Your Watch List," Seeking Alpha, December 19, 2014.

15 마조 시스템의 가격은 미국에서 83만 달러, 유럽에서 70만 달러이며, 이는 수술을 지원하는 다른 로봇 기기들과 비교해 볼 때, 산업계 기준에서 적당한 가격으로 볼 수 있다. 마조 시스템은 또 에메랄드Emerald로 이름붙인 1500달러짜리 일회용 로봇식 임플란트를 사용한다. 이 이름은 약 2천 년 전 예루살렘 성전의 대제사장이 착용한 흉패에 장식된 보석 중 하나인 에메랄드에서 따왔다. 마조는 시스템을 설치한 뒤 2년차부터 시작하는 연간 서비스 계약을 장비 가격의 약 10퍼센트 비용에 판매해 수익을 올리기도 한다. Tali Tzipori, "Mazor Robotics Worth 7 Times More in a Year; How Did the Company Do It?" *Globes*[in Hebrew], July 4, 2013.

16 Hillel Koren, "Mazor Sees FDA Nod for SpineAssist Brain Surgery Use," *Globes*(Israel), July 28, 2010.

17 Mazor Robotics, "Standing Taller with Renaissance," May 3, 2013.

13. 응급처치용 붕대의 진화: 생명을 구하는 '이머전시 밴디지'

1 Jana Winter, "Suspected Arizona Gunman Reportedly Planned Shooting in Advance," Fox News Channel, January 9, 2011; "Arizona Safeway Shootings Fast Facts," CNN, December 10, 2015.

2 Daniel Hernandez, *They Call Me a Hero: A Memoir of My Youth*(New York: Simon and Schuster, 2013), 11.

3 Ron Kampeas, "Israeli Bandage May Have Saved Giffords' Life after Shooting," *Jewish News of Northern California*, February 17, 2011.

4 2016년 6월 29일 버나드 바 나탄과 전자 서면 인터뷰

5 2016년 5월 24일 버나드 바 나탄과 전화 인터뷰

6 2015년 7월 10일 버나드 바 나탄과 인터뷰

7 David Horovitz, "The Guy with the Bandage," *Jerusalem Post*, April 29, 2011.

8 정부 지원을 받은 기업이 성공하면, 지원금은 시간을 두고 갚아야 할 대출로 간주한다. 만약 기업이 실패하면, 스타트업 자본은 상환할 필요가 없으며, 정부의 손실로 처리된다. 어느 경우라도 이스라엘 정부는 기업의 지분을 전혀 소유하지 않는다.

9 2016년 1월 29일 아흐메드 히브와 전화 인터뷰

10 2015년 7월 14일 로이 마다이와 인터뷰

11 2015년 2월 1일 아리즈 카비시와 전화 인터뷰

12 Nicky Blackburn, "Israeli Innovative Bandages Saving American Lives in Iraq," Israel21c, January 9, 2005.

14. 질병에 맞서 싸우다: 음경 포피에서 추출한 인터페론

1 당시 이 단체에서 도움을 받았던 어린이 중에는 미래의 작가이자 노벨상 수상자인 엘리 위젤Elie Wiesel과 이스라엘 최고 랍비인 라브 이스라엘 라우Rav Israel Lau가 포함돼 있었다. 2016년 8월 4일, 미셀 레벨과 인터뷰

2 2016년 8월 14일 예루살렘에서 미셀 레벨과 인터뷰

3 Siegel- Itzkovich, "Unraveling the Mysteries"

4 "Multiple Sclerosis: Using Hamster Cells to Fight Multiple Sclerosis," *Merck*, January 17, 2015, 2015년 미셀 레벨과 인터뷰

5 Thomas Tan, "Dr. Michel Revel Elected to ISICR Honorary Membership," *International Society for Interferon and Cytokine Research* 10, no.2(April 2003): 1–4.

6 Rick Doust, "No 'Magic Bullet' out of Interferon, but Work in Labs Showing Promise," *Globe and Mail*(Canada), February 16, 1984.

7 "Rebif and Its Connection to Israel," Multiple Sclerosis Society of Israel[in Hebrew]; "Happy Birthday to the Medication," Weizmann Institute[in Hebrew], June 4, 2007.

8 2015년 6월 30일 Ness Ziona에서 Michel Revel과 인터뷰, 2016년 8월 14일 예루살렘에서 미셀 레벨과 인터뷰

9 Multiple Sclerosis Society of Israel, "Rebif and Its Connection to Israel"; Weizmann Institute, "Happy Birthday to the Medication"

10 Harold Schmeck Jr., "Interferon Makes Inroads against Some Infections, Including Colds," *New York Times*, June 1, 1982.

11 레벨은 특히 인터페론 베타 연구에 집중했다.

12 Jessica Steinberg, "Disease Be Not Proud," *Jerusalem Post*, February 27, 2004.

13 Multiple Sclerosis Society of Israel, "Rebif and Its Connection to Israel"

14 2016년 7월 4일 메나햄 루빈스타인과 전화 인터뷰

15 Lawrence Jacobs, Judith A. O'Malley, and Arnold Freeman, "Intrathecal Interferon

in the Treatment of Multiple Sclerosis: Patient Follow- Up," *Archives of Neurology* 42, no.9(1985): 841–47.

16 Ann Pietrangelo and Valencia Higuera, "Multiple Sclerosis by the Numbers: Facts, Statistics, and You," Healthline, March 24, 2015.

17 레벨 팀은 인터페론 베타-1a가 다발성 경화증 외에도 유두종 바이러스에 의한 생식기 혹(자궁경부암으로 이어질 수 있다)과 재발성 헤르페스에도 효과가 있다는 것을 발견했다. Siegel-Itzkovich, "Unraveling the Mysteries"

18 Carly Helfand, "Rebif," *Fierce Pharma*; "Kadimastem to Receive Sponsored Research Agreement with National Multiple Sclerosis Society Fast Forward Program," *India Pharma News*, September 29, 2015.

19 2016년 11월 19일 번하드 커쉬바움 박사와 전자 서면 인터뷰

20 Alex Philippidis, "Top 10 Multiple Sclerosis Drugs," *Genetic Engineering & Biotechnology News*, February 18, 2014.

21 Weizmann Institute of Science, "Treatment of Multiple Sclerosis," November 24, 2010.

22 2016년 12월 12일 타미르 벤허 박사와 전화 인터뷰

15. 의학적 보물을 찾아서: 마리화나의 신비한 비밀

1 2016년 5월 28일 라파엘 미슐럼과 전자 서면 인터뷰, Judy Siegel-Itzkovich, "The World Is Going to Pot," *Jerusalem Post*, May 18, 2014; Assaf Uni, "Meet the Man Who Discovered Weed's Secret Ingredient," *Vocativ*, December 18, 2014.

2 "The Scientist-The Life and Work of Raphael Mechoulam," *EuropaWire*, July 31, 2015.

3 Anisa Rawhani, "Pioneering Pot Prof Still Studying at 85," *Kingston Whig- Standard*, June 29, 2015.

4 이에 관련된 미국 특허는 1백만 건이 넘고 이스라엘에는 약 2만 건이 있다. Asaf Finkelstein, "The Grass Is Always Greener," *Jerusalem Post*, December 11, 2015.

5 2016년 5월 31일 노라 볼코우 박사와 전자 서면 인터뷰

6 "Conversation with Raphael Mechoulam," *Addiction* 102, no.6(June 2007): 887–93.

7 "Weizmann Institute of Science," Academic Ranking of World Universities

8 David Jay Brown, "An Interview with Dr. Raphael Mechoulam," Mavericks of the Mind

9 *Addiction*, "Conversation with Raphael Mechoulam"

10 미슐럼은 칸나비디올이 60여 종의 활성 "칸나비노이드" 중 하나에 불과하다는 것을 알아냈다. 대마초는 480종 이상의 천연 화합물로 구성돼 있으며 현재 이들 중 66종이 칸나비노이드로 분류돼 있다. Abigail Klein Leichman, "The Israeli Pharmacologist Who Kick- Started Marijuana Research," Israel21c, May 14, 2012.

11 생물학 연구소는 생물학과 의화학, 환경 과학을 전문적으로 연구하며, 연구 내용 대부분은 극비

사항이다.

12 *Addiction*, "Conversation with Raphael Mechoulam"; Noga Tarnopolsky, "At 82, He's the World's Most Eminent Pot Scientist," *Eureka Times Standard*, August 27, 2013.

13 Hampton Sides, "Science Seeks to Unlock Marijuana's Secrets," *National Geographic*, June 2015.

14 Fundación CANNA, "The Scientist Documentary"

15 Nico Escondido, "The Man Who Discovered THC," *High Times*, May 31, 2011.

16 Sam Sokol, "The Marijuana Maven," *Jerusalem Post*, April 6, 2012.

17 Adam Van Heerden, "Professor Raphael Mechoulam, the Father of Marijuana Research, Talks to NoCamels about His Studies and Breaking the Law in the Name of Science," NoCamels, September 24, 2013.

18 Anthony Wile, "Dr. Raphael Mechoulam: The Promise of Cannabis," *Daily Bell*, October 19, 2014.

19 2016년 5월 31일 노라 볼코우 박사와 전자 서면 인터뷰

20 의료용 대마초의 정확한 기원을 정확히 밝혀낼 수는 없지만, 중국에서 무려 기원전 4천년에 인간이 대마초를 사용했다는 증거가 있다. 대마초 사용을 기록한 최초 문서는 기원전 16세기에 작성된 고대 이집트 의학에 관한 가장 중요한 파피루스 문서인 에버스 파피루스Ebers Papyrus에서 볼 수 있다. 대마초는 고대 아시리아Assyria와 그리스, 로마 문서에도 언급돼 있다. "Long- Dead Teenager Tells Tale of Pot- Smoking in Era of 300 AD," *Vancouver Sun*, May 20, 1993; Alyson Martin and Nushin Rashidian, "Martin and Rashidian: Little Green Pill," *National Post*(Canada), April 3, 2014.

21 *Vancouver Sun*, "Long- Dead Teenager Tells Tale"

22 하울렛 박사가 주 연구자였으며, 자신이 가르치는 대학원생 윌리엄 디베인William Devane과 함께 이 시스템을 발견했다. 2016년 6월 2일 앨린 하울렛 박사와 인터뷰

23 아난다마이드anandamide는 뇌에서, 2-아라키도노일 글리세롤은 말초 기관에서 각각 생성된다. Siegel-Itzkovich, "The World Is Going to Pot"

24 Tarnopolsky, "At 82"

25 Klein Leichman, "The Israeli Pharmacologist"

26 미슐럼은 의료용 마리화나와 오락용 마리화나 사용은 완전히 다른 이슈라는 사실을 강조하며, 오락용 마리화나를 "매우 위험한 것"으로 규정하며 이에 대한 허용을 지지하지 않는다. Siegel-Itzkovich, "The World Is Going to Pot"

27 Sokol, "Marijuana Maven"

28 Lizzie Wade, "Researchers Are Finally Studying the Other Chemical in Pot," *Wired*, June 4, 2015.

29 2016년 6월 1일 마누엘 구즈먼 박사와 전화 인터뷰

30 Wade, "Researchers Are Finally Studying"

31 Gallup, "In U. S., 58% Back Legal Marijuana Use," October 21, 2015.

32 Shoshanna Solomon, "Can Cannabis Treat Asthma? Jerusalem Experts to Find Out," Times of Israel, October 24, 2017.

16. 문명과 자연의 조화: 조류 이동 지도를 그리다

1 Yossi Leshem and Ofir Bahat, *Flying with the Birds*(Tel Aviv: Yediot Ahronoth/ Chemed Books, 1999), 111.

2 2016년 7월 31일 요시 레셈과 전화 인터뷰, Thomas Friedman, "Israel and the Birds Vie for Precious Air Space," *New York Times*, September 17, 1985.

3 2016년 7월 31일 요시 레셈과 전화 인터뷰

4 시리아와 레바논, 요르단, 이집트를 포함한 이스라엘 인접 국가들도 모두 같은 문제에 직면해 있다. Ben Jacobson, "It's for the Birds," *Jerusalem Post*, January 18, 2008.

5 2016년 7월 31일 요시 레셈과 전화 인터뷰

6 Carole Garbuny Vogul and Yossi Leshem, *The Man Who Flies with Birds*(Minneapolis: Kar Ben Press, 2009), 7.

7 Israel21c, "The Man Who Taught Me to Fly," September 26, 2013.

8 Judy Siegel-Itzkovich, "Birds on His Brain," *Jerusalem Post*, November 6, 2005.

9 David K. Shipler, "Israel Completes Pullout, Leaving Sinai to Egypt," *New York Times*, April 26, 1982.

10 2016년 10월 28일 뉴욕에서 요시 레셈과 인터뷰

11 The Fisher Institute for Air and Space Strategic Studies, "Avihu Ben- Nun Tells about the Bird Problem"[in Hebrew]

12 Leshem and Bahat, *Flying with the Birds*, 13; Sharon Udasin, "Israel Bird Expert Wins 25,000 Euro German Prize," Jerusalem Post, November 14, 2012.

13 Doug Struck, "Birder Sows Goodwill in Mideast," *Washington Post*, April 9, 1998.

14 2016년 12월 13일 만수르 아부 라쉬드와 전화 인터뷰

15 Leshem and Bahat, *Flying with the Birds*, 11.

17. 멸종 식물의 약용 가치: 대추야자나무를 부활시키다

1 Neil Asher Silberman, *A Prophet from amongst You: The Life of Yigael Yadin; Soldier, Scholar, and Mythmaker of Modern Israel*(New York: ACLS Humanities, 2013), 1–2.

2 Steven Erlanger, "After 2000 Years, a Seed from Ancient Judea Sprouts," *New York Times*, June 12, 2005.

3 2015년 12월 9일 사라 살론과 전화 인터뷰

4 Jane Shen-Miller, Mary Beth Mudgett, J. William Schopf, Steven Clarke, and Rainer Berger, "Exceptional Seed Longevity and Robust Growth: Ancient Sacred Lotus from China," *American Journal of Botany* 82, no. 11(November 1995): 1367–80.

5 Erlanger, "After 2000 Years, a Seed"; 2017년 2월 5일 Jane Goodall 박사와 전자 서명 인터뷰

6 〈레위기〉 23:40.

7 2016년 1월 21일 일레인 솔로위와 전화 인터뷰

8 Sarah Sallon, Elaine Solowey, Yuval Cohen, Raia Korchinsky, Markus Egli, Ivan Woodhatch, Orit Simchoni, and Mordechai Kislev, "Supporting Online Material for Germination, Genetics, and Growth of an Ancient Date Seed," *Science AAAS*, June 13, 2008; 2015년 6월 25일 예루살렘에서 일레인 솔로위와 인터뷰

9 Ofer Ilany, "2,000- Year- Old Date Seed Grows in the Arava," *Haaretz*, February 15, 2007; Hana Levi Julian, "Date Tree Sprouts from 2000- Year- Old Seed Found on Masada," *Arutz Sheva*, June 13, 2008.

10 2015년 6월 25일 예루살렘에서 일레인 솔로위와 인터뷰

11 알려진 바에 의하면, 2012년 러시아 과학자들이 빙하 시대 다람쥐가 시베리아에 묻었던 것으로 보이는 3만 2천년 된 씨앗을 발아하는데 성공했다. 그들은 배아를 추출해 시험관에서 싹을 틔움으로써 성공할 수 있었다. 하지만 유대 대추 야자나무는 여전히 가장 오래된 성숙 종자에서 독자 생존 가능한 식물로 자라난 종으로 남아있다. 2015년 6월 25일 예루살렘에서 일레인 솔로위와 인터뷰, 2015년 12월 9일 사라 살론과 전화 인터뷰

12 2015년 12월 21일 폴라나 비드야사가르와 전화 인터뷰

13 《킹 제임스 성서King James Version》 〈마태복음〉 2:11

14 Matthew Kalman, "After 1,500 Years, Frankincense Returns to the Holy Land in Time for Christmas," *Times of Israel*, December 23, 2012.

15 Randolph E. Schmid, "Tree from 2,000- Year- Old Seed Is Doing Well," June 12, 2008.

16 Kalman, "After 1,500 Years, Frankincense Returns"

17 "Plant Medicines," PBS.

18 2016년 12월 2일 오리 프라그만 사피르 박사와 전화 인터뷰

19 2016년 12월 19일 스티븐 얼랭어와 전화 인터뷰

20 Schmid, "Tree from 2,000- Year- Old Seed"

18. 좋은 사람이 되라

1 〈선조의 윤리학Ethics of the Fathers〉 1:2

2 Brady Josephson, "Want to Be Happier? Give More. Give Better," *Huffington Post*, November 11, 2014.

I will make you a light to nations.

– 〈Isaiah〉 49:6